古代歷史文化_{研究}輯刊

三十編

王明蓀 主編

第10冊

晚清官僚文化中張裕釗書法的研究

陳奕君 著

國家圖書館出版品預行編目資料

晚清官僚文化中張裕釗書法的研究／陳奕君　著 -- 初版 -- 新
北市：花木蘭文化事業有限公司，2023〔民 112〕
目 4+240 面；19×26 公分
（古代歷史文化研究輯刊 三十編；第 10 冊）
ISBN 978-626-344-415-7（精裝）
1.CST：（清）張裕釗 2.CST：學術思想 3.CST：書法
618   112010440

ISBN-978-626-344-415-7

9 786263 444157

古代歷史文化研究輯刊
三十編 第 十 冊
ISBN：978-626-344-415-7

晚清官僚文化中張裕釗書法的研究

作　　者　陳奕君
主　　編　王明蓀
總 編 輯　杜潔祥
副總編輯　楊嘉樂
編輯主任　許郁翎
編　　輯　張雅淋、潘玟靜　美術編輯　陳逸婷
出　　版　花木蘭文化事業有限公司
發 行 人　高小娟
聯絡地址　235 新北市中和區中安街七二號十三樓
　　　　　電話：02-2923-1455／傳真：02-2923-1452
網　　址　http://www.huamulan.tw 信箱 service@huamulans.com
印　　刷　普羅文化出版廣告事業
初　　版　2023 年 9 月
定　　價　三十編 15 冊（精裝）新台幣 42,000 元
版權所有 · 請勿翻印

晚清官僚文化中張裕釗書法的研究

陳奕君　著

作者簡介

陳奕君

彰化縣溪湖鎮第一屆藝術家（2023 年 04 月 16 日～ 2024 年 12 月 31 日）

中國張裕釗書法研究會理事（2015 年 9 月迄今）

中國張裕釗文化園副園長（2016 年 10 月迄今）

國立臺灣藝術大學書畫藝術學系碩士（2009 年 9 月～ 2013 年 6 月）

國立故宮博物院書畫處研究助理（2013 年 7 月～ 2015 年 12 月）

日本國立筑波大學人間綜合科學研究科藝術專攻書領域博士（2016 年 4 月～ 2022 年 3 月）

《晚清官僚文化中張裕釗書法的研究》（獲中國《大學書法》2022 年度大學生「十佳學術獎」）

提　　要

　　本論從晚清官僚文化的視點檢討了張裕釗的書法。關於從張裕釗現存的墨跡、碑文書法、文獻資料，張裕釗的經歷、書作以時期別（咸豐年間、同治前半期、同治後半期·光緒前半期、光緒中期以後的 4 期）分類，綜合性地考察了幕府與書院中與張裕釗的交流，以及關於書法風格的變遷。

　　各時期的官僚們收藏著碑版拓本，與他們交流的過程中形成張裕釗的書法，並有所展開。前階段（咸豐年間，同治前半期）從官僚們的書風直接影響，張裕釗書法的表現可見新的變化。後階段（同治後半期·光緒前半期、光緒中期）可確認為關於官僚的訪碑（梁碑）活動與收藏品〈弔比干文〉的影響，實現線的粗度與宿墨運用的技法，開發了立體感的表現。據此，定調了其獨自的書風。

　　前人研究未言及的晚清官僚文化的視點中，張裕釗書法的形成與展開而檢討的結果，可以提示幕府這個交流場的重要性。官僚們以碑帖相互交流雖為時代的特徵，張裕釗攝取了他們所藏的各種碑帖，創造了獨自的特徵。特別是從隸書的筆法或結構開創了楷書的新表現，從晚期〈弔比干文〉所得到的「外方內圓」展開，由於與官僚莫友芝等的交流，進而達到此目的。解明了他們的書法或書法觀、收藏品為重要的作用，為本論文的意義所在。

目次

序 章

第一節　本研究的目的與意義

　　張裕釗（清・道光 3 年～清・光緒 20 年，1823～1894），字方侯、廉卿。號濂孫、濂亭。湖北省武昌縣、樊溪鎮符石鄉、龍塘張村（現在鄂州市梁子湖區，東溝鎮）人。道光丙午（26 年、1846）舉人，任職於宮中的文書、詔勅，官授內閣中書。清末的桐城派的文學者、書家，曾國藩（1811～1872）的四大門徒之一人。曾任教於湖北勺庭書院、江寧鳳池書院、保定蓮池書院、湖北江漢・經心書院、襄陽鹿門書院。

　　關於他的書法，康有為（1858～1972）於《廣藝舟雙楫》中，稱讚他為「集碑之成」[註1]。張裕釗的晚年門徒宮島詠士（1867～1943）於明治 20 年（光緒 13 年、1887 年）於保定的蓮池書院叩入張裕釗的門下。宮島隨行於張裕釗的晚年 7 年，得到張裕釗書法的真髓。於此之後，明治 28 年（光緒 21 年，1895）於東京設立善隣書院，稱揚張裕釗的書法。此外，宮島的門人上條信山（1907～1997）更將張裕釗的書法更推進，設立書象會，將張裕釗的書法發揚光大。

　　張裕釗的書法到現代書流的展開，影響雖持續著，然於清朝晚期的書法史展開中，究竟有什麼樣的意義呢，這點的解明很重要。關於張裕釗，文學或書法等各分野皆盛行被研究著。然而，以往的研究，並沒有以他在晚清的官僚文

〔註 1〕（清）康有為著、崔爾平注《廣藝舟雙楫注》卷 4，餘論第 19（上海書畫出版社，1981 年），186 頁。

化中為焦點，究竟他在書法上的觀念是如何受到影響，以及如何影響他人的，並沒有詳細地說明。

　　本研究的目的，對於張裕釗的書法，官僚們扮演著重要的作用，此作為線索，想得知他在中國晚清書道史中，佔有什麼樣的新位置。於張裕釗的書法形成過程中，以官僚們聚集的幕府與書院，扮演著重要的作用做為假說，投注官僚文化的視點於書法史研究中，為本研究的意義。

第二節　前人研究的成果

　　張裕釗為曾國藩四大門徒之一人，不僅身為書法家，身為桐城派的文學家也被高度地評價著。以下，於前人研究中，想明朗化他存在的晚清幕府的背景、入幕時間點，以及幕府中的官僚、與桐城派的文人交友經緯。最後檢討以張裕釗為對象的研究。

一、晚清幕府及胡林翼、曾國藩幕府的研究

（一）晚清幕府的研究

　　首先，欲明朗化「晚清幕府」、「幕府」、「游幕」的語義。「晚清幕府」這個名詞最先提示的是李志茗先生。他的定義是嘉道年間的清代地方的大員（官僚），特別是督撫（指的是總督、巡撫）大員的幕府。其博士論文隔年再補充成為著作而出版〔註2〕，論著考察各種幕府的組織及影響，舉出晚清幕府中賓僚（賓客、幕僚）的職官化和幕府政府化的特徵。李氏也指出張裕釗也曾為胡林翼（1812～1861）的幕僚，此後再進入曾國藩幕府〔註3〕。李氏的別稿也述有張裕釗原為胡林翼的幕僚，曾任職於官書局〔註4〕。

〔註2〕李志茗《晚清幕府研究──以陶、曾、李、袁幕府為例》（上海華東師範大學博士論文，2001年4月），5頁。李志茗《晚清四大幕府》（上海人民出版社，2002年1月）。原文「晚清幕府是指始於嘉道年間的清代地方大員尤其是督撫大員的幕府。」

〔註3〕李志茗《晚清幕府研究──以陶、曾、李、袁幕府為例》，69～70頁。
　　　　關於李志茗關於幕府的論考如下。
　　　　① 李志茗〈眾流之匯：曾國藩幕府盛況探源〉（《歷史教學問題》2008年4期，2008年），13頁・37～39頁。
　　　　② 李志茗〈傳統與現代之間：晚清幕府制度之演進〉（《學術月刊》第40卷9號，2008年），140～146頁。

〔註4〕李志茗〈舊籍新刊與文化傳衍──以晚清官書局為中心的考察〉（《福建論壇（人文社會科學版）》，2015年2期）、112～117頁。

　　關於「幕府」這個概念，從清代中學術的發展與幕府間的關係，來論述的專著，有尚小明先生的論考。幕府指的是於中國古代的官僚，管理地方政務或軍務的組織。另一方面，尚小明提示了「游幕」這一個概念，定義為道光以後，游幕學者的學術活動是整理與保護古籍，於各省設立官書局，刊刻書籍之事。此外，尚氏在考察清代間游幕的發展與變遷上，於清代介紹各式的幕府，關於張裕釗滯留於曾國藩幕府期間，以百瀨弘的《清代名人傳略》（下）為基準，設定以咸豐3年以後為滯留期間〔註5〕。

（二）胡林翼‧曾國藩幕府的研究

　　接著，進行概觀張裕釗滯留於胡林翼、曾國藩幕府的研究。張裕釗為曾國藩的弟子與幕僚此事，為眾人皆知的事，前人也多數論及。然管見關於張裕釗為胡林翼的幕友此事，並未十分地被顧慮到。

　　唐浩明先生身為胡林翼研究者，指出張裕釗於胡林翼底下編輯《讀史兵略（上）（下）》《讀史兵略續編》的事實。此外，張裕釗的書簡中，給胡林翼、門人或幕僚的書信殘留，關於幕府生活的概況可以詳細地被知道〔註6〕。另一方面，杜春和先生、耿來金先生集成胡林翼的書簡，可窺見與這些官僚們的交際紀錄及書法的相關證言〔註7〕。這些都是探究張裕釗書學的基礎資料。

　　另一方面，關於曾國藩的研究，唐浩明先生擔起曾國藩的資料集大成，分類了奏稿、批牘、詩文、讀書錄、日記、家書、書信共七部分。這些也可以說是基礎的研究中不可欠缺的材料〔註8〕。再加上，關於圍繞在幕府間的幕僚活動，以張蔭麟先生、李鼎芳先生為首，持續提示了主要的人物〔註9〕。此外，李鼎芳先生根據這個成果再補充，指出關於張裕釗其詩文的才能，是被曾國藩認可的〔註10〕。

〔註5〕尚小明《學人游幕與清代學術》（社會科學文獻出版社，1999 年 10 月），47～48 頁‧302 頁。

〔註6〕胡林翼著、唐浩明編《胡林翼集》（岳麓書社，1999 年 5 月）。

〔註7〕杜春和、耿來金編《胡林翼未刊往來函稿》（岳麓書社，1989 年 7 月）。

〔註8〕曾國藩著、唐浩明責任編輯《曾國藩全集》（岳麓書社，1994 年第一版，2011 年 9 月）。

〔註9〕張蔭麟、李鼎芳〈曾國藩與其幕府人物〉（《大公報‧史地周刊》1935 年 5 月 24 日）。

〔註10〕李鼎芳編《曾國藩及其幕府人物》（岳麓書社，1985 年），49 頁。

　　相較而言，繆全吉先生注目於晚清中地方權力的變化，關於張裕釗的入幕時期，基於〈碑傳集補（第 51 卷）〉，提示了為同治 7 年（1868 年）〔註11〕。

　　接著關於朱東安先生的研究，朱氏指出根據幕僚的才能，幕府中專門的職掌有所增加。再加上提示了以曾國藩幕府為中心的人才組織、關於幕僚的分類有著系統性的論考。特別是援用「組織」的概念，值得被注目〔註12〕。此外，朱氏於別著作中也以張裕釗為焦點，明朗化張裕釗進入曾國藩幕府前，曾是胡林翼的幕友〔註13〕。

　　於此之後，凌林煌先生補充了博士學位論文，出版了《曾國藩賓幕探究》〔註14〕（2002 年）。凌氏身為曾國藩幕府的研究專門家，發表了多數關於曾國藩幕府的相關論考。此外，他定量地分析曾國藩幕府擁有 497 人，提出了與前人相異的論點。

　　根據上述，關於張裕釗晚清幕府的研究，前人指出張裕釗曾是胡林翼與曾國藩的幕僚，然並沒有詳細的檢討。特別是關於張裕釗入曾國藩幕府的時期，至今仍未有定說，有必要做詳細的檢討。

二、桐城派文學家與官僚的研究

　　晚清文壇的勢力為傲的古文一派，並以曾國藩為中心的有桐城派。關於桐城派相關聯的研究，迄今有許多，眾所皆知的有以張裕釗為代表的一人，曾國藩的四大門徒之一人。其他的三人為吳汝綸（1840～1903）‧黎庶昌（1837～1897）‧薛福成（1838～1894），關於與張裕釗有密切接觸關係的人物，主要研究成果可舉出的有吳汝綸與黎庶昌。張裕釗的場合，有他寫給吳汝綸的 56 通書簡〈論學手札〉，是張的代表作。此外，加上曾國藩的幕友莫友芝（1811～1871）。於此想先檢討吳汝綸、黎庶昌與莫友芝的前人研究，亦欲明確他們之間與張裕釗的交際關係。

〔註11〕繆全吉〈曾國藩幕府盛況與晚清地方權力之變化〉（《中國近代現代史論》第 5 編，中山學術文化集刊第 4 集，1969 年），總 327～380 頁。

〔註12〕朱東安《曾國藩幕府研究》（四川人民出版社，1994 年 12 月）參照。數十年後，朱氏將其著作修正補充，出版朱東安《曾國藩幕府》（遼寧人民出版社，2018 年 1 月）。

〔註13〕朱東安〈附錄一：主要成員簡歷〉（《曾國藩集團與晚清政局》華文出版社，2003 年 1 月），387 頁。

〔註14〕凌林煌《曾國藩幕賓探究》上、下（文史哲出版社，2002 年 8 月）。

（一）吳汝綸

首先，先論及吳汝綸。關於書簡的整理，可以舉出《桐城吳先生（汝綸）尺牘》，序文中明記著「光緒癸卯冬十二月門人賀濤、宋朝楨等集貲刊行。男闓生謹編次。」光緒癸卯指的是光緒 29 年（1903 年），在此之後，由文海出版社於 1966 年出版〔註 15〕。此外，吳汝綸的基礎資料集大成有《吳汝綸全集》〔註 16〕（2002 年）。這些包含了文集、詩集、尺牘、日記，由黃山書社所出版。關於吳汝綸，有如此豐富的資料。

接著，關於吳汝綸的前人研究，有著許多成果。例如，關於吳汝綸身為曾國藩的幕僚活躍著，有黃海龍先生〔註 17〕、張濤先生〔註 18〕、曾光光先生・唐靈先生〔註 19〕等論及，可窺知吳汝綸身為曾國藩幕僚的作用很大。另外，吳汝綸的研究於教育面也被展開著。呂順長先生〔註 20〕、周愚文先生〔註 21〕是以考察日本教育的立場所汲取的。

再者，關於張裕釗與吳汝綸的關係，可以被知道的是在蓮池書院期間頻繁地交流。柳春蕊女士論及河北省於清代晚期中，以蓮池書院為中心，是由於張裕釗、吳汝綸的助力，古文因此而盛行〔註 22〕。另一方面，靳志朋先生指出，張裕釗與吳汝綸透過蓮池書院的職務，可能繼承了清代晚期桐城派〔註 23〕。關於兩者的書簡交流，有上述的張裕釗代表作《論學手札》，在次項〔註 24〕將進行檢討。

〔註 15〕沈雲龍主編《桐城吳先生（汝綸）尺牘》（《近代中國史料叢刊》第 37 輯，文海出版社，1966 年 10 月）。

〔註 16〕吳汝綸撰、施培毅・徐壽凱校點《吳汝綸全集》（黃山書社，2002 年 9 月）。

〔註 17〕黃海龍〈吳汝綸受曾國藩影響之探析〉（《傳奇・傳記文學選刊》，安徽省文學藝術界聯合會，2011 年 9 月）。

〔註 18〕張濤〈論曾國藩對吳汝綸的影響──以用人思想為例〉（《湖南人文科技學院學報》湖南人文科技學院，2011 年 12 月）。

〔註 19〕曾光光・唐靈〈吳汝綸與曾國藩關係辨析〉（《蘭台世界》，蘭台世界雜誌社，2014 年 2 月）。

〔註 20〕呂順長〈吳汝綸日本教育視察の筆談記錄（譯注）〉（《四天王寺大學紀要》第 57 號，2014 年 3 月），371〜388 頁。

〔註 21〕周愚文〈吳汝綸日本教育考察與對晚清學制建立影響程度的再探討〉（《師大學報：教育科學研究期刊》第 60 卷第 3 期，台灣師範大學，2015 年），127〜151 頁。

〔註 22〕柳春蕊〈蓮池書院與以吳汝綸為中心的古文圈子的形成〉（《東方論壇》2008 年第 1 期，青島大學東方論壇雜誌社，2008 年 9 月）

〔註 23〕靳志朋〈蓮池書院與晚清直隸文化〉（《燕山大學學報（哲學社會科學版）》第 10 卷第 1 期，燕山大學，2009 年 3 月）

〔註 24〕參照〈本節／三、以張裕釗為對象的研究／（一）詩文著作及以及書簡〉。

（二）黎庶昌

黎庶昌的前人研究，如以下所列舉。

第一、年譜・史料集中，可舉出黎庶昌的後人黎鐸所編輯的年譜，描繪了黎庶昌生涯的輪廓，是最初的年譜〔註25〕。此外，黎鐸、龍先緒所校正的《黎庶昌全集》可說是全面性的資料集大成，包含了黎庶昌的詩稿、信稿、遺札、黎氏家譜，身為史料集有著重要的意義〔註26〕，而黎庶昌與張裕釗的信稿使用也將被期待著。再加上，1992 年黎庶昌的生誕 155 週年紀念的國際學術討論會被舉行，當時所出版的《貴州文史叢刊（黎庶昌專輯）》中，揭載著關於黎庶昌的各種論文。例如葛鎮亞的〈關於黎庶昌的文物和古跡〉中，〈黎安理幕表〉被舉例著。黎安理身為黎庶昌的祖父，墓表的內容由張裕釗撰文、黎庶昌書丹。這個墓表可以說是黎庶昌的書法與其家族史上的研究，為重要的資料，可以知道兩者於文學與藝術上有所交際〔註27〕。

第二、關於傳記，有黃萬機《黎庶昌評傳》（1989 年）。這個傳記是對於政治、外交、學術、文學活動，試著做全面性的評價，並以歷史主義的態度進行執筆的。此書是黎庶昌研究的唯一專著，大量引用了黎庶昌相關的史料，再現黎庶昌精彩的人生。此外，內容也可散見關於黎庶昌與張裕釗的姻親關係記述〔註28〕。

第三，關於黎庶昌身為晚清外交官的文化研究。例如幸必澤先生把握了黎庶昌對於當時中國的文物或古籍，向日本流出的動向，由於與日本接觸，進而協力收集了善本、孤本古籍、金石書畫為基礎，指出關於日中交流有著重大的貢獻〔註29〕。接著，楊艷先生、李仕波先生並未分類「洋務派」「維新派」，指

〔註25〕黎鐸「黎庶昌年譜」，（《遵義文史資料 第九輯（關於遵義人物 1）》遵義市政協文史資料研究會，1986 年 7 月），57～105 頁。

〔註26〕黎庶昌著、黎鐸・龍先緒校正《黎庶昌全集（1～8 冊）》（上海古籍出版社，2015 年 11 月）。

〔註27〕黎庶昌國際學術研討會組織委員會編《貴州文史叢刊（黎庶昌專輯）》1992 年第 3 期（總第 46 期）（貴州省文史研究館，1992 年 9 月）。葛鎮亞〈關於黎庶昌的文物和古迹〉，125～131 頁。

〔註28〕黃萬機《黎庶昌評傳》（貴州人民出版社，1989 年 5 月），51・58 頁參照。黃萬機《黃萬機全集之二：黎庶昌評傳》（中華巢經文化事業有限公司，2013 年 10 月）再版。

〔註29〕幸必澤〈黎庶昌的文化外交和文史研究業績〉（《貴州文史叢刊》貴州省文史研究館，1990 年 3 月），69～113 頁。

出「文化外交」中因特有的風格，而與日本的文化人有所接觸〔註 30〕。再加上，關於與這些日本的文化人交流的人們，石田肇先生舉出漢學者藤野正啟（1826～1888），說明藤野正啟與黎庶昌兩者皆為桐城派文章觀等的立場相同，關係親密的見解〔註 31〕。其它，政治思想與外交的前人研究有李世模先生的成果。李氏對於黃萬機先生的議論，述及黎庶昌身為外交官，由於政治革新，注目著洋務派的「中學為體，西學為用」標榜的點〔註 32〕。再加上西里喜行〔註 33〕等的成果可以被列舉，然而數量龐大，於此暫不討論。

　　第四、關於黎庶昌古籍與藏書的研究也有蓄積。首先關於古籍，張新民先生敘述於《古逸叢書》中的《尚書釋音》是張裕釗的藏本〔註 34〕。此外，石田肇先生指出黎庶昌蒐集從日本流出的中國古籍，並於日本木村嘉平（1873～1945）刊刻了《古逸叢書》，張裕釗看了並讚賞日本的刻版〔註 35〕。再者，關於黎庶昌的藏書目錄《拙尊園存書目》從日本的石田肇先生開始，有許多的研究，而觸及的《拙尊園存書目》為貴州省博物館所藏，關於內容、背景及特色被考察著。石田氏指出這之中的〈碑帖目錄〉中，從先秦到元代各時代的拓本有許多。因此，石田氏的見解表示黎庶昌有著對於金石的關心〔註 36〕。關於日本方面的研究，也可以舉出陳捷女士，陳氏調查於貴州省日本關係資料的傳存狀況，黎庶昌的藏書以及其行跡〔註 37〕。

〔註 30〕楊艷・李仕波〈試論黎庶昌的文化外交〉（《六盤水師範高等專科學校學報》第19 卷第 1 期，六盤水師範高等專科學校編輯部、2007 年 2 月），41～45 頁。
〔註 31〕石田肇〈黎庶昌をめぐる人々〉（《中國近現代文化研究》第 11 號，中國近現代文化研究會，2010 年 3 月），1～8 頁。
〔註 32〕李世模〈黎庶昌政治思想傾向辨析──兼與黃萬機先生商榷〉（《貴州師範大學學報　社會科學版》1993 年第 2 期，總第 75 期，貴州師範大學，1993 年）
〔註 33〕西里喜行氏〈黎庶昌の對日外交論策とその周辺：琉球問題・朝鮮問題をめぐって〉（《東洋史研究》第 53 期，東洋史研究會，1994 年），443～478 頁。
〔註 34〕黎庶昌國際學術研討會組織委員會編《貴州文史叢刊（黎庶昌專輯）》，張新民〈黎庶昌的版本目錄學──讀《古逸叢書》札記〉，33～40 頁。
〔註 35〕黎庶昌國際學術研討會組織委員會編《貴州文史叢刊（黎庶昌專輯）》，石田肇著・孔繁錫譯・張新民校《古逸叢書》的刊刻及刻工木村嘉平史略〉，41～53 頁。
〔註 36〕石田肇〈《拙尊園存書目》翻印──黎庶昌の藏書目錄──〉（《群馬大學教育學部紀要　人文・社會科學編》第 49 卷，群馬大學教育學部，2000 年），13～60 頁。石田肇〈黎庶昌の藏書─《拙尊園存書目》について─〉（《汲古》第 38 號，古典研究會，2000 年 12 月），44～49 頁。
〔註 37〕陳捷〈貴州省における日本關係典籍について─黎庶昌の古典籍蒐集およびその舊藏書の行方を中心として─〉（《中國に傳存の日本關係典籍と文化財》國際日本文化研究中心，2002 年），201～206 頁。

　　第五、關於黎庶昌的書法。中村義先生初次公開日本國會圖書館所藏黎庶昌的書簡〔註38〕，數年後王寶平先生將其內容作釋文。根據此，黎庶昌與宮島詠士的父親宮島誠一郎的交流，可以明朗化中國與日本的交涉之一角〔註39〕。然而，關於兩者的交流經緯雖有敘述者，卻未言及關於金石或書法。

　　另一方面，關於張裕釗與黎庶昌的交流，張小龍先生分析兩者的關係，考察著曾國藩幕府中，初次見面的時間點。此外，也敘述著由於持有著姻親關係，張裕釗支援著黎庶昌之事〔註40〕。

　　根據以上，這些黎庶昌的前人研究，集中於基本的史料集、傳記為基礎的研究，其它還有以晚清外交官的政治思想，以及關於古籍或藏書等的文化研究。然而，並未明朗化黎庶昌與張裕釗之間的書法相關交流資料。

（三）莫友芝

　　莫友芝的前人研究，於文學、版本目錄學、書法等盛行地被研究著。首先，1990 年 2 月成立了「黔南自治州莫友芝研究會」，在莫友芝的故鄉獨山展開了第一回的研討會，刊行了論文集。這個論文集收錄了論者各式各樣的視點所執筆的多數論文，也揭載著莫友芝相關的傳記、序文、跋文〔註41〕。

　　此外，根據史料的基礎研究，關於年譜、傳記以及詩文集，如同以下。

　　關於年譜，管見可以確認的有張劍先生〔註42〕、黃萬機先生〔註43〕與徐惠文女士〔註44〕三人編的年譜。張劍先生所編輯的年譜，關於莫友芝的家族有收集了著作百餘種，稀有的抄本許多，日記與書簡等的文獻也很多。根據張劍先生的說法，黃萬機先生所作成的莫友芝年譜較為嚴密，然因時代的制約，多量的莫友芝抄本未有閱覽。徐惠文女士所編輯的年譜有揭載莫友芝家書數十

〔註38〕黎庶昌國際學術研討會組織委員會編《貴州文史叢刊（黎庶昌專輯）》，中村義〈日本國會圖書館珍藏的黎庶昌手迹〉，106～115 頁。
〔註39〕王寶平〈日本國會圖書館藏黎庶昌遺札〉（《文獻》2008 年第 3 期，2008 年 7月），56～72 頁。
〔註40〕張小龍〈張裕釗和黎庶昌交游考〉（《青年與社會：上》2015 年第 7 期，青年與社會雜誌社，2015 年），267～268 頁。
〔註41〕裴漢剛主編《莫友芝研究文集》（貴州人民出版社，1991 年 6 月）
〔註42〕莫友芝著、張劍撰《莫友芝年譜長編》（中華書局出版社，2008 年 11 月）
〔註43〕謝以蓉主編《遵義文史資料（內部資料）第二十輯》（《遵義文史資料》編輯部，1991 年 6 月）。紀念莫友芝誕生 180 周年．逝去 120 周年所編集的。
〔註44〕徐惠文編集《莫友芝年譜》（獨山縣政協文史資料委員會，1996 年）。為紀念莫友芝誕生 185 周年所編集的。

通，然根據張劍先生，徐氏編的年譜也有著資料的制約〔註45〕。此外，黃萬機在年譜之外，也整理了莫友芝周圍一群書人的關聯資料等，可以說是對於莫友芝研究有著極大的貢獻〔註46〕。

　　莫友芝的詩文集、日記中，張劍先生所編輯的是張氏於基礎研究中最為充實的內容，亦為研究莫友芝的交流關係上最為重要的一個。2017 年補足這些日記、書簡、詩文集，再校正後編輯成全面性的莫友芝基本資料的全集〔註47〕。這些以莫友芝為交友中心，包含張裕釗為官僚文人們的書法為媒介，所進行的交流相關記載，成為本研究的參考。

　　張劍先生研究著關於莫友芝的文學、文獻學以及學術上的業績。例如，張劍先生、易聞曉先生〔註48〕或張劍先生單著的研究，是為一次性資料為基礎的基本研究〔註49〕。另一方面，莫友芝的版本目錄學研究也盛行著，薛雅文女士〔註50〕為代表的研究者可以被舉出。

　　關於莫友芝的書法，可以舉出近年所刊行的作品集有葛明義先生、貴州省博物館所編輯的兩種類。首先，葛明義先生花了 10 年的歲月收集了 187 件的書法作品揭載著〔註51〕，貴州省博物館則收藏著莫友芝的書法，以及其它篆刻也公開著〔註52〕。兩種作品集可以說是皆為莫友芝書法為世人所知的礎石。

〔註45〕莫友芝著、張劍撰《莫友芝年譜長編》，〈前言〉，3 頁。

〔註46〕黃萬機《莫友芝評傳》（貴州人民出版社，1992 年 9 月）。再版為黃萬機《黃萬機全集之一：莫友芝評傳》（中華巢經文化事業有限公司，2013 年 10 月）。2019 年 5 月 22 日到 6 月 3 日之間，筆者為蒐集黎庶昌・莫友芝的關聯資料，訪問了貴州省貴陽市與遵義市。與張裕釗的後人黃瑜勝先生、黃氏的友人《文史天地》副編集長姚勝祥先生，貴州文化界的關係者相見，得到黎庶昌與莫友芝的關聯史料的提供，受到許多教示。此外，經由貴州省文史研究館《貴州文史叢刊》編輯部的編輯王堯禮先生的介紹，與黎庶昌・莫友芝的研究權威黃萬機先生認識。此外，透過貴州歷史文獻研究會會員龐思純先生的介紹，識得遵義的史學專門家李連昌先生、遵義圖書館文獻室代驪女士、沙灘翰林王青蓮的後人王信先生，透過他們的引導，訪遵義的黎庶昌故居，以及拜謁莫友芝的墓。

〔註47〕張劍・張燕嬰整理《莫友芝全集（全 12 冊）》（中華書局，2017 年）

〔註48〕張劍・易聞曉主編《莫友芝文學及文獻學研究》（中國社會科學出版社，2012 年 3 月）

〔註49〕張劍〈莫友芝人生及學術成就謅論——兼論《莫友芝全集》的編纂〉，（《中國政法大學學報》2015 年第 2 期（總第 46 期），2015 年），137～146 頁。

〔註50〕薛雅文《莫友芝版本目錄學研究》（花木蘭文化工作坊，2005 年 12 月）

〔註51〕葛明義編《莫友芝書法集》（貴州人民出版社，2014 年 7 月）

〔註52〕王紅光主編《貴州省博物館館藏精選——莫友芝書法篆刻作品集》（廣西師範大學出版社，2014 年 12 月）

　　身為莫友芝書法的權威，可舉出貴州師範大學的吳鵬先生〔註53〕與貴州省博物館的原副館長朱良津先生〔註54〕。兩者皆為貴州省博物館所刊行作品集的副編輯者、執行編輯者。另外，以莫友芝書法為研究對象，迄今發表了許多成果〔註55〕。再者，關於與莫友芝和曾國藩的交友議論著有梁光華先生〔註56〕、隋邦平先生〔註57〕，明朗化莫友芝長時間滯留於曾國藩的幕府中，相互交流之事。根據此，對於熱衷於碑學的莫友芝書法，於曾國藩幕府的作用應更加地被注目的吧。

　　然而，由於管見的限制，從與人交流的視點，關於書法並未被考察，而對

〔註53〕筆者於 2019 年 5 月到 6 月間訪貴陽，透過中國書法研究院院長張杰先生的介紹，與貴州書法協會主席楊昌剛先生認識。此外，透過楊昌剛先生的介紹，得到貴州師範大學的吳鵬先生指導的機會。

〔註54〕筆者於 2019 年 5 月到 6 月訪貴陽，透過貴州省文史研究館《貴州文史叢刊》編輯部的編輯王堯禮先生的介紹，識得貴州省博物館原副館長朱良津先生，透過其協助，得以調查貴州省博物館所藏的資料。朱良津先生的研究室中，得以拜見其揮毫著莫友芝的楷書風作品的樣子。

〔註55〕根據年代順，管見可數 13 冊。
①張雙錫〈莫友芝的書法藝術〉(《貴州文史叢刊》1982 年第 4 期，貴州省文史研究館，1982 年)，146～148 頁。②劉錦〈莫友芝書法成就淺識〉(《書法叢刊》1994 年第 1 期，文物出版社，1994 年)，46～48 頁。③郭堂貴〈莫友芝書法與碑學〉《貴州文史叢刊》2004 年第 3 期 (貴州省文史研究館，2004 年)，77～80 頁。④華佳強〈莫友芝題跋文集中所見書學思想研究〉(《神州》第 24 期，中國通俗文藝研究會，2011 年)，102～103 頁。⑤吳鵬〈莫友芝：晚清碑學的一個面向〉(《中國書法》2011 年第 4 期，中國書法家協會，2011 年)，61～65 頁。⑥隋邦平〈治學游藝書學融通——莫友芝書法研究〉(《遵義師範學院學報》第 14 卷第 3 期，遵義師範學院，2012 年 6 月)，117～120 頁。⑦吳鵬〈貴州省博物館藏莫友芝題跋雜稿考釋〉，(《文獻》2012 年第 3 期，2012 年 7 月)，108～114 頁。⑧朱良津〈從傳世作品看莫友芝書法〉(《文物天地》，中國文物報社，2015 年 5 月)，46～49 頁。⑨朱良津〈大師頻出 黔書傳遠——清代貴州書法談之六〉(《貴陽文史》2015 年第 5 期，貴陽市政協文史和學習委員會，2015 年)，77～80 頁。⑩吳鵬〈貴州省博物館藏莫友芝家書考釋〉，(《文獻》2015 年第 6 期，2015 年 11 月)，126～142 頁。⑪劉雨婷《莫友芝書法藝術研究》(南京大學美術學修士論文，2017 年 4 月)。⑫章國新《莫友芝隸書研究》(中國藝術研究院美術學修士論文，2017 年 5 月)。⑬帥幸微《晚清貴州文人書家的儒學思想研究——以莫友芝為例》(西南大學美術學修士論文，2018 年 3 月)。

〔註56〕梁光華〈莫友芝曾國藩交往述論〉第 29 卷第 4 期 (貴州大學學報　社會科學版，2011 年 7 月)，121～125 頁。

〔註57〕隋邦平〈莫友芝京城書法交游考〉(《文藝研究》2014 年第 9 期 (總第 465 期)，中國藝術研究院，2014 年)，233～234 頁。

於這些交流場的研究也很少。特別是關於張裕釗與莫友芝的書法交流關係缺乏，而交流內容也並未十分被解明，因此這就成為本研究的課題。

三、以張裕釗為對象的研究

前項論及關於張裕釗身為曾國藩幕僚、桐城派的文學家前人研究。本項想確認關於以張裕釗自體為對象，以書法為中心的主題，以及其他相關資料或包含傳記的研究。

張裕釗書法的回顧展，迄今 30 年間，舉辦過幾次，亦包含著張裕釗的學術研討會〔註 58〕。應值得被注目的，是 1988 年 10 月於河北省南宮市所舉辦的「張裕釗書法藝術理論討論會」，出版了《張裕釗書法研究論文集》〔註 59〕。於此之後，2003 年 10 月為紀念湖北省鄂州的建市 20 周年・張裕釗的生誕 180 周年，於鄂州市舉辦了張裕釗國際學術研討會，並刊行了湛有恒主編的《張裕釗國際學術研討會文集》〔註 60〕。

日本方面，最初對於張裕釗有系統性研究的第一人者，有魚住和晃先生。身為上條信山門徒的魚住氏，關於其書法的傳承研究取得許多第一手資料，檢討了上條信山的老師宮島詠士所藏的資料為中心的張裕釗壯年及晚年的書法。而魚住氏以身為學者為立場非以書家的立場，舉出身為老師曾國藩的古文學繼承者為自負。因此詩文的創作，也是如此以身為學者的背景，其自身的目標並非成為書家的論述〔註 61〕。此外，魚住氏的研究經緯，記載於〈張廉卿・

〔註 58〕於中國所舉行的張裕釗展覽會與研討會有以下可舉出。
　　　　1985 年 12 月，「第一回張裕釗書派作品巡展」
　　　　1990 年 11 月，「第二回中日張裕釗書派作品展」
　　　　1992 年 10 月，「第三回中日張裕釗書派作品展暨第二回中日張裕釗學術討論會」
　　　　1996 年 7 月，「第四回張裕釗書派作品展」
　　　　2011 年 1 月，「全國第五回張裕釗書法展」
　　　　2015 年 1 月，「第六回全國南宮碑體（張裕釗流派）書法展」
　　　　2017 年 7 月，「2017 國際張裕釗流派書法邀請展」
　　　　2018 年 8 月，「2018 張裕釗書法流派作品展暨國際書法邀請展」
〔註 59〕田野上人編集《張裕釗書法研究論文集》（華夏文藝出版社，2010 年 12 月）1989 年 5 月初印刷。
〔註 60〕湛有恒主編《張裕釗國際學術研討會文集》（接力出版社，2004 年 3 月）
〔註 61〕魚住和晃《張廉卿の書法と碑學》（研文書局，2002 年 6 月）。這個著作是魚住的博士論文《張裕釗書法における理念形成と形象の研究》（神戶大學　總合人間科學研究科　博士論文，2000 年）稍微補充改題而出版的。

宮島詠士書法研究回想記〉（1987 年）〔註62〕。中國方面的研究，陳啟壯先生於 2007 年 6 月建立了網站〔註63〕，並分享了系統性的資料，2015 年 9 月身為中國張裕釗書法研究會的會長，至今仍熱心地研究著張裕釗。

筆者從這些先生們獲得許多資料的支援。在此想試著整理魚住氏、陳氏兩者以張裕釗為研究史中心的系統性研究。以下，分類 1. 詩文著作及書簡、2. 年譜・傳記資料與交友關係的作成、3. 傳存遺品的書風研究，欲整理關於張裕釗的書法研究是怎麼樣的成果被提出的。

（一）詩文著作及書簡

關於張裕釗的詩文著作，殘存張裕釗的自筆本為台灣的國家圖書館所收藏的《張濂〔註64〕卿先生詩文稿不分卷三冊》〔註65〕，是張裕釗清書的墨跡本、文海書局影印其稿本，有被刊行成《張濂卿先生詩文手稿》〔註66〕。

此外，經過近代學者整理的詩文集有幾冊可以確認。首先，全面性地揭載張裕釗的詩或文章的有王達敏氏校正的《張裕釗詩文集》（2007）〔註67〕。以張裕釗的詩文集初刻本為基礎，內容是《濂亭文集》8 卷（光緒 8 年 1882，門人查燕緒的編集）、《濂亭遺文》5 卷、《濂亭遺詩》2 卷（光緒 21 年 1895，友人、姻親黎庶昌的編集）、《濂亭集外文輯存》所構成，參考、校正過的版本，包含張裕釗的自筆版本就有 7 種類〔註68〕。本論所引用的張裕釗詩文就是這個本所收錄的為基準。

〔註62〕 魚住和晃〈張廉卿・宮島詠士書法研究回想記〉《渠荷的歷「宮島詠士書法展」》（書法文化交流會，1987 年 7 月），24〜31 頁。

〔註63〕 張裕釗書道研究網──學古堂論壇 http://www.zhangyz.com/（2018 年 8 月最終閱覽）

〔註64〕 張裕釗的字廉卿，號濂亭。張「濂」卿的「濂」是「廉」的錯誤。於此按照原作所表記。

〔註65〕 張裕釗撰《張濂卿先生詩文稿不分卷三冊》，號碼：13456，台灣國家圖書館藏。自筆清書的書是國家圖書館特藏組編《國家圖書館善本書志初稿・集部》（國家圖書館出版，1999 年 6 月），251 頁介紹著。

〔註66〕 沈雲龍主編、張裕釗撰《張濂卿先生詩文手稿》（《近代中國史料叢刊續編》第十輯，文海出版社，1974 年）。

〔註67〕 張裕釗著、王達敏校點《張裕釗詩文集》（上海古籍出版社，2007 年 10 月）。《濂亭集外文輯存》中有書後・序論・贈序・壽序・墓表・墓誌銘・誄碑・傳・雜記。此外，在附錄中分類著書札・論文・《古文辭類纂》批語・《韓昌黎文集》批語・《五言選讀》批語・課卷批語・評傳資料輯存・世系簡錄・年譜。

〔註68〕 張裕釗著、王達敏校點《張裕釗詩文集》，27〜28 頁。

　　此外，張裕釗寫給同門的後輩吳汝綸的 56 封書信《論學手札》可以說是張裕釗的書簡代表作。其中北京九思堂書局所刊行的稿本，以石印方式刊成《張裕釗先生論學手札》〔註69〕，加上日本方面的書法研究雪心會，以彩色印刷發行的《名人翰札墨蹟─張廉卿》〔註70〕。1980 年代杉村邦彥先生、魚住和晃先生以北京九思堂書局的版本（京都大學人文科學研究所藏）為基礎，加上解說覆刻而成〔註71〕。杉村邦彥先生將其書的解題中所收錄的 56 封內容，分類了 6 項，推定了關於這些的書寫時期為張裕釗身為蓮池書院主講在任的光緒 9 年到 14 年（1883～1888）6 年間所書寫的〔註72〕。相較於此，范文邦先生推定這些書簡是光緒 10 年到 18 年（1884～1892）間所書寫的，內容分類為 5 項〔註73〕。根據范氏，這些書體雖然是行書，然草書也交雜著的見解，跟早年比較起來較為圓熟的書法，敘述著並且是以唐楷、篆籀、魏碑三者的融合為前進，並以縱長的結構此點。范氏考察了 30 封書簡關於其內容與書風，敘述張裕釗的草、行、楷書體朝向完成的成熟期作品，並有著其意義〔註74〕。此外，陳啟壯先生則敘述關於《論學手札》是張裕釗晚年從碑學回歸到帖學的書法〔註75〕。

　　再者，丁有國先生所編集的《張裕釗〔論學手札〕助讀》（1994 年）〔註76〕、《濂亭遺詩注評》（2004 年）〔註77〕、《張裕釗詩文《濂亭文集》注釋》（2010 年）〔註78〕，可說是活用張裕釗的基本資料之一大貢獻。丁氏於 1980 年代收集了湖北省圖書館所藏的清代木刻版《濂亭文集》、《濂亭遺文》、《論學手札》，

〔註69〕《張裕釗先生論學手札》（九思堂書局）。（民國石印黑白版本）

〔註70〕書法研究　雪心會《名人翰札墨蹟──張廉卿》。（彩色版本）

〔註71〕張廉卿著、王雙啟・杉村邦彥・魚住和晃編《張廉卿先生論學手札（覆刻版）》（張裕釗宮島詠士師弟書法展覽實行委員會，1984 年）

〔註72〕杉村邦彥〈Ⅰ中國書法史研究　七《張廉卿先生論學手札》解題〉《書學叢考》（研文出版，2009 年 4 月），208～209 頁。

〔註73〕范文邦《張裕釗《論學手札》研究》（高雄師範大學國文教學碩士論文，2014 年 6 月）

〔註74〕范文邦《張裕釗《論學手札》研究》，〈書寫年代考〉85～114 頁、115～163 頁、205 頁參照。

〔註75〕陳啟壯《碑骨帖姿──張裕釗書道研究》（吉林文史出版社，2016 年 6 月），101～121 頁。

〔註76〕丁有國主編、張雪華・胡念徵副主編《張裕釗〔論學手札〕助讀》（湖北美術出版社，1994 年 9 月）。

〔註77〕湛有恒主編、丁有國注評《濂亭遺詩注評》（接力出版社，2004 年 3 月）

〔註78〕丁有國《張裕釗詩文《濂亭文集》注釋》（中國民航出版社，2010 年 5 月）

再校正與內容追加整理成新的注釋，有著很大的貢獻〔註79〕。這些詩文著作、書簡的解釋，可說在理解年譜、傳記資料上是有幫助的。

（二）年譜・傳記資料與交友關係的作成

年譜、傳記資料中，最初專心致力於此可見魚住氏的研究〔註80〕。此後，魚住氏關於張裕釗尚有以下的專著。（1）《張裕釗書作集》（1980 年）〔註81〕、（2）《張廉卿「悲憤と憂傷の書人」》（1993 年）〔註82〕、（3）《張廉卿の書法と碑學》（2002 年）〔註83〕。

首先，（1）以〈張裕釗略年譜〉為開始，顯示著張裕釗的各書院就任年代及作品的揮毫時期。此外，於歷史或重要的關係事項也以表相對照，描繪出張裕釗生涯大致的輪廓〔註84〕。接著（2）的研究〈張廉卿の流転について〉中張裕釗的鄉試及第、書院主講轉任、蓮池書院的退任、江漢書院的退任各自的分期，回顧其流轉，並提起自己自傲的緣故，而選擇了流轉道路的結論〔註85〕。再加上〈張裕釗略年譜〉中，擴充了前冊（1），加上張裕釗的詩與文章關係事項，以及新收錄曾國藩、李鴻章等官職的到任等的參考事項〔註86〕。再者，（3）舉出張裕釗的三種傳記舉出《清史稿》、《碑傳集補》、〈哀啟〉，此外各書院的主講、退任，以及書作、文章、書簡於張裕釗的生涯中，明朗化其重要的轉機〔註87〕。

另一方面，杉村邦彥先生列舉 21 種的主要傳記資料，明朗化張裕釗的略傳特色。根據杉村氏，《清史稿》〔註88〕的略傳為早些時期開始所盛行引用著，

〔註79〕 張廉卿著、丁有國注釋《張廉卿詩文注釋》（復旦大學，2013 年 8 月）

〔註80〕 魚住和晃《張裕釗と宮島詠士》（東京教育大學大學院碩士論文，1972 年 3 月）

〔註81〕 魚住和晃《張裕釗書作集》〈張裕釗略年譜〉（和泉書院，1980 年 1 月），178 ～179 頁。

〔註82〕 魚住和晃《張廉卿〈悲憤と憂傷の書人〉》（柳原書局，1993 年 7 月），〈二 張廉卿の流転について〉〈付錄三 張裕釗略年譜〉、73～87 頁・243～248 頁。

〔註83〕 魚住和晃《張廉卿の書法と碑學》〈第三章 張裕釗の流転について〉，207～312 頁。

〔註84〕 魚住和晃《張裕釗書作集》〈張裕釗略年譜〉，178～179 頁。

〔註85〕 魚住和晃《張廉卿〈悲憤と憂傷の書人〉》〈第二章 張廉卿の流転について〉，73～87 頁。

〔註86〕 魚住和晃《張廉卿〈悲憤と憂傷の書人〉》〈張裕釗略年譜〉，243～248 頁。

〔註87〕 魚住和晃《張廉卿の書法と碑學》〈第三章 張廉卿の流転について〉，207～312 頁。

〔註88〕 趙爾巽主纂《清史稿》卷 486，列傳 273，文苑 3（中華書局，1977 年），13442 頁。

由於其簡潔地歸納關於張裕釗的行跡及文學與書法，那之後的傳記也幾乎是以《清史稿》的內容為基礎〔註89〕。

　　於中國的年譜、傳記資料的先導研究以聞鈞天先生為首。聞氏從張裕釗的詩文集《濂亭遺詩》《濂亭文集》等作成年譜，探查張裕釗的家系，舉出於生涯中3名的前輩、同僚、友人34名，門人10名，作成交友關係圖。此外，調查、收載著湖北省博物館或圖書館等收藏張裕釗的著作、書作〔註90〕。因此，身為張裕釗的基本資料，可置於可信賴的研究。楊祖武先生〔註91〕、葉賢恩先生〔註92〕、丁有國先生〔註93〕也是基本上以聞鈞天先生的研究為追從。此外，陳啟壯先生的〈張裕釗年譜〉〔註94〕是基於葉賢恩先生的著書〔註95〕所校正、追加而成的年譜。

　　另一方面，王達敏先生相較於上述的研究者，以張裕釗的著作為主要編成的年譜，其在張裕釗的著作以外，引用許多關於張裕釗友人等的文獻引用。例如曾國藩的關聯資料《曾國藩全集》、張裕釗的傳記《清儒學案》、《清代七百名人傳》以及友人吳汝綸的年譜《桐城吳先生年譜》、門人張謇的《張謇全集》、兒子張後沆的〈哀啟〉等〔註96〕。

　　此外，張小莊先生將楊峴、張裕釗、徐三庚、楊守敬四者的主要經歷以年譜顯示，也包含了各自的書法藝術活動與交遊經歷。這個年表所引用的文獻，有張裕釗的詩文、論學手札、作品等〔註97〕。

〔註89〕日本語為杉村邦彥〈張廉卿の傳記と書法〉（《渠荷的歷「宮島詠士書法展」》書法文化交流會，1987年7月），14～23頁。《書苑彷徨　第三集》（二玄社，1993年）。中國語譯為〈張裕釗的傳記與書法〉《書法之友》第5期（1996年），8～15頁。

〔註90〕聞鈞天〈張裕釗年譜〉（《張裕釗年譜及書文探討》湖北美術出版社，1988年6月），1～22頁。

〔註91〕楊祖武主編《張裕釗書法藝術》（華夏出版社，1997年5月），141～160頁。

〔註92〕葉賢恩〈附錄二：張裕釗年譜〉（《張裕釗傳》中國三峽出版社，2001年12月），301～319頁。

〔註93〕湛有恒主編、丁有國注評《濂亭遺詩注評》〈附錄：張廉卿先生年譜〉，1053～1076頁。

〔註94〕陳啟壯《碑骨帖姿——張裕釗書道研究》〈附錄：張裕釗年譜〉，340～359頁。

〔註95〕葉賢恩〈附錄二：張裕釗年譜〉，301～319頁。

〔註96〕張裕釗著、王達敏校點《張裕釗詩文集》〈附錄九：張裕釗年譜〉，595～635頁。

〔註97〕張小莊〈楊峴、張裕釗、徐三庚、楊守敬年表〉（陳傳席主編《中國書法全集》第73冊　張裕釗楊峴徐三庚楊守敬卷，榮寶齋出版社，2012年12月），285～300頁。〈主要引用參考書目〉，同書303頁。

再者，葉瑩瑩女士以張裕釗的著作《濂亭文集》、《濂亭遺詩》、《濂亭遺文》、《張濂卿先生詩文稿》、《張廉卿雜文》以及他的書作為基礎，加上引用大量的師友文集、年譜、日記，考證年代之上，再舉出張裕釗的行跡所紀錄的部分，試著再編成長編的年譜，言及的人物有 157 名〔註98〕。值得一提的是，葉氏的著作詳細明記著參考文獻，對於明朗化張裕釗的交流經緯，有著很大的作用。

上述研究明朗化了張裕釗的交友關係，基於此，補充近年發現的張裕釗書法作品與活動，試著作成年表，結果如【表1】呈現。

（三）傳存遺品的書風研究

過往關於傳存的張裕釗書法的書風，有著多數的研究。以下，分為日本方面、中國方面，並以年代順記入概要。

日本方面，內藤湖南先生論及張裕釗書法的位置，如以下敘述。「清朝末期の碑學派書道興隆について論じ、「北派至今極其盛運」として、趙之謙、楊沂孫、楊峴、楊守敬、吳昌碩らとともに張裕釗の名をあげているが、大きな歷史的潮流の中に張裕釗を位置づける場合、彼を碑學派を形成した一書家であったとすることは妥當であろう。しかし、そうした論理とは別に、改めて張裕釗を一個の人間としてその生涯を顧みたとき、實はその生きかたは、碑學派に列した諸家とは、あまりにも異なったものであった。（論及關於清朝末期的碑學派書道興隆，身為「北派至今極其盛運」，趙之謙、楊沂孫、楊峴、楊守敬、吳昌碩等，張裕釗的名字雖也一同舉出，然在大歷史的潮流中，將張裕釗置於何種位置之時，是擺在碑學派形成一書家較為妥當的吧。然而，這樣的論理，張裕釗身為一個人間，回顧其生涯，實際上其生活的方式，與列舉為碑學派的諸家，是為相異的。）」〔註99〕根據內藤氏，張裕釗身為碑學派的書家，有必要再檢討其生涯。

神田喜一郎先生敘述著「（張裕釗は）曾國藩の門人で、書法の專門家ではないが、北碑の書法のうえに唐宋の筆法を加味して、氣品の高い書をつくった。これは趙之謙の書が當時の批評家から北魏書と稱されたほどもっぱら北

〔註98〕孫瑩瑩〈附錄五：人物小傳〉（《張裕釗年譜長編》河南人民出版社，2014 年 12 月），262〜292 頁。

〔註99〕內藤湖南《清朝史通論》（弘文堂書店，1944 年），〈第六講・藝術〉，232 〜250 頁。

魏の書法に終始したのと、おもしろい對照をなしている。((張裕釗)是曾國藩的門人，雖不是書法的專門家，然其北碑的書法上加上唐宋的筆法，創新了氣品高的書法。此為趙之謙的書法從當時的批評家稱為北魏書，專心於北魏書法上終始，形成有趣的對照。)」〔註100〕，神田氏將張裕釗與趙之謙的書法進行對照。

　　服部竹風先生說張裕釗的書法是從北魏的〈張猛龍碑〉所領悟出來的，其氣品具有六朝漢的諸碑深究，並且沉著精妙，加上「滲墨」在作品上帶來新的感覺，並敘述著東洋美的一種大手腕，提示了基於六朝漢的諸碑「滲墨」的特徵〔註101〕。

　　大澤義寬先生擷取了關於張裕釗、宮島詠士書法周邊人的紀錄，檢討了他們的說法。大澤氏說張裕釗的書法特徵，是用捻筆與中鋒所書寫的點，多用獨特滲墨的多線條，指出藏鋒與「外方內圓」為表現的點。此外，可看到各自的書法中混入〈九成宮醴泉銘〉、〈張猛龍碑〉、米芾、顏真卿、漢隸多彩的古典〔註102〕。

　　根據中村伸夫先生所述「張裕釗の書の樣式は、北碑や唐碑を主たる拠りどころとして完成された。そして、それら碑刻の書を追求する上での彼の着眼はきわめて特異なものであった。それは碑刻独特の鋭い刀鑿の跡をも、みずからの運筆操作によって忠実に再現しようとした点にあったが、その実践の中で育まれた一種独特の運筆法が、従来になかった斬新な表現手段を生む端緒となった。(張裕釗的書法樣式，主要根據北碑或唐碑所完成的。然後追求這些碑刻的書法上，他的著眼點是十分特異的。此為碑刻獨特的銳利刀鑿之痕跡，由於自己的運筆操作，而忠實地再現的點，這個以實踐中所孕育的一種獨特運筆法，是從來都未有的嶄新表現手法而生的。)」〔註103〕，張裕釗是由北碑或唐碑所完成的書法此論點。

　　魚住氏述及「(張裕釗)書法の總合性は、まさしく曾國藩が構想し、張に継承せしめた古文派の理想と合致するものである。((張裕釗)書法的綜合

〔註100〕神田喜一郎〈中國書道史14清二〉，(神田氏、田中親美兼修《書道全集》第24卷，平凡社，1961年初版第一刷)，7頁。

〔註101〕服部竹風〈張廉卿とその書〉(《心畫　張廉卿號》第15卷第4號，書道心畫院，1962年4月)，2・13～15頁。

〔註102〕大澤義寬〈張廉卿・宮島詠士の書表現上における工夫〉(《渠荷的歷「宮島詠士書法展」》書法文化交流會，1987年7月)，32～47頁。

〔註103〕中村伸夫〈張裕釗〉《中國近代の書人たち》(二玄社，2000年10月)，59頁。

性，的確是曾國藩所構想的，與張裕釗所繼承的古文派理想，是相符合的。）」此外，魚住氏活用了從歷代古典的字例，做出張裕釗的書丹碑碣6件異體字的出典表，比較了異體字使用頻度。其結果，「（張裕釗は）楷書が動かしがたい基盤であり、その基盤である楷書に、唐碑・北碑・漢隷・秦篆、さらに二王の行書を注ぎ込むことに、つとめていたのではなかったのか（（張裕釗）楷書難以撼動的基盤，以唐碑、北碑、漢隷、秦篆、甚至二王的行書注入楷書中所彙整的吧）」另外，「張裕釗が展開した特異の書法は、技巧的には既述の古法獲得がもたらしたものであろう（張裕釗所展開的特異書法，技巧上是已述及的古法獲得所帶來的吧。）」〔註104〕。

　　於中國，對於張裕釗的書法有試著做系統性的分類者，有楊祖武先生。楊氏根據張裕釗周邊的友人或弟子與近現代學者的說法，將張的書風分為九種，再將九種分為三個部分，意即「秦篆說、漢隷說、包世臣說」、「龍藏寺說、歐陽詢說、帖學（館閣體）說」、「張猛龍說、弔比干說、齊碑說」分類〔註105〕。此外，葉賢恩先生的說法是遵循楊祖武先生的成果（1997年）〔註106〕，兩者的研究，僅將各說做介紹，並沒有跟著張裕釗的書風檢證而前進。劉恒先生則是從碑學理論、碑派書法的發展過程，說明張裕釗與同時期的趙之謙併為清代的末期代表者、獨特的人物〔註107〕。

　　此外，張小莊先生指出張裕釗早年期的風格，是吸收了唐宋各家，碑楷的風格基於魏碑、唐碑為基礎，融合篆隷的碑意。此外，小行書運用帖派技法，認為與王羲之〈集王聖教序〉與顏真卿〈爭座位帖〉結體近似的見解。並述及帖學的基礎上，加上碑體的用筆，根據帖學的再研究，形成碑帖融合的風格。敘述著此碑帖融合的觀念是受到曾國藩的影響〔註108〕。

　　再者，陳啟壯先生從技法、理論、鑑賞、傳承的觀點，全面性地介紹張裕釗的書法。舉出張裕釗各時期的書法，早年期受到帖學的影響，從壯年期到晚

〔註104〕魚住和晃《張廉卿の書法と碑學》〈第一章　張裕釗——その人間性と書法〉，110頁。〈第二章　張裕釗における書法形成〉，168～205頁。〈第三章　張裕釗の流転について〉，307頁。

〔註105〕楊祖武主編《張裕釗書法藝術》〈張裕釗書藝成就及分期〉，14～36頁。

〔註106〕葉賢恩〈附錄二：張裕釗年譜〉〈書壇泰斗〉，223～239頁。

〔註107〕劉恒《中國書法史（清代卷）》（江蘇教育出版社，2007年9月），〈第三章　碑學的完善與發展〉，213～214頁。

〔註108〕張小莊〈楊峴、張裕釗、徐三庚、楊守敬年表〉〈張裕釗書法評傳〉，24～46頁。

年期間，進入碑學的環境，形成帖學與碑學混在形成獨自的「外方內圓」的書風，導出如此的結論〔註109〕。

　　根據以上的前人研究，雖有指出張裕釗書法的由來是唐碑、北碑、漢隸、秦篆，二王，然皆未進行書風檢討。此外，碑帖的提供者也有相異的說法。關於此，文人、官僚們的紀錄是可靠的，然而前人研究並未深入的探討。此外，由於當時的研究環境或資料的限制，也因為新資料的出現，張裕釗書法的作品編年、分期的判斷基準有再檢討的必要性。

第三節　研究的方法

一、問題點的提起

　　前人研究指出張裕釗書法的綜合性與碑帖融合的觀念，是從曾國藩受到的影響傾向較為強烈，然而於他的書法並未言及其直接的師承，究竟他的書學與生涯是如何交織而成的，這個疑問就產生了。因此，本論文提出以下的問題。

　　張裕釗在何種官僚文化背景下，如何形成他的書法的呢。此外，他的書法從道光時期到光緒年間，是怎麼樣的變遷，怎麼樣的時期區分的呢。

　　為了解決這個問題，本論文設下以下的各章，組成各論的問題後著手進行。

第一章　咸豐年間的胡林翼幕府中張裕釗書法

咸豐年間的張裕釗，與胡林翼的文人交流，於書法面是如何受到影響的。

第二章　同治前半期的曾國藩幕府中張裕釗書法

同治前半期中透過曾國藩幕府的活動，張裕釗在書法上受到怎麼樣的影響，此外張裕釗又如何形成其新的書法。

第三章　同治後半期・光緒前半期中張裕釗書法

同治後半期・光緒前半期中張裕釗於曾國藩幕府中，與當時的官僚們是如何的交往，根據此張裕釗的書法又是如何展開的呢。

第四章　光緒中期以後張裕釗書法

光緒中期以後的張裕釗是如何與舊曾國藩幕府的幕僚交流，又是如何發展自身的書法的呢。

〔註109〕陳啟壯《碑骨帖姿——張裕釗書道研究》〈張裕釗書道研究之理論篇／八、書以功深能跋扈——張裕釗書風流變之探討〉，188～228頁。

二、研究對象

　　管見中，幾乎沒有張裕釗的書論或題跋，因此得從其書作品，或者交友的周邊書人資料進行考察。如此上因為有資料上的制約，本研究對於張裕釗的書學、書法，設定從他文化交流的影響作為檢討的對象，特別是從官僚文化的視點，追跡他與高級官僚的交流活動。官僚文化指的是高級官僚間，相互地關於文學、書道、金石學或教育等進行交流，並且從中形成的文化現象。顯示著晚清幕府中，高級官僚交互的題跋或酬唱，相互地切磋琢磨文化交流的一端。於此前提之下，試著檢討關於張裕釗交流場的幕府與書院中，所進行的活動【表 1】。根據檢證此交流活動，可以明確地得知晚清的中國書法史中，交流場合的重要性。

三、檢討手法

　　本論文，將進行關於張裕釗與清代晚期的官僚交流的檢討，與關於張裕釗書作的檢討，分析於各時期中組成的方法。以下，敘述關於與官僚的交流以及書作，各自具體的檢討方法。

（一）清代晚期的官僚及其交流

　　近年，清代晚期的筆記、日記等的資料盛行，並做出了釋文，關於官僚的生活與書法交流也漸漸地明朗化。例如，根據張小莊先生，清人的日記資料中，書法論被網羅地抽出〔註 110〕，白謙慎先生身為清代晚期官僚的書法研究專門家也為人所知，關於「應酬書法」的論考多數發表著〔註 111〕。

　　本研究主要的對象，為張裕釗與晚清官僚的日記、詩文著作、年譜、書簡的內容。這些的晚清官僚，具體的是胡林翼、汪士鐸、范志熙（第一章檢討）、曾國藩、莫友芝（第二、三章檢討）、袁昶、沈曾植、鄭孝胥、莫繩孫（第四章檢討）等。

　　這之中，關於日記的話，《曾國藩日記》〔註 112〕·《莫友芝日記》〔註 113〕·

〔註110〕 張小莊《清代筆記、日記中的書法史料整理研究 上下冊》（中國美術學院出版社，2012 年）。

〔註111〕 白謙慎、德泉さち譯〈清代晚期官僚の日常生活における書法〉（《美術研究》第 418 號，東京文化財研究所，2016 年 3 月），240～269 頁。白謙慎〈晚期官僚の応酬書法〉《中國近現代文化研究》第 15 號（中國近現代文化研究，2014 年 3 月），1～16 頁。

〔註112〕 曾國藩著、唐浩明責任編輯《曾國藩全集》第 16～19 冊，日記之一～之四。

〔註113〕 莫友芝著、張劍整理《莫友芝日記》（鳳凰書局，2016 年 4 月）。張劍·張燕嬰整理《莫友芝全集（全 12 冊）》（中華書局，2017 年），第六冊部亭日記。

《鄭孝胥日記》〔註114〕・《袁昶日記》〔註115〕等有釋文。而莫繩孫的日記原件為台灣的國家圖書館所藏〔註116〕。

此外，與張裕釗早年期的交流，注目於汪士鐸、范志熙。汪、范雖具備詩文集，然而很少被論及。根據筆者調查汪士鐸、范志熙的詩文，中國的南京圖書館中藏有汪士鐸相關的文獻，而關於范志熙的文獻則是中國國家圖書館所藏。

這些文獻資料從新的角度，來看張裕釗的活動與行跡是貴重的素材，亦可補過往的張裕釗書法研究之不足，是有其可能性的。

（二）張裕釗的書作

迄今，張裕釗的書法作品許多收藏於博物館、美術館，或者個人，拍賣公司所競賣的場合亦有。本論以有紀年，以及年代可推定的張裕釗書作品為主要考察對象，可以確認其書作品試著整理成【表2】。

他的書法初次於世上傳播的時期，可以說是清代晚期到民國初期之時。這個時代以碑帖出版為中心經營著的出版社，有幾個殘存。菅野智明先生舉出關於這個時期的出版社情報〔註117〕。這之中，張裕釗的書法最多出版的是上海文明書局與上海有正書局。根據菅野氏，上海文明書局的出版物有《張廉卿書千字文》（指的是張裕釗早年期的千字文，於第一章檢討）、《張廉卿書李剛介公殉難碑》（第四章檢討）以及《張廉卿書箴言〈崔瑗座右銘〉》（第四章檢討）三冊，此外，上海有正書局的出版物是《（大楷）張廉卿墨蹟》、《張廉卿大楷習字範本》、《張廉卿行書小屏》、《張廉卿行書大屏》、《張廉卿八言大對》、《張廉卿七言大對》等被出版〔註118〕。

〔註114〕勞祖德整理、中國國家博物館編《鄭孝胥日記（全五冊）》（中華書局，2016年4月）

〔註115〕袁昶著、孫之梅整理《袁昶日記（上）（下）》（鳳凰出版社，2018年6月）

〔註116〕《獨山莫氏遺稿不分卷十三冊／清莫繩孫撰《日記四冊》》「手記　壬辰十月至甲午九月」台灣，國家圖書館藏，古籍與特藏文獻資源，書號：15360-005。

〔註117〕舉例來說，延光室（光緒6年，1880）・商務印書館（光緒23年，1897）・文明書局（光緒28年，1902）・有正書局（光緒30年，1904）・西泠印社（光緒30年，1904）・神州國光社（光緒34年，1908）・中華書局（民國元年，1912）・藝苑真賞社（民國4年，1915）・故宮博物院（民國11年，1922）。菅野智明《近代中國の書文化》（筑波大學出版社，2009年10月），44～47頁。

〔註118〕上揭書，菅野智明氏著，204頁。

　　另一方面，宮島家的舊藏三件書作〈千字文〉、〈嚴維詩〉、〈對聯〉是揭載
於《書道全集》（1961 年）〔註 119〕。除了這些，作品集中有《張裕釗・宮島詠
士師弟書法展覽圖錄》（1984 年）〔註 120〕。此為宮島詠士的孫子宮島吉亮的
好意，公開宮島詠士的舊藏（東京善隣書院詠歸舍）作品。基於此，1984 年 8
月 23 日到 29 日間於北京的中國美術館、1985 年於武漢的「張裕釗・宮島詠
士師弟書法展覽」展覽開催。同展加上張裕釗的書作，宮島詠士的書作也一併
展示著。此外，這個作品集幾乎都是張裕釗的壯年、晚年所書寫的書作、拓本
所編集而成的。

　　此外，湖北省博物館所藏的張裕釗的書法作品，可以說是公立的組織中最
多的〔註 121〕。私人的話，陳啟壯先生收藏有〈張公（蔭穀）墓碑〉（陳氏：光
緒 6 年推定）或〈吳蘭軒墓表〉（光緒 4 年，第三章檢討）初公開的資料，陳
氏上有其它對聯或冊頁、聯屏等 10 點以上的收藏〔註 122〕。於民間，可以說他
是張裕釗的書法收藏第一人者〔註 123〕。

　　接著，說到張裕釗書法的新資料，注目於浙江圖書館與安慶市圖書館所收
藏的張裕釗書簡。浙江圖書館古籍部有 38 通的張裕釗書簡〈張裕釗致蔣光焴〉
（那之中的 1 通於第二章檢討），再加上藏有同治 2 年（1863）張裕釗所抄寫
的〈張裕釗劉府君墓誌銘〉（第二章檢討）〔註 124〕。此外，安徽省安慶市圖書
館古籍部中，張裕釗寫給徐宗亮的 3 通（其中 1 通第二章檢討，2 通第三章檢
討）書簡收藏著〔註 125〕。這些書簡是張裕釗早年期書法形成中，佔有重要的

〔註 119〕 神田喜一郎〈中國書道史 14 清二〉《書道全集》第 24 卷所收〈千字文（圖
　　　　　版 66～67）〉〈嚴維・丹陽送韋參軍七言絕句（圖版 68）〉〈七言對聯（圖版
　　　　　69）〉。
〔註 120〕 張裕釗・宮島詠士師弟書法展覽實行委員會編《張裕釗・宮島詠士師弟書法
　　　　　展覽圖錄》（張裕釗・宮島詠士師弟書法展覽實行委員會，1984 年）。
〔註 121〕 王曉鐘〈鄂博館藏明清鄂籍名人書家概述〉（書法叢刊編輯部《書法叢刊（湖
　　　　　北省博物館藏品專輯）》第 5 期，總第 105 期，文物出版社，2008 年 9 月），
　　　　　21～23，74～75 頁。張小莊〈張裕釗書法評傳〉陳傳席主編《中國書法全集》
　　　　　第 73 冊所收。
〔註 122〕 陳啟壯《碑骨帖姿──張裕釗書道研究》〈張裕釗書道研究之鑑賞篇〉，230～
　　　　　239 頁。
〔註 123〕 陳啟壯《碑骨帖姿──張裕釗書道研究》，張書範〈序言〉參照。原文「據我
　　　　　所知，民間收藏者陳啟壯可排榜首。」
〔註 124〕 從 2017 年 7 月 4 日到 6 日間，筆者前往浙江圖書館調查這些書簡。
〔註 125〕 2017 年 3 月 15 日、筆者前往安徽省安慶市圖書館古籍部調查《蔣元卿舊藏
　　　　　晚清和近代名人手札》。

作用。其它，小莽蒼蒼齋也藏有張裕釗寫的小行楷書，是寫給蔣光焴的 2 通書簡（第二章檢討）〔註126〕。

關於這些書作品，筆者把握了 45 件【表 2】，並且將這些依據字大小、書體分成 3 大類，分別為大字行楷書、中字楷書（碑碣書法、題字書法、其它）、小字書作（小字楷書、小字行書、小字行楷書）。

（三）張裕釗的書法所見的時期區分

本論文，在窺見張裕釗的書法變遷之際，設咸豐年間到同治前半期、同治後半期・光緒前半期、光緒中期以後的時期區分。這個區分為各自的時期受到官僚文化的影響之結果。

張裕釗的書法根據時期，有著相異的書風，是由於官僚們日常的交流活動的產物。當時的官僚，重視的是日常生活中的學書參考碑帖。張裕釗的書法鑽研，恐怕也是重視的碑帖環境而進行著。預測由於同道中的官僚們，也相互著切磋琢磨碑帖的學習，可見這是各時期所遇到的官僚相異的狀況。也因此，張裕釗的書法也因各時期相異的風格而出現的吧。

（四）從真偽・編年到分期・書風檢證

書作的真偽鑑定之際，應訂定基準，考慮收藏地或內容。本論考察的預定書作為書簡為多量，張裕釗寫給官僚或知友的書簡之收藏與內容，對於真偽來說是重要的基準。

例如，可見有許多無紀年的書簡，去除有紀年的書簡，關於無紀年的書簡就必須檢討其編年作業。從內容檢討的話，編年作業亦可明朗化。例如，張裕釗寫給曾國藩的書簡（《陶風樓藏名賢手札》的第 4 件書簡）中，書寫著「並賜所為先大父墓表」，曾國藩日記（咸豐 9 年 9 月）中亦述及同一個的墓表（第一章檢討）。因此，此為真跡的可能性很高。

有著真偽、編年的基礎，就有可能進行時期區分。本論將進行曾經述及的張裕釗書法中的時期區分。此與官僚文化的影響相關聯，意味著書風檢證也具有很大的意義。

關於書風的檢證，設定一定的觀點，基於此根據比較，盡量能明示其根據。第一章中，以避諱的字與唐楷筆意的觀點進行比較，明朗化早年期或晚年千字

〔註126〕陳烈主編《小莽蒼蒼齋藏清代學者書札》下（人民文學出版社，2013 年 7 月），789～790 頁。

文的區分。此外，於小行書和小楷書的書簡中，比較文字的概形或用筆的方法、線的質感與古碑帖進行比較。

　　第二章中，應用魚住氏的書法分析方法「起筆」·「送筆」·「收筆」·「轉折」等的觀點，本章加上「左撇」·「鈎」·「浮鵝鈎」，比較張裕釗的大楷，以及與曾國藩幕府內所流行的書法進行比較，檢證張裕釗的書法形成。此外，小行書與小行楷書中，於咸豐時期與同治前半期的全體書風造形中，比較持有同樣文字「左」與「子」文字。

　　第三章中，於中字書作中，從梁碑概形的影響，這個時期與同治前半期進行比較，同治前半期與這個時期的概形、還有唐碑的歐陽詢、褚遂良、梁碑同樣的文字、持同部分的文字，一起進行比較。中字書作中從梁碑結構法的影響中「撇與其他部分的幅度」、「浮鵝鈎橫畫的斜度」、「其它橫畫的斜度」的觀點來檢證。此外，也分析與前面時代的共通點。

　　第四章中，從同治後半期·光緒前半期的書法的變遷中，大楷書作取出五個用筆的觀點，中楷書作中，鈎的六種變化分析。再者，也加上「豎畫、橫畫中線的粗度」、「間隔的廣度」、「外方內圓」的觀點別。

　　根據以上，於各章中比較的觀點相異，此為各時期張裕釗與各個相異的官僚相遇，從官僚提供的相異碑帖，吸收其養分，預測如此反映其獨自的表現。

【表 1】張裕釗的略年表

年　代	行　跡	交　遊	備　考
清道光 3 年 1823 年 1 歲	張裕釗生。		
清道光 30 年 1850 年 28 歲	及第國子監學正學錄。 轉任內閣中書。	得到曾國藩的知遇。 成為其門人	
清咸豐元年 1851 年 29 歲	曾國藩的日記中，張裕釗的名字最初出現。		
清咸豐 02 年 1852 年 30 歲	斷念仕進之道，返回故鄉武昌。		

清咸豐 03 年 1853 年 31 歲	曾國藩給江忠源與左宗棠的書簡中，張裕釗的名字出現。		
清咸豐 08 年 1858 年 36 歲	7 月 1 日、4 日、5 日，曾國藩指導張裕釗的古文。		
清咸豐 09 年 1859 年 37 歲	3 月 31 日曾國藩給張裕釗指導。 9 月 8 日曾國藩為了張裕釗，書寫卷子。 11 月 16 胡林翼給曾國藩的書簡，張裕釗請胡林翼代筆記載著。	2 月汪士鐸向胡林翼推薦張裕釗，張裕釗成為胡林翼的官書局（幕府）之一員，從事《讀史兵略》的編集。	
清咸豐 10 年 1860 年 38 歲			
清咸豐 11 年 1861 年 39 歲		推測胡林翼逝世後，成為曾國藩的幕府一員。 與莫友芝會面。	
同治元年 1862 年 40 歲	游幕的立場，屬於曾國藩幕府。		
同治 02 年 1863 年 41 歲	春，就任湖北勺庭書院的主講。		莫友芝給何璟〈隸書節錄漢樂府〉〈安世房中歌〉
同治 03 年 1864 年 42 歲	到冬天為止，勤務於湖北勺庭書院。		
同治 04 年 1865 年 43 歲			
同治 05 年 1866 年 44 歲			4 月下旬：何璟前往湖北。
同治 06 年 1867 年 45 歲	游幕的立場，勤務於湖北鍾祥縣志局。		
同治 07 年 1868 年 46 歲	前半期：湖北崇文官書局 從 8 月 24 日：南京曾國藩幕府		
同治 08 年 1869 年 47 歲	湖北崇文官書局		
同治 09 年 1870 年 48 歲	湖北崇文官書局 11、12 月：南京曾國藩幕府		

同治 10 年 1871 年 49 歲	4、6、7、8、10、12 月：南京曾國藩幕府。 5 月，曾國藩為了張裕釗，書寫父親張樹程的墓志。 夏，就任金陵鳳池書院的主講。		9 月 14 日莫友芝逝世。
同治 11 年 1872 年 50 歲	勤務於金陵鳳池書院。		2 月 4 日曾國藩逝世。
同治 12 年 1873 年 51 歲	勤務於金陵鳳池書院。		
同治 13 年 1874 年 52 歲	勤務於金陵鳳池書院。		7 月：張謇成為張裕釗的門人。
光緒元年 1875 年 53 歲	勤務於金陵鳳池書院。		
光緒 02 年 1876 年 54 歲	勤務於金陵鳳池書院。 正月，就任《史記》校正。		
光緒 03 年 1877 年 55 歲	勤務於金陵鳳池書院。 正月，就任《史記》校正。		
光緒 04 年 1878 年 56 歲	勤務於金陵鳳池書院。 到 7 月為止，就任《史記》校正。		
光緒 05 年 1879 年 57 歲	勤務於金陵鳳池書院。		
光緒 06 年 1880 年 58 歲	勤務於金陵鳳池書院。		
光緒 07 年 1881 年 59 歲	勤務於金陵鳳池書院。 編集《高淳縣志》。 年末，辭去金陵鳳池書院。		
光緒 08 年 1882 年 60 歲			
光緒 09 年 1883 年 61 歲	4 月：就任保定蓮池書院的主講。		
光緒 10 年 1884 年 62 歲	勤務於保定蓮池書院。		
光緒 11 年 1885 年 63 歲	勤務於保定蓮池書院。	上北京與袁昶・沈曾植會面。（書學觀的交流）	
光緒 12 年 1886 年 64 歲	勤務於保定蓮池書院。		

光緒 13 年 1887 年 65 歲	勤務於保定蓮池書院。		
光緒 14 年 1888 年 66 歲	勤務於保定蓮池書院。	上北京與**袁昶·沈曾植**會面。（筆法論的交流）	
光緒 15 年 1889 年 67 歲	就任武昌江漢書院以及經心書院的主講。		
光緒 16 年 1890 年 68 歲	勤務於武昌江漢書院及經心書院。		
光緒 17 年 1891 年 69 歲	就任襄陽鹿門書院的主講。		
光緒 18 年 1892 年 70 歲	勤務於襄陽鹿門書院。 辭去襄陽鹿門書院，移住西安隱棲。		
光緒 19 年 1893 年 71 歲	隱棲於西安。		
光緒 20 年 1894 年 72 歲	隱棲於西安。		

【表2】張裕釗的書作品一覽（本論所載張裕釗的書作品）

時期區分	年代／干支	年齡	種類	作品名	圖版出典	收藏地	備考
第一章	不詳		小楷書（館閣體）	張裕釗〈小楷千字文〉	張裕釗《張廉卿書千字文楷書》石印本第9版（文明書局，1935年3月）。		
咸豐年間的胡林翼幕府	咸豐8年 1858／戊午	36	小行書	張裕釗給范志熙的書簡 2通	北京師範大學主編《清代名人書札》（北京師範大學出版社，2009年1月），381~384頁。		
	咸豐9年 1859／己未	37	小楷書	張裕釗給曾國藩的書簡 2通	《陶風樓藏名賢手札》宣紙影印初版（江蘇省立國學圖書館出版，1930年）		
	咸豐10年 1860／庚申	38	小楷書	張裕釗給曾國藩的書簡 2通	《陶風樓藏名賢手札》宣紙影印初版（江蘇省立國學圖書館出版，1930年）		
	咸豐11年 1861／辛酉	39					
第二章 同治前半期的	同治元年 1862／壬戌	40					
	同治2年 1863／癸亥	41	小楷書	張裕釗〈劉府君墓誌銘〉	書號：D605176，通號：XZ13717。	浙江圖書館古籍部藏	
			小楷書	張裕釗給曾國藩的書簡	《陶風樓藏名賢手札》宣紙影印初版（江蘇省立國學圖書館出版，1930年）	南京圖書館藏	

編號	年	書體	作品名	出處	收藏	備註
		小楷書	張裕釗給蔣光焴的書簡	書號：D605139，通號：XZ13680。書號：D605168，通號：XZ13709。	浙江圖書館古籍部藏	
		小楷書	張裕釗給蔣光焴的書簡2通	陳列主編《小莽蒼蒼齋藏清代學者書札》下（人民文學出版社，2013年7月），789~790頁。	小莽蒼蒼齋	
		小行書	張裕釗給正士鐸的書簡2通	文物編輯委員會編《書法叢刊》第28輯（文物出版社，1991年12月），88~89頁。		
42	同治3年1864／甲子	小楷書	張裕釗給曾國藩的書簡	《陶風樓藏名賢手札》宣紙影印初版（江蘇省立國學圖書館出版，1930年）	南京圖書館藏	
43	同治4年1865／乙丑	小行楷書	張裕釗給宗元鼎的書簡	《蔣元卿舊藏晚清和近代名人手札》	安徽省安慶市圖書館古籍部藏	
44	同治5年1866／丙寅	大字書作條幅四屏	張裕釗〈鮑照飛白書勢銘〉	劉再蘇《名人楹聯真蹟大全》第6冊（世界書局，1925年再版）。劉再蘇《名人楹聯墨蹟大觀》（湖北美術出版社，1998年3月），344~345頁。	中國個人藏	
45	同治6年1867／丁卯					康有為、林守長臨書作品。
46	同治7年1868／戊辰	小楷書	張裕釗給曾國藩的書簡	張裕釗〈致曾國藩〉，陶湘《昭代名人尺牘小傳續集》卷18、26頁（文海出版社，1980年），總1327~1328頁。		

曾國藩幕府

第三章 同治後半期・光緒前半期	年代	No.	書體	作品	出處	收藏	備考
	同治8年 1869/己巳	47					
	同治9年 1870/庚午	48					
	同治10年 1871/辛未	49	小行書	張裕釗給徐宗亮的書簡（同治10年以降同治12年間）	《蔣元卿舊藏晚清和近代名人手札》	安徽省安慶市圖書館古籍部藏	
			中楷	張裕釗的碑文〈代湘鄉曾相國重脩金山江天寺記〉		中國個人藏	代曾國藩撰書
	同治11年 1872/壬申	50	大楷	張裕釗贈與李鴻章對聯	陳啟壯《碑骨帖姿—張裕釗書道研究》，197頁。		
			小行書	張裕釗給徐宗亮的書簡	《蔣元卿舊藏晚清和近代名人手札》	安徽省安慶市圖書館古籍部藏	
	同治12年 1873/癸酉	51	大楷	張裕釗〈事文類聚〉	書象會發行《第四十回書象展記念—張廉卿・宮島詠士・上條信山作品集》(2001年7月6日)，26～27頁。		
			中楷	張裕釗的碑文〈吳徵君墓誌銘〉	趙金敏〈張裕釗書《吳徵君墓誌銘》〉《收藏家》第4期（北京市文物局，1994年），27～29頁。		
	同治13年 1874/甲戌	52	中楷	張裕釗的題字《舒藝室隨筆六卷》	張文虎《舒藝室隨筆》（金陵冶城賓館刊，1874年），哈佛燕京圖書館藏。		
	光緒元年 1875/乙亥	53	小楷	張裕釗給張裕釗（兄）的書簡	魚住和晃《張廉卿の書法と碑學》，164頁。		

年代	編號	書體	作品	出處	收藏	與吳摯甫母親書
		中楷	張裕釗的碑文〈吳母馬太淑人村葬誌〉	張裕釗、宮島詠士師弟書法展實行委員會編《張裕釗·宮島詠士師弟書法展覽圖錄》，48頁。		
光緒 2 年 1876／丙子	54	中楷	張裕釗的題字《史記》	張裕釗校刊，歸有光以及方苞評點《史記》。		
光緒 3 年 1877／丁丑	55					
光緒 4 年 1878／戊寅	56	中楷	張裕釗的碑文〈吳蘭軒墓表〉	中國個人家藏拓本	中國個人藏	
光緒 5 年 1879／己卯	57					
光緒 6 年 1880／庚辰	58	小楷書	張裕釗給富子的書簡	購書 934，「清張裕釗致桂卿函冊頁」。出典：https://goo.gl/qQuPn7	國立故宮博物館藏	
光緒 7 年 1881／辛巳	59	中楷	張裕釗的題字《汪梅村先生集》	《汪梅村先生集》	中國國家圖書館藏	
		中楷	張裕釗的碑文〈金陵曾文正公祠修葺記〉	魚住和晃《張廉卿の書と碑學》，30頁。		
		中楷	張裕釗的碑文〈屈子祠堂後碑〉	《張裕釗·宮島詠士師弟書法展覽圖錄》，51頁		
		小楷書	跋清徐沛齋〈臨趙孟頫《道德經》〉	翟忠惠〈從《評跋萃刊》看晚清書家對趙體書法的反思性評價〉《書法》2012 年第 11 期（2012 年 11 月），96 頁。		

年代	編號	書體	作品名稱	出處	收藏	備註
光緒8年 1882/壬午	60	小行書	張裕釗給仲武的書簡	張裕釗專題〈張裕釗作品選〉《中國書法》第6期(2001年)、18～19頁。名家手稿欣賞〈張裕釗致仲武函（局部）〉《書友》第250期（2009年10月）、封底頁。《張裕釗集》、〈致仲武姻世兄〉、湖北省博物館藏、25～26頁。		
光緒9年 1883/癸未	61					
光緒10年 1884/甲申	62	中楷	張裕釗的碑文〈李剛介公殉難碑記〉（湖北本）	張裕釗專題《中國書法》第6期（2001年）、16頁。		
		中楷	張裕釗的碑文〈李剛介公殉難碑記〉（石印本）	張裕釗《張廉卿書李剛介公殉難碑》、（文明書局，1941年3月第17版）。		
光緒11年 1885/乙酉	63					
光緒12年 1886/丙戌	64	大楷	齊令臣藏〈齊公祠楹聯〉齊公祠楹聯（38字）齊公祠楹聯第二冊【先祠楹聯五十一字】	張裕釗書、高陽齊令辰謹注《大楷、吳承巨記》。	日本個人藏	
		中楷	張裕釗的碑文〈南宮縣學碑記〉	《張裕釗‧宮島詠士師弟書法展覽圖錄》、52頁。	碑於南宮中學	張裕釗撰並書

第四章 光緒中期以後

年份	序號	書體	作品名稱	出處	收藏	備註
光緒 13 年 1887／丁亥	65	中楷	張裕釗的碑文〈蒯公神道碑〉	清李鴻章楷書《蒯公神道碑帖》（文明書局，中華民國 5 年(1916)11 月初版，13 年(1924)4 月再版）		
光緒 14 年 1888／戊子	66	中楷	蓮池書院期 張裕釗〈宮島藏千字文〉 蓮池書院期 張孝移藏〈張孝移藏千字文〉	宮島舊藏《宮島詠士舊藏 張裕釗千字文》(同朋社，昭和 58 年 7 月，1983 年)。 張孝移舊藏《千字文》（無出版情報）	日本個人藏	
光緒 15 年 1889／己丑	67	中楷	張裕釗〈節東都賦・西京賦〉（光緒 15～17 年）	張廉卿〈節東都賦・西京賦〉一~二十三，雜誌《雪心》連載，日本個人藏。5～14 頁，11～14 頁，5～8 頁。	日本個人藏	
光緒 16 年 1890／庚寅	68					
光緒 17 年 1891／辛卯	69	大楷	張裕釗〈箴言〈崔瑗座右銘〉〉	張裕釗《張廉卿書箴言》石印本（文明書局，1911 年版，1937 年 4 月 13 版）。	京兆劉氏。	弟子中魯贈書作
光緒 18 年 1892／壬辰	70					
光緒 19 年 1893／癸巳	71	中楷	張裕釗的碑文〈賈蘇生夫婦雙壽序〉（光緒 19 年）		中國個人藏	與賀松坡雙親書
光緒 20 年 1894／甲午	72					

第一章　咸豐年間胡林翼幕府中
張裕釗的書法

序

　　圍繞在張裕釗的早年期，與曾國藩的關係雖有言及〔註1〕，然關於咸豐年間張裕釗詳細的活動實態並未怎麼觸及到。特別筆者關心的是，關於咸豐年間張裕釗在書學上，是如何受到影響的呢。關於張裕釗咸豐年間的書作品，張裕釗寫給曾國藩與范志熙（字月槎，1815～1889）的書簡，陳啟壯先生指出是從唐人寫經、二王與米芾的書風而來的〔註2〕。然而，其書法的由來並未十分明朗化。

　　因此，本章在張裕釗的咸豐年間中，確認在胡林翼幕府中的交流活動，探究張裕釗於胡林翼的幕府中形成的書法實相。

〔註 1〕與曾國藩的關係有述及的前人研究如以下所列。
　　　　①魚住和晃《張廉卿〈悲憤と憂傷の書人〉》〈第一章：張廉卿論—その人間性
　　　　　と書法—／一、張裕釗の人間性／（一）前期の張裕釗〉，14～18 頁。
　　　　②葉賢恩《張裕釗傳》〈辭官南歸〉，22～31 頁。
　　　　③魚住和晃《張廉卿の書法と碑學》〈第一章：張裕釗—その人間性と書法／
　　　　　一、張裕釗の人間性／（一）前期の張裕釗〉，20～26 頁。
　　　　④陳啟壯《碑骨帖姿——張裕釗書道研究》〈緒論／四、張裕釗師承交游／（一）
　　　　　師承／3. 曾國藩〉、6～9 頁。
〔註 2〕陳啟壯《碑骨帖姿——張裕釗書道研究》，7・153～156 頁。

第一節　張裕釗的家學與早年期的書作品

一、張裕釗的家學

　　張裕釗的先祖張九雄（伯九公，第一代）是安徽省修寧縣的出身〔註3〕。進入元朝，為躲避元亂從安徽省修寧縣移住到湖北武昌。張九雄的墓是 1990年（庚午歲，清明）再建立，可知今於湖北省鄂州市沼山鎮。根據張靖鳴先生的說法，湖北省鄂州市沼山鎮的張裕釗文化園古墓區，可分類為元代墓葬（第二代、第三代、第四代、第五代）與明代墓葬（第六代、第七代、第八代、第九代、第十一代）〔註4〕。迄今 20 多代，多量的歷史性文物與書作品流傳，以傳於後世為目的被保存著〔註5〕。

　　張裕釗的父親張善準所清書的家譜中，記載著張裕釗的高祖張維滄是太學生，曾祖張新本是歲貢生，伯祖父張以謨是進士，祖父張以誥是太學生，父親張善準是歲貢生〔註6〕。此外，張裕釗的祖父張以誥是「贈奉大夫內閣中書加四級」，父親張善準也是「贈奉大夫內閣中書加四級」，身為官僚活躍著〔註7〕。張裕釗的祖先代代皆熱心於學問〔註8〕，對於早年期張裕釗的書法形成上，有著重要的作用。

〔註3〕家譜：「一世。始遷祖，伯九公：由徽州休甯遷居武昌符石鄉，封北直大理寺左評事。」張善準手抄本《張廉卿先生家譜》（台灣國家圖書館，清咸豐 10 年，1860 年），2 頁。

〔註4〕張靖鳴先生（1968～）為湖北鄂州職業大學的副教授，研究鄂渚民間文化。2018年 3 月 21 到 24 日之間，筆者透過張靖鳴先生的介紹，與張裕釗文化園園長張紹銀先生‧鄂州市博物館原黨支部書記（館長）副研究員，現已退休的熊壽昌先生的引導下，調查了張裕釗的出身地中國的湖北省鄂州市沼山鎮中張裕釗一族的墓群。於此之後，從張靖鳴先生那提供給筆者〈張裕釗文化園古墓區文史資料〉（內部資料）。

〔註5〕張靖鳴、黃彩萍、萬海訪〈張裕釗家族書法群體調查研究〉（《鄂州大學學報》第 24 卷第 6 期、2017 年 11 月）、32～34‧37 頁。

〔註6〕張善準手抄本《張廉卿先生家譜》，6～10 頁：「十五世。斯錕公長子：維滄公，字傲凌，號順軒，太學生。」「十六世，維滄公之子新本公：官名本，字屬十，號立堂，歲貢生。」「十七世。新本公長子以謨公：榜名以謨公，字會安，號訏亭，一號茂園，乾隆戊申（1788）科舉人，嘉慶戊辰（1808）科進士。」「十七世。次子以烈公，冊名以誥公，字競安，一字書升，號經圍，太學生。」「十八世。以烈公次子善堥：冊名善準，字樹程，號平泉，一號愚公，恩歲貢生。」

〔註7〕鍾桐山修、柯逢時纂《中國地方志集成33‧湖北府縣志輯 光緒武昌縣志》卷15，封麼卷 15（江蘇古籍出版社，清光緒 11 年（1885）刻本影印），579 頁。

〔註8〕《張氏家譜》〈立堂家訓〉「立堂對長男以謨，次男以誥：入則課讀，出則課耕，十數年如茲。」葉賢恩《張裕釗傳》，3 頁轉引。

　　湖北省鄂州市沼山鎮的張德寶灣中，留存有張裕釗的曾祖張新本（1730～1809）的題匾書作品（圖1），張靖鳴於〈張裕釗曾祖題匾書法及相關文史考略〉中介紹著。本文是「賓堪聚敬」，右邊的款文為「殿老賢弟張殿錄曁弟媳夏老孺人六旬□□」，左邊款文為「乾隆五十七年歲官壬子陰月吉旦，乙巳正貢族兄本拜題。」張靖鳴先生敘述此書作品具有歐陽詢或趙孟頫的筆意，交雜著謹嚴的結構，是為傳統的書風〔註9〕。款記的「殿老」是指張殿錄（1733～1794），夏老孺人（1732～1812）是其妻子。1792年舊曆10月1日是為了祝壽夫婦的60歲雙壽，族兄張本（張新本）題寫了這個匾額。關於張新本的傳記，清光緒《武昌縣志》中「張以謨，字會安，符石鄉人。父本，歲貢生，任廣濟訓導。〔註10〕」此外，《張氏宗譜》也有「十六世，維滄之子新本，官名本，字屬十，號立堂，歲貢生，黃州府廣濟縣儒學訓導。〔註11〕」廣濟訓導指的是黃州府廣濟縣的儒學訓導，相當於今天的教育局的副局長。

　　筆者認為，張裕釗的曾祖張新本的書作品，是唐楷的筆意與謹嚴的結構交織而成的傳統書風，推測張裕釗的祖先代代皆官僚，並學習傳統的書風。「賓堪聚敬」的照片判讀雖有困難，但可見學習縱長的初唐結構。

二、早年期的書作品

　　早年期張裕釗的書作品是怎麼樣的書風的呢。前人研究中，留存有張裕釗〈小楷千字文〉（上海文明書局）（圖2），上條信山先生說「この千字文は、張廉卿としては、若書きの部類に属するものと思われる〔註12〕。（這個千字文，我認為是屬於張廉卿早年期的部類）」此外楊祖武先生關於〈小楷千字文〉有以下的敘述。

　　　　三十年代有正書局〔註13〕出版一冊《張廉卿小楷千字文》，為卷折體，
　　　　勻淨方正有力，可能為其早期之作。惜無書寫年月，不便定論〔註14〕。

〔註9〕 張靖銘、李景燕〈張裕釗曾祖題匾書法及相關文史考略〉（《鄂州大學學報》第21卷第4期，2014年4月），22～24頁。

〔註10〕 鍾桐山修、柯逢時纂《中國地方志集成33・湖北府縣志輯 光緒武昌縣志》縣志卷20，文苑卷16，633頁。

〔註11〕 《張氏宗譜》卷47（敦義堂），3頁。

〔註12〕 上條信山〈解說〉（張裕釗《宮島詠士舊藏 張廉卿千字文》同朋舍，1983年7月），23頁。

〔註13〕 應為文明書局。指的是〈小楷千字文〉。

〔註14〕 楊祖武主編《張裕釗書法藝術》，37頁。

再者，陳啟壯先生有以下的敘述。

> 此作小楷歐體風格極為明顯，並帶有館閣體痕跡，雖無紀年和落款，
> 但偶爾在筆畫轉折出均處略顯外方內圓特徵，故訂為張裕釗早年時
> 期歐體風格書法作品無疑〔註15〕。

根據以上，可以推測這個〈小楷千字文〉是屬於張裕釗早年所書寫的作品。

於此，筆者試著比較這個千字文與晚年張裕釗的兩個千字文。看「玄」字時，小楷寫成「玄」，晚年二作則寫成「元」字。寫成「元」字的理由為對於清代聖祖名玄燁的避諱。關於筆法，〈小楷千字文〉未見晚年的特徵「外方內圓」，忠實的唐楷筆意。結構上看「劍」・「號」時，是唐楷直接寫成的結體（圖3）。

根據以上的檢討，張裕釗的曾祖張新本為官僚，題區書作品可見歐陽詢與趙孟頫的筆意，與謹嚴的結構交織而成的傳統書風。張裕釗繼承家學，早年的小楷是忠實的唐楷書風。

第二節　入幕前的書作品

道光30年到咸豐2年間（1850～1852），張裕釗於北京從事職務。根據張裕釗的〈范鶴生六十壽序〉〔註16〕，這時候張裕釗經常與范鳴珂（字子珹）、范鳴龢（字鶴生）兄弟〔註17〕等的文人們展開宴會，透過吟詩繫連感情。范鳴龢、范鳴珂之外，可舉出這個期間與張裕釗有深厚關係的人物，是湖北的藏書家與張裕釗同鄉的范志熙（1815～1889）。范志熙，字月槎、子穆。號仕隱，湖北武昌的出身〔註18〕。范鳴龢、范鳴珂是這個范志熙的姪子〔註19〕，在當

〔註15〕陳啟壯《碑骨帖姿——張裕釗書道研究》，192頁。

〔註16〕張裕釗著、王達敏校點《張裕釗詩文集》〈范鶴生六十壽序〉，78～79頁。

〔註17〕范鳴珂、范鳴龢兄弟身為官僚的文獻為以下。「范鳴龢，授通奉大夫江西候補道加三級。」「范鳴珂，晉贈中憲大夫吏部文選司主事工部主事。」鍾桐山修、柯逢時纂《中國地方志集成33・湖北府縣志輯 光緒武昌縣志》縣志卷15，封廕卷11・12，577頁。

〔註18〕范志熙身為官僚的文獻為以下。「范志熙，授通奉大夫三品銜江南候補道加三級。」鍾桐山修、柯逢時纂《中國地方志集成33・湖北府縣志輯 光緒武昌縣志》縣志卷15，封廕卷11・12，577頁。

〔註19〕關於范鳴龢、范鳴珂是范志熙之姪子的文獻有范志熙的友人吳大廷所述。根據吳大廷「余於丙辰、始識范君鶴生於京師。（中略）丁巳其從叔父月槎北上。（中略）咸豐十年庚申沅陵吳大廷譔。」范志熙撰《退思存稿（退思詩存）》（武昌范氏木犀香館刻本，清光緒14年1888年，中國國家圖書館藏），2～3頁。

時住在北京，從這個關係，可以知道張裕釗與他們皆透過文學或思想進行交流。范志熙所編集的〈仕隱圖題詞〉中，張裕釗記載著咸豐9年（1859）的序文〔註20〕，此外范志熙的詩〈鄂城喜晤張廉卿旋復別去〉中關於胡林翼的著作《讀史兵略》也歌詠著，推測這是咸豐9到10年（1859～1860）所書寫的詩文〔註21〕。因此，可窺見張裕釗身為文人的活動，在進入胡林翼幕府中也盛行著。

　　張裕釗寫給范志熙的書簡，從北京師範大學出版的《清代名人書札》中可見，2通都是未紀年。陳啟壯先生根據內容「自甲寅省門一別，五載於茲。（中略）張裕釗頓首。十二月二日。」（圖4），推測此為咸豐8年（1858）所書寫的書簡。此外，「前月榜發，知老丈又報康了。」（圖5）可知兩者之間為親密的關係〔註22〕。

　　看全體的書風時，可散見酷似王羲之（圖6）、米芾（圖7）的字形、筆法。舉王羲之的〈蘭亭序〉的例子時，「為」‧「能」‧「觀」字的結體一致。像米芾的特徵，可見「中」字的豎畫的始筆、收筆，與「夫」字的左撇強調的筆法，「雲」字的結體與筆法類似，這個特徵可以說像米芾的〈蜀素帖〉書風（圖8）。推測兩人為早年期的友人，相互受到帖學的影響。雖體得謹嚴的唐碑書風，然對於友人則是使用如同米芾富有線條肥瘦的變化。

　　順道一提，日本的弟子‧宮島大八（1867～1943，名吉美，通稱大八，字詠士，號詠而歸廬主人。）曾述及「先生は若年から非常に習字を好み、あらゆる名家の書を臨して、王羲之から米芾に及んだ。（1937年5月22日記）（先生從早年就非常喜愛習字，臨寫各式各樣的名家，從王羲之到米芾。（1937年5月22日記））」〔註23〕，此外，中國的弟子‧張謇（1853～1926，字季直，號嗇庵。）的《張裕釗千字文》序文中（圖9：傍線筆者）也記載著陶淬於唐宋的諸家，二人的弟子的證言與張裕釗的早年書作品之實相一致。

〔註20〕范志熙撰《退思存稿（退思詩存）》，1頁「范君月槎以國子監助教，官京師，自為仕隱圖，而屬裕釗題其卷。（中略）咸豐屠維協洽之歲十月朔二日，張裕釗敬題。」，「咸豐屠維協洽」指的是咸豐9年（1859）。

〔註21〕范志熙〈鄂城喜晤張廉卿旋復別去〉（《范月槎詩文稿》抄本，南京圖書館藏）。原文「時胡潤芝中丞聘修讀史兵略一書。」張廉卿（張裕釗）受到胡林翼（字潤芝）的招請，編集《讀史兵略》。

〔註22〕陳啟壯《碑骨帖姿——張裕釗書道研究》，153～156頁。

〔註23〕富永覺著〈詠翁道話〉《素描—人と画と—》（清泉社，1969年12月），1937年5月22日記，13頁。

　　根據以上考察，張裕釗身為文人的活動，可以確認在進入胡林翼幕府後盛行展開著。此外，寫給范志熙的書簡是如同王羲之、米芾集字倣書的書風，可被認為忠實於古典書法的繼承再現。

第三節　向曾國藩的從學與進入胡林翼的幕府時期

　　張裕釗於道光 30 年（1850），28 歲及第國子監學正學錄。於此之後轉任內閣中書，得到曾國藩的知遇。由於這個時期的相見，就成為他的門人〔註24〕。在那之後，咸豐元年（1851）有大規模的太平天國的反亂，曾國藩奉敕命於咸豐 2 年（1852）壓倒太平軍，向朝廷軍的救援。這一年，張裕釗雖晉升內閣中書的階位，斷念仕進之道路，回到故鄉武昌〔註25〕。

　　張裕釗身為曾國藩的門人，追從著他，決意專念於學問中。曾國藩的日記中，咸豐元年 7 月 19 日「王雁汀、孫駕航、錢子密、張廉卿來，共陪三個半時。」〔註26〕此為初次張裕釗的名字出現在曾國藩的日記中。咸豐 3 年（1853）曾國藩寫給江忠源、左宗棠的書信中，再度看見張裕釗的名字〔註27〕，在那之後跟曾國藩的交流也持續著。曾國藩的日記中可見張裕釗的紀錄，咸豐 8 年（1858）7 月 2 日・4 日・5 日曾國藩指導張裕釗的古文，咸豐 9 年（1859）3

〔註24〕關於張裕釗與曾國藩知遇的文獻，本章注 1 前人研究如以下列舉。
　　① 張裕釗〈送梅中丞序〉「洎庚戌，居都中，試國子監學正學錄，同受知於曾文正公之門」。庚戌是道光 30 年（1850）。張裕釗著、王達敏校點《張裕釗詩文集》，30 頁。
　　② 張後沆、張後澮〈哀啟〉「庚戌試國子監學正學錄，受知於曾文正公之門。」張裕釗著、王達敏校點《張裕釗詩文集》，附錄七：張裕釗評傳資料輯存，550 頁。
　　③ 清史稿「咸豐元年舉人，考授內閣中書。曾國藩閱卷賞其文，既來見。」趙爾巽主纂《清史稿》卷 486，列傳 273，文苑 3（中華書局，1977 年），13442 頁。

〔註25〕張後沆、張後澮〈哀啟〉「自壬子出都後，即絕意仕進。」壬子指的是咸豐 2 年（1852）。張裕釗著、王達敏校點《張裕釗詩文集》，附錄七：張裕釗評傳資料輯存，551 頁。

〔註26〕曾國藩著、唐浩明責任編輯《曾國藩全集》，第 16 冊，日記 1，咸豐元年 7 月 19 日，239 頁。

〔註27〕曾國藩著、唐浩明責任編輯《曾國藩全集》，第 22 冊，書信 1，咸豐 3 年 2 月 18 日，曾國藩給江忠源・左宗棠的書簡〈與江忠源左宗棠〉。116 頁「石翁同年及子壽兄，廉卿弟均此致候。」

月11日曾國藩指導張裕釗，9月8日曾國藩為了張裕釗書寫卷子〔註28〕。在曾國藩的底下，張裕釗著實具備著古文的實力。

　　此外，關於張裕釗進入曾國藩的幕府時期，從來都沒有明確的定說。如此整理來看，有（1）咸豐2年（1852）說、（2）咸豐3年（1853）說、（3）咸豐4年（1854）說、（4）咸豐11年（1861）說、（5）同治7年（1868）說。

　　（1）咸豐2年（1852）說，有魚住和晃先生的說法〔註29〕，（2）咸豐3年（1853）說有王達敏先生的說法。魚住氏的說法是跟從〈哀啟〉的記述，張裕釗辭去內閣中書後，就隨即跟從曾國藩；而王氏的根據是咸豐3年2月18日曾國藩寫給江忠源、左宗棠的書信中出現張裕釗的名字〔註30〕。（3）咸豐4年（1854）的說法有聞鈞天先生〔註31〕・葉賢恩先生〔註32〕・丁有國先生〔註33〕・陳啟壯先生〔註34〕的說法，時為太平天國軍與湘軍的攻防之際，曾國藩聽聞張裕釗於鄉里，就招聘張裕釗為曾國藩的幕僚。（5）同治7年（1868）之說，有繆全吉先生的說法。此根據基於《碑傳集補》第51卷〔註35〕。

〔註28〕曾國藩著、唐浩明責任編輯《曾國藩全集》，第16冊，日記1。
　　　　咸豐8年7月2日「閱張廉卿文。」（308頁）。咸豐8年7月4日「閱張廉卿古文。」（309頁）。咸豐8年7月5日「夜批廉卿古文畢。」（310頁）。咸豐9年3月11日「寫朱堯階、張廉卿信。」（420頁）。咸豐9年9月8日「張廉卿來久談，飯後為張廉卿寫手卷一。」468頁）。
　　　　曾國藩著、唐浩明責任編輯《曾國藩全集》，第23冊，書信2，咸豐9年3月11日，曾國藩給張裕釗的書簡〈加張裕釗片〉。124頁「足下為古文，筆力稍患其弱。（中略）足下氣體近柔，望熟讀揚、韓各文，而參以兩漢古賦，以救其短，何如？」。
〔註29〕魚住和晃《張廉卿の書法と碑學》〈第一章／張裕釗—その人間性と書法〉、15頁。原文「咸豐二年（一八五二）、おりからの太平天國軍の拡大に対し、湘軍を結成してその制圧にのぞむ曾國藩の招請により、仕進の道を断念して鄉里武昌に帰るが、その間、曾國藩の幕僚として頭角をあらわし、曾國藩の篤い信任を得るようになった。」
〔註30〕張裕釗著、王達敏校點《張裕釗詩文集》〈前言／（一）見知曾氏〉，5頁・〈附錄九／張裕釗年譜〉、600頁。原文「咸豐三年（一八五三）二月，曾國藩兵起衡湘伊始，即招張裕釗入幕。」
〔註31〕聞鈞天《張裕釗年譜及書文探討》〈一：家世及年譜〉，9～10頁。
〔註32〕葉賢恩《張裕釗傳》〈附錄二：張裕釗年譜〉，306頁。
〔註33〕丁有國《張裕釗詩文《濂亭文集》注釋》〈武昌張廉卿先生年譜〉，85～386頁。
〔註34〕陳啟壯《碑骨帖姿——張裕釗書道研究》〈附錄：張裕釗年譜〉，345頁。
〔註35〕繆全吉〈曾國藩幕府盛況與晚清地方權力之變化〉「同治7年、至金陵入國藩幕中、治文為事。」總360頁。

以上各個說法皆沒有十分確切的根據為基礎，筆者支持（4）咸豐 11 年（1861）說，此為朱東安先生所指出的說法〔註36〕。咸豐 11 年的說法根據，是曾國藩寫給胡林翼與方翊元（字子白，1816～1864）的書簡，與汪士鐸（字梅村，晚號悔翁，江蘇江寧出身。1820～1888）的詩文可以證明。首先咸豐 9 年曾國藩寫給胡林翼的書簡中，如同以下。

> 得見汪梅村，洵積學之士，廉卿亦精進可畏，台端如高山大澤，魚
> 龍寶藏薈萃其中，不覺令人生妒也。〔註37〕

可知張裕釗原本是胡林翼的配下人物。此外，咸豐 10 年 7 月 2 日曾國藩寫給方翊元的書簡中，如同以下所述。

> 國藩才智淺薄，近更精力極疲，忽膺艱鉅，大懼隕越，詒知好羞，
> 惟當廣引直諒之友，啟牖忠益，匡其不逮。承薦令弟及武舉張君，
> 請即束裝來敝營，量才位置（中略），閣下以為何如。〔註38〕

由此，曾國藩對於自己的能力感到不安，向方翊元詢問其弟與張裕釗成為幕府的一員之可能性。意即這個時間點，張裕釗尚未正式進入曾國藩的幕府。再加上，根據汪士鐸所書寫的《梅村賸稿》〈四君子詠〉「張歷曾胡兩公幕府，不願得一職。」〔註39〕敘述著張裕釗曾於曾國藩與胡林翼幕府的配下。

根據以上，咸豐 9 年到 10 年間，張裕釗為胡林翼幕府的一員。根據這個記事，張裕釗於咸豐 11 年胡林翼逝世後〔註40〕，推測隨即成為曾國藩的幕府之一員。過往張裕釗的研究中，皆未述及張裕釗為胡林翼的幕府之一員。咸豐年間張裕釗為曾國藩的幕府一員，或是胡林翼幕府的一員之說法，可以說是混同一談。意即張裕釗可以說是間接為曾國藩的門下，但並非是曾國藩的幕府之一員。

〔註36〕朱東安《曾國藩幕府研究》，33 頁。

〔註37〕曾國藩著、唐浩明責任編輯《曾國藩全集》，第 23 冊，書信 2，咸豐 9 年 8 月 26 日早，曾國藩給胡林翼的書簡〈復胡林翼〉，228 頁。

〔註38〕曾國藩著、唐浩明責任編輯《曾國藩全集》，第 23 冊，書信 2，咸豐 10 年 7 月 2 日，曾國藩給方翊元的書簡〈覆方翊元〉，634 頁。

〔註39〕汪士鐸《梅村賸稿》丙 11 汪賸下〈四君子詠〉（金陵叢書、刻本、南京圖書館藏），53 頁。

〔註40〕咸豐 11 年 9 月 3 日《莫友芝日記》「言胡宮保以前月廿六亥刻薨矣，驚痛久之。」胡宮保（胡林翼）於咸豐 11 年 8 月 26 日逝世。莫友芝著、張劍整理《莫友芝日記》，54 頁。

第四節　幕府的官僚們及其書作品

一、胡林翼的小楷

　　胡林翼於咸豐 5 年（1855）任命為湖北布政使，同年也任命為湖北巡撫〔註41〕。咸豐 10 年著有已述及的《讀史兵略》。咸豐 9 年 2 月汪士鐸向胡林翼推薦張裕釗，使得張裕釗成為胡林翼官書局的一員，並從事《讀史兵略》的編集。另一方面，胡林翼的官書局開設期間為咸豐 9 年到 10 年。這 2 年期間身為胡林翼的幕僚，從事於官書局者尚有汪士鐸、胡兆春、張裕釗、莫友芝、丁取忠、張華理等人，而汪士鐸為領導者〔註42〕。據此，想先進行考察張裕釗與胡林翼、汪士鐸的交流與當時的書作品，以及關於張裕釗的書作品形成。

　　首先，關於張裕釗與胡林翼的文獻，咸豐 9 年 11 月 6 日，胡林翼寫給曾國藩的書簡中述及「滌丈大人閣下：初三夜，專差一函壽文，乞廉卿捉刀。」〔註43〕可知張裕釗曾為胡林翼代筆書寫壽文。

　　胡林翼的書作品（圖 10），受到父親胡達源（1778～1841）（圖 11）與岳父陶澍（1779～1839）（圖 12）有很大的影響。考量胡林翼的書學背景，父親與岳父二人皆為翰林的出身〔註44〕，書作品以唐楷為基調，可窺見趙孟頫或董

〔註41〕中央研究院歷史語言研究所／清代職官資料庫／職官名稱：湖北布政使
　　　　胡林翼：咸豐 5 年（清代職官年表，第 3 冊，1921 頁）
　　　　https://newarchive.ihp.sinica.edu.tw/officerc/officerkm2?.cb6f00041C0060100000
　　　　0004A0000000000000^10000100000020007419c（2021 年 7 月 19 日閱覽）
　　　　中央研究院歷史語言研究所／清代職官資料庫／職官名稱：湖北巡撫
　　　　胡林翼(署)：咸豐 5 年～咸豐 6 年（清代職官年表，第 2 冊，1699 頁）
　　　　胡林翼：咸豐 6 年～咸豐 8 年（清代職官年表，第 2 冊，1699～1701 頁）
　　　　胡林翼(署)：咸豐 8 年～咸豐 10 年（清代職官年表，第 2 冊，1701～1703 頁）
　　　　https://newarchive.ihp.sinica.edu.tw/officerc/officerkm2?.140000000001^0000000
　　　　0100000000A010000000000103C000C174000416f（2021 年 7 月 19 日閱覽）
〔註42〕胡林翼《讀史兵略》自序「是書經始於九年二月朔日，蕆事於十年十二月十二日。編輯者：及門江寧汪孝廉士鐸。分輯者：漢陽孝廉胡君兆春，武昌孝廉張君裕釗，獨山孝廉莫君友芝，長沙明經丁君取忠，長沙布衣張君華理也。」胡林翼《讀史兵略》（中央編譯出版社，2010 年 7 月），1 頁。
〔註43〕胡林翼給曾國藩的書簡。咸豐 9 年 11 月 16 日。太平天國歷史博物館編《曾國藩等往來信稿真蹟》（河北人民出版社，1990 年 12 月），49 頁。
〔註44〕中央研究院歷史語言研究所／人名權威人物傳記資料庫／胡達源
　　　　履歷：翰林院編修、任期：嘉慶 24 年（國立故宮博物院圖書文獻處清國史館傳稿，701005250 號）
　　　　https://newarchive.ihp.sinica.edu.tw/sncaccgi/sncacFtp?ID=8&SECU=313890905

其昌的筆意交雜的傳統的書學。

此外，胡林翼寫給陶少雲、弟胡湘舲的書簡內容，如以下所述。

> 仁弟處皇府碑現在已經臨習否？如未臨習，乞借一觀。兩月後即奉上也。如已臨習，即不必矣。（年代不詳，8 月 24 日）〔註 45〕

> 前刻歐、趙、董書等石，他時自可送存箴言書院也。（咸豐 11 年 4 月 24 日）〔註 46〕

印證了胡林翼刻歐陽詢、趙孟頫、董其昌等的書，並尊重著傳統的帖學書法之事。

通覽胡林翼寫給曾國藩的書簡（圖 13～14），皆類屬於小楷謹嚴書法的「館閣體」，「館閣體」書法是當時的科舉官僚或文人們必須的能力，具謹嚴，並且善於追求整齊的楷書。

二、汪士鐸的小楷

汪士鐸，字梅村，江蘇江寧（南京）的出身，清朝的歷史學家、地理學家，為胡林翼、曾國藩的幕僚。關於汪士鐸，從胡林翼給王植的書簡中可知，汪士鐸是胡林翼的門人〔註 47〕。汪士鐸與張裕釗有著詩文的應酬，張裕釗有〈病起柬汪梅村〉（士鐸）〔註 48〕，汪士鐸的《梅村賸稿》裡有〈贈張廉卿〉、〈得廉卿信〉、〈四君子詠〉〔註 49〕，此外《悔翁筆記（悔翁詩鈔）》中有〈贈桐城馬

&PAGE=2nd&VIEWREC=sncacFtpqf:1@@1777676471（2021 年 7 月 19 日閱覽）

中央研究院歷史語言研究所／人名權威人物傳記資料庫／陶澍

履歷：翰林院庶吉士，任期：嘉慶 7 年～嘉慶 10 年（國立故宮博物院圖書文獻處清國史館傳稿，70100765 號）。

履歷：翰林院編修，任期：嘉慶 10 年～嘉慶 19 年（國立故宮博物院圖書文獻處清國史館傳稿，70100765 號）。

https://newarchive.ihp.sinica.edu.tw/sncaccgi/sncacFtp?ID=8&SECU=313890905&PAGE=2nd&VIEWREC=sncacFtpqf:25@@2020767279（2021 年 7 月 19 日閱覽）

〔註 45〕胡林翼給陶少雲的書簡〈致內弟陶少雲〉。年代不詳，8 月 24 日。序章揭注 6，胡林翼著，家書，1111 頁。

〔註 46〕胡林翼給胡湘舲的書簡〈復胡湘舲〉。咸豐 11 年 4 月 24 日。胡林翼著、唐浩明編《胡林翼集》，書牘，909 頁。

〔註 47〕道光 24 年（1844）胡林翼給王植的書簡〈致王植〉。原文「前歲肅函，並善化羅茂才書，交門下汪士鐸呈上。」胡林翼著、唐浩明編《胡林翼集》，書牘，1 頁。

〔註 48〕張裕釗著、王達敏校點《張裕釗詩文集》〈病起柬汪梅村（士鐸）〉，284 頁。

〔註 49〕前汪士鐸《梅村賸稿》、①〈贈張廉卿〉丙 11 汪賸上，30～31 頁。②〈得

通伯並柬廉卿〉、〈贈張廉卿舍人〉〔註50〕等，留有相互酬贈之詩。

　　〈得廉卿信〉中，「吾從舊學傳舊法，判與古人同古邱。」〔註51〕可知汪士鐸傾倒於傳統的學問。此外《汪梅村先生集殘帙》中，有〈金石萃編四十一檢校〉〔註52〕，可知為清代的王昶校正過《金石萃編》。再者，《汪子語錄》（圖15）有留存。汪士鐸寫某氏的書簡（圖16）有行書、草書，「有」、「迎」的結體與《汪子語錄》的「有」、「近」的結體類似。因此，《汪子語錄》是汪士鐸自身的小楷可能性很大。

　　根據以上的檢討，胡林翼的周邊人物皆學習館閣體，推測張裕釗也受到館閣體的影響，浸染於謹嚴的小楷書風。

三、張裕釗的小楷

　　關於此，當時的張裕釗是怎麼樣的書法呢。

　　民國出版的《陶風樓藏名賢手札》，咸豐年間張裕釗以門人的立場以謹嚴的筆致書寫了2通書簡（第3、第5）（圖17、圖19）。第3的書簡中，有「咸豐九年八月二十九日到。渠覆」（圖17：傍線筆者）的紀年，內容為以下所述。

　　　　裕釗惟有與劉生相勉，摶力於學。以期無負屬望之至意而已。汪梅
　　　　村□□□小學之文，屬裕釗作楷奉上。（圖17：傍線筆者）

　　據此，可知劉生（劉兆蘭）〔註53〕與汪梅村（汪士鐸）、張裕釗共同勉勵勤學之事。劉生與張裕釗同為武昌鄂州的出身。此外第5的書簡留有「咸豐十年閏三月十七日到」（圖19：傍線筆者）的紀年。

　　其它2枚的未紀年書簡（第4、第6）（圖18、圖20），這些也可推察為咸豐年間所書寫的。第4的書簡中，述及「並賜所為先大父墓表」（圖18：

　　　　廉卿信〉丙11汪賸上，31～32頁。③〈四君子詠〉丙11汪賸下，53～54
　　　　頁。
〔註50〕汪士鐸〈贈桐城馬通伯並柬廉卿（七月二十一日）〉詩3，2頁。〈贈張廉卿舍
　　　　人〉詩7，10頁。汪士鐸《悔翁筆記（悔翁詩鈔）》上元吳氏銅鼓軒重雕民國
　　　　廿四年十月版歸燕京大學圖書館補刊印行（刻本，南京圖書館藏）（中國書局，
　　　　1985年）。
〔註51〕汪士鐸《梅村賸稿》，〈得廉卿信〉丙11汪賸上，31～32頁。
〔註52〕汪士鐸《汪梅村先生集殘帙》（抄本，南京圖書館藏）。
〔註53〕張裕釗著、王達敏校點《張裕釗詩文集》，〈贈劉生（兆蘭）〉，284頁。劉生指
　　　　的是劉兆蘭。

傍線筆者）。此外，張裕釗祖父的墓表（張府君墓表）曾國藩的日記中也有以下的紀錄。「（廉卿）求為其祖作墓志，近日當應之也。」（咸豐9年9月8日）〔註54〕、「飯後擬作張廉卿之祖墓表」（咸豐9年9月12日）〔註55〕，講的是同一個墓表。此外，曾國藩的文集也有揭載〈武昌張府君墓表〉〔註56〕。第4的書簡的最後「九月十六日」（圖18：傍線筆者），從時間與內容推測，這個書簡可說是咸豐9年所書寫的。

第6的書簡中，有以下的敘述。

敬聞夫子大人恭承簡命，節制兩江。（圖20：傍線筆者）

惟江西今屬轄境，必使人心固，軍儲裕，吏治清，可與南北兩省鼎

峙為三。（圖20：傍線筆者）

因此，可知曾國藩就任兩江總督、述及江西之事。對照曾國藩的書簡（咸豐10年7月13日），內容有以下敘述。

三次惠書，（中略）闃爾不報，（中略）國藩自奉江督之命。（中略）

來示從江西吏治人心著手。〔註57〕

據此，同樣的事情敘述著。此外，第6的書簡最後「六月卅日到。七月十三覆。」（圖20：傍線筆者）與曾國藩的書簡相符。因此，從時間與內容推測，可明朗化第6書簡是咸豐10年的書簡。

陳啟壯先生指出張裕釗的書簡是學習於二王或唐人寫經〔註58〕。筆者的見解是胡林翼（圖13～14）與張裕釗的書簡（圖17～20）同為寫給曾國藩的，張裕釗的書風是與胡林翼相通的風格。

首先，從文字的概形來看，胡林翼與張裕釗的書簡皆為向勢，縱長的形狀居多。此外，張裕釗的書簡如同胡林翼的書簡一樣，行列整齊，謹嚴並有莊重的氣氛。再者，觀看張裕釗的書簡時，用筆較為尖銳，自然通暢的筆意使用著。線的質感等，胡林翼的書簡與虞世南的唐楷（圖21）與王羲之的小楷（圖22）

〔註54〕曾國藩著、唐浩明責任編輯《曾國藩全集》，第16冊，日記1，咸豐9年9月8日，468頁。

〔註55〕曾國藩著、唐浩明責任編輯《曾國藩全集》，第16冊，日記1，咸豐9年9月12日，469頁。

〔註56〕曾國藩著、王澧華校點《曾國藩詩文集》卷3〈武昌張府君墓表〉（上海古籍出版社，2015年1月），306～308頁。

〔註57〕曾國藩著、唐浩明責任編輯《曾國藩全集》，第23冊，書信2，咸豐10年7月13日，曾國藩給張裕釗的書簡〈覆張裕釗〉，654～655頁。

〔註58〕陳啟壯《碑骨帖姿──張裕釗書道研究》，7・153～156頁。

忠實呈現的樣子。張裕釗的書簡側面雖有繼承王羲之的書風，亦有依循著館閣體，然特別是以胡林翼為基調的可能性較高。

　　根據以上的檢討，張裕釗從咸豐9年開始成為胡林翼的官書局一員，透過與胡林翼、汪士鐸的交流，可推定受到胡林翼的影響，傳承了謹嚴的館閣體小楷的書風。

小　結

　　關於張裕釗早年期的書作品，陳啟壯先生指出是受到唐人寫經、二王與米芾的書風影響的。本章中，確認了張裕釗於晚清胡林翼幕府以及活動，並身為曾國藩的門人，檢討關於張裕釗身為幕僚的交流活動，與上記的前人研究提起了相異的見解。張裕釗在胡林翼的幕府當中，由於與胡林翼、汪士鐸交流，書法也受到他們的影響，自身的書法形成也受到很大的影響。關於胡林翼的入幕時期，從來的張裕釗研究中，並未述及張為胡林翼的幕府之一員，此點可說是新知見。

　　此外，胡林翼幕府期間張裕釗的書法資料，寫給曾國藩的書簡是以唐碑、二王為主的傳統學書方法為基調的風格，給范志熙的書簡可看出為王羲之、米芾的風格。然而，這些書風可以說是倣書，也可看見為古典書法忠實再現的姿勢。

　　因此，經過這樣的歷程來看，張裕釗的書法於咸豐期是傳統的帖學導入，顯示為胡林翼幕府中，如同館閣體的二王與唐楷的書學觀。

圖　表

【圖1】張新本的題匾書作品〈賓堪聚敬〉

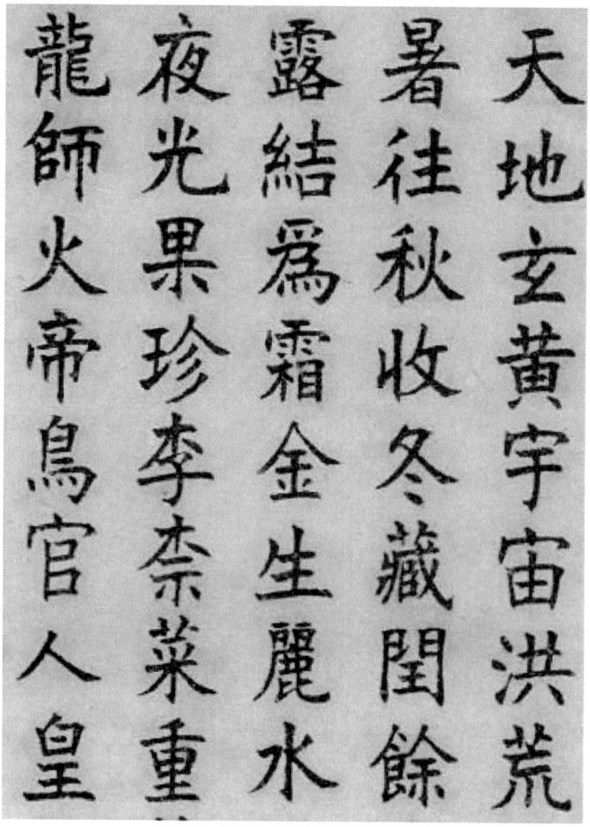

龍師火帝鳥官人皇
夜光果珍李奈菜重
露結爲霜金生麗水
暑往秋收冬藏閏餘
天地玄黃宇宙洪荒

【圖2】小字作品：張裕釗〈小楷千字文〉

【圖3】小字作品：張裕釗〈小楷千字文〉（左）、同〈張孝杉藏楷書千字文〉（中）、同〈宮島詠士藏楷書千字文〉（右）

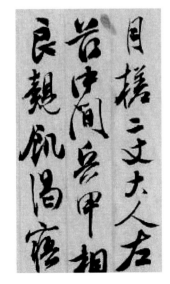

【圖4】小字作品：張裕釗給范志熙（月槎）的書簡（第1）　　【圖5】小字作品：張裕釗給范志熙（月槎）的書簡（第2）

【圖6】王羲之〈蘭亭序〉

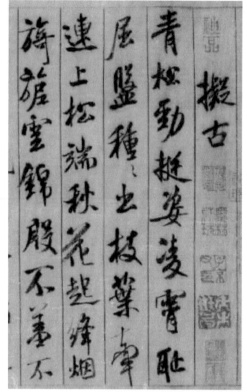

【圖7】米芾〈蜀素帖〉

【圖8】與王羲之‧米芾的比較（左：張裕釗、右：王羲之‧米芾）

【圖9】小字作品：張裕釗〈張裕釗千字文〉（張謇的序
　　　　文）（傍線筆者）

【圖10】胡林翼楷書楹聯　【圖11】胡達源行書楹聯　【圖12】陶澍行書楹聯

【圖13】小字作品：胡林翼給曾國藩
（滌生）的書簡　**【圖14】**小字作品：胡林翼給曾國藩
（滌生）的書簡

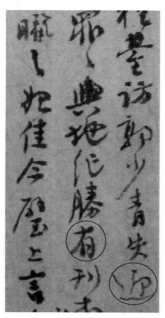

【圖15】小字作品：汪士鐸《汪子語
錄》　**【圖16】**小字作品：汪士鐸給某氏的
書簡

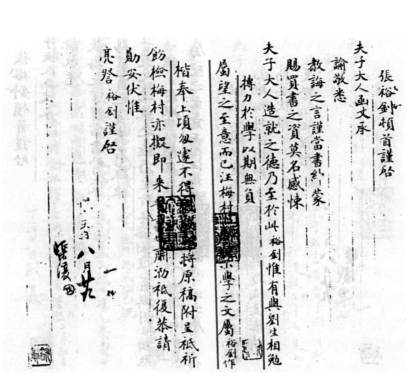

【圖 17】小字作品：張裕釗給曾國藩的書簡（第 3）（傍線筆者）

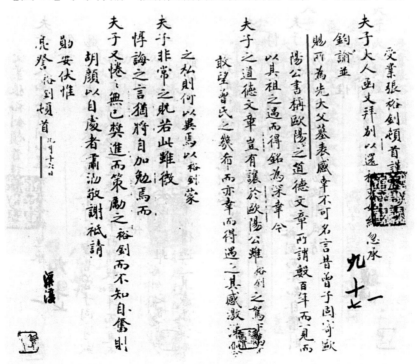

【圖 18】小字作品：張裕釗給曾國藩的書簡（第 4）（傍線筆者）

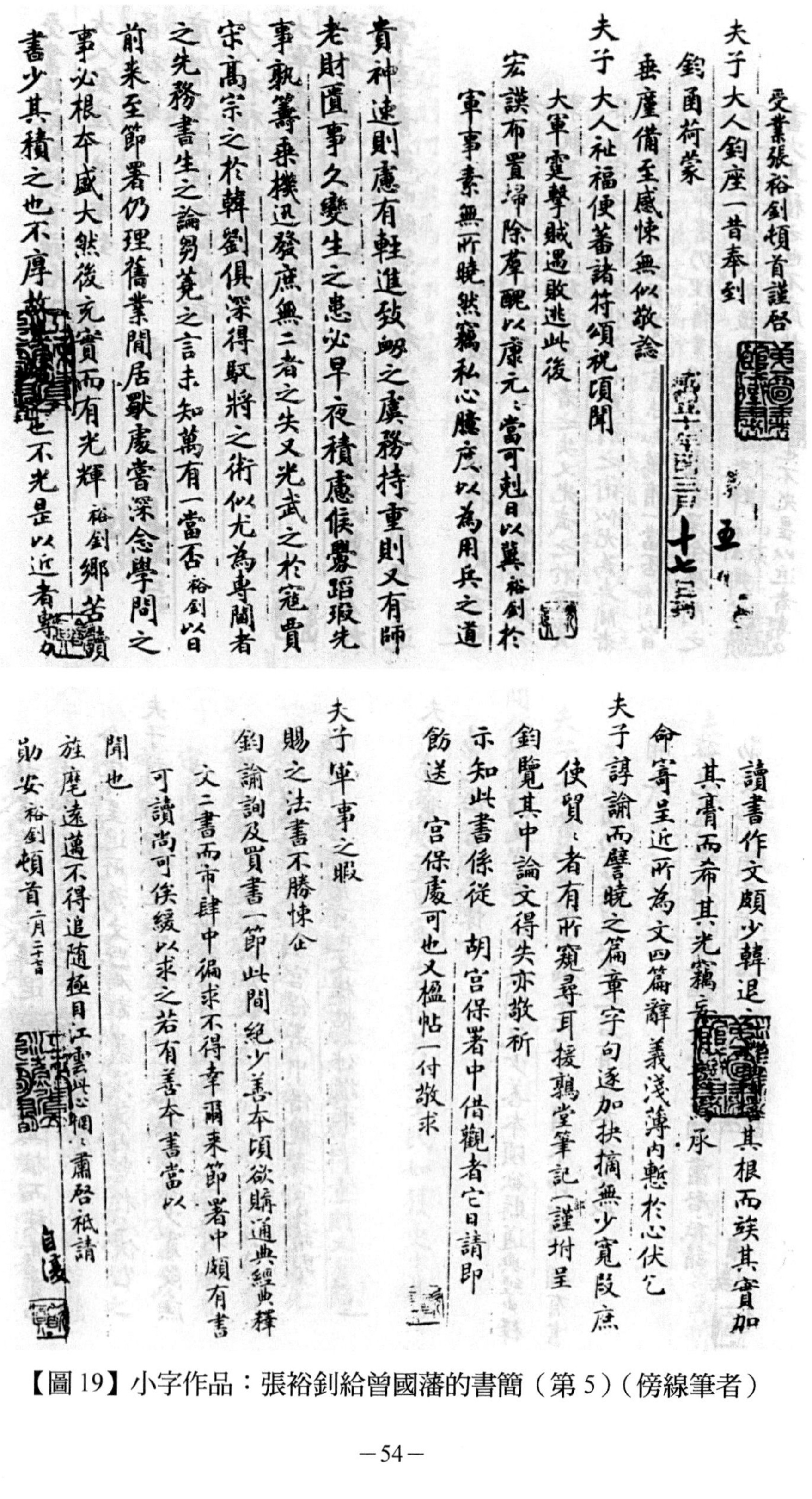
受業張裕釗頓首謹啓
夫子大人鈞座一昔奉到
鈞函荷蒙
垂慶備至感悚無似敬諗
夫子大人祉福便蕃諸符頌祝頃聞
大軍霆擊賊遇敗逃此後
宏謨布置埽除萑醜以康元元當可赳日以冀 裕釗於
軍事素無所曉然竊私心臆度以為用兵之道
貴神速則慮有輕進致衂之虞務持重則又有師
老財匱事久變生之患必早夜積慮候釁蹈瑕先
事執籌乘機迅發庶無二者之失又光武之於寇賈
宋高宗之於韓劉俱深得馭將之術似尤為專閫者
之先務書生之論芻蕘之言未知萬有一當否 裕釗皆
前來至節署仍理舊業閒居默處嘗深念學問之
事必根本盛大然後充實而有光輝 裕釗鄉昔讀
書少其積之也不厚故也不光是以近者
咸豐十年閏三月十七日到
讀書作文頗少韓退之其根而竢其實加
其膏而希其光竊承
命寄呈近所為文四篇辭義淺薄內慙於心伏乞
夫子誨諭而譬曉之篇章字句逐加抉摘無少寬假庶
使質質者有所窺尋耳援鶉堂筆記一部謹拊呈
鈞覽其中論文得失亦敬祈
示知此書係從 胡宮保署中借觀者它日請即
飭送 宮保處可也又楹帖一付敬求
夫子軍事之暇
賜之法書不勝悚企
鈞諭詢及買書一節此間絕少善本頃欲購通典經典釋
文二書而市肆中徧求不得幸爾來節署中頗有書
可讀尚可俟緩以求之若有善本書當以
聞也
旌麾遠邁不得追隨極目江雲此心惘惘肅啓祇請
勛安 裕釗頓首 二月二十二

【圖 19】小字作品：張裕釗給曾國藩的書簡（第 5）（傍線筆者）

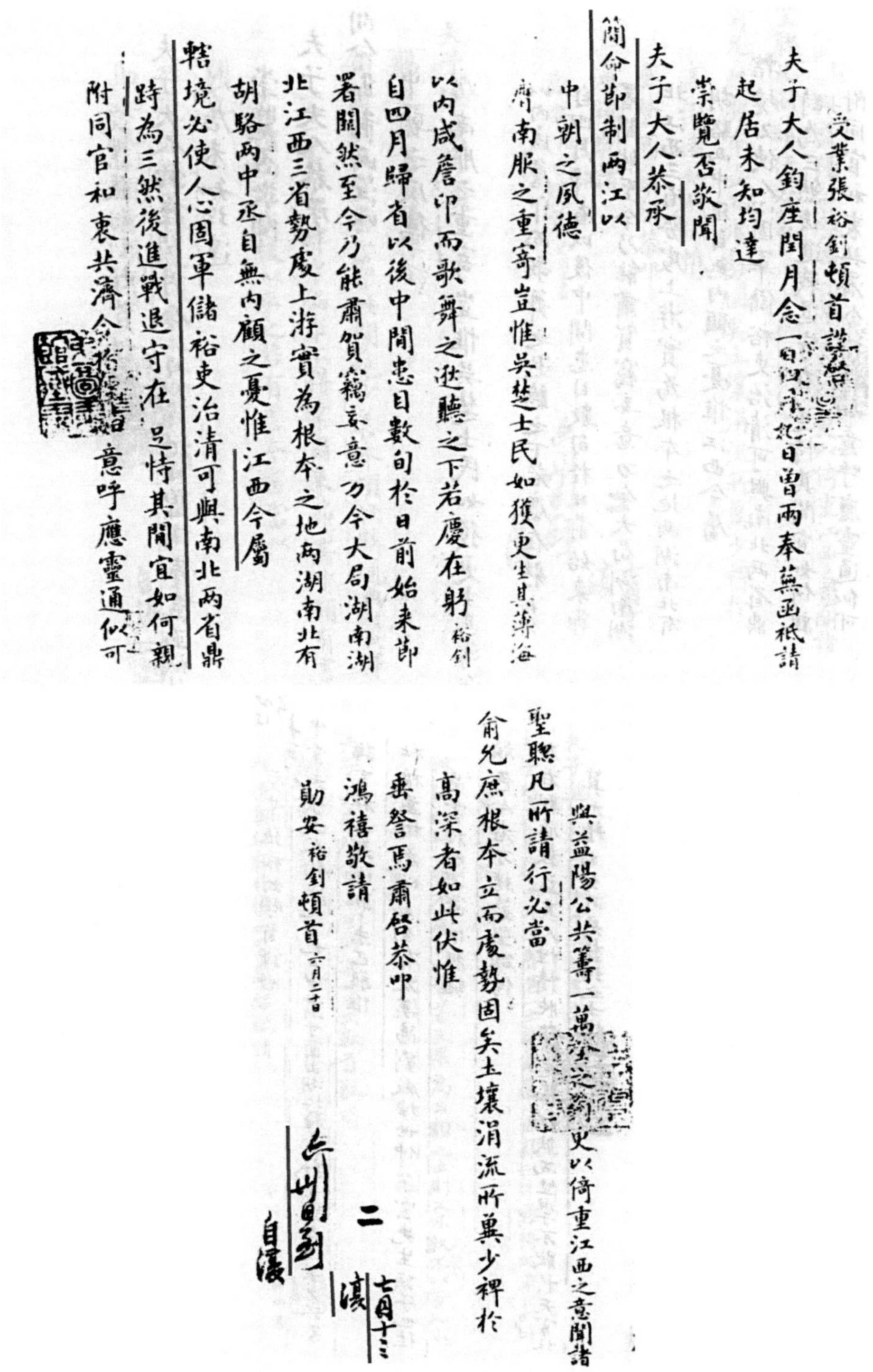

受業張裕釗頓首謹啟

夫子大人鈞座閏月念一日欽承知日曾兩奉蕪函祇請

起居未知均達

棠覽否敬聞

夫子大人恭承

簡命節制兩江以

中朝之風德

庇南服之重寄豈惟吳楚士民如獲更生其薄海

以內咸詹卬而歌舞之逖聽之下慶在躬

自四月歸省以後中間患目數旬於日前始來節

署闋然至今乃能蕭賀竊妄意勿令大局湖南湖

北江西三省勢廢上游實為根本之地兩湖南北有

胡駱兩中丞自無內顧之憂惟江西今屬

轄境必使人心固軍儲裕吏治清可與南北兩省鼎

時為三然後進戰守在呂特其間宜如何親

附同官和衷共濟合意呼應靈通似可

與益陽公共籌一萬……史以偹重江西之意聞諸

聖聰凡所請行必當

俞允庶根本立而廢勢固矣土壤涓流所冀少裨於

高深者如此伏惟

垂詧焉肅啟恭叩

鴻禧敬請

勛安裕釗頓首　六月二十日

二

十百十三

【圖20】小字作品：張裕釗給曾國藩的書簡（第6）（傍線筆者）

【圖21】虞世南〈孔子廟堂碑〉

【圖22】王羲之〈黃庭經〉

圖版出處

【圖 1】張新本的題匾書作品〈賓堪聚敬〉

　　張靖銘、李景燕〈張裕釗曾祖題匾書法及相關文史考略〉(《鄂州大學學報》第 21 卷第 4 期，2014 年 4 月)，22～24 頁。

【圖 2】小字作品：張裕釗〈小楷千字文〉

　　張裕釗《張廉卿書千字文楷書》石印本第 9 版 (文明書局，1935 年 3 月)

【圖 3】小字作品：張裕釗〈小楷千字文〉、同〈張孝栘藏楷書千字文〉、同〈宮島詠士藏楷書千字文〉

　　張裕釗〈小楷千字文〉：張裕釗《張廉卿書千字文楷書》石印本第 9 版 (文明書局，1935 年 3 月)

　　張裕釗〈張孝栘藏楷書千字文〉：張裕釗《張裕釗千字文》張以南・張謇題、張孝栘藏 (無書名頁)

　　張裕釗〈宮島詠士藏楷書千字文〉：張裕釗《宮島詠士舊藏　張廉卿千字文》(同朋舍，1983 年 7 月)。

【圖 4】小字作品：張裕釗給范志熙 (月槎) 的書簡 (第 1)

　　北京師範大學主編《清代名人書札》(北京師範大學出版社，2009 年 1 月)，381～384 頁。

【圖 5】小字作品：張裕釗給范志熙 (月槎) 的書簡 (第 2)

　　北京師範大學主編《清代名人書札》(北京師範大學出版社，2009 年 1 月)，381～384 頁。

【圖 6】王羲之〈蘭亭序〉(馮承素行書摹蘭亭序卷)

　　北京故宮博物院／探索／藏品／法書

　　https://www.dpm.org.cn/collection/handwriting/228279.html

　　(2018 年 6 月 4 日閱覽)

【圖 7】米芾〈蜀素帖〉

　　國立故宮博物院／典藏精選／宋　西元 960～1279　米芾蜀素帖：

　　https://theme.npm.edu.tw/selection/Article.aspx?sNo=04001010

　　(2018 年 6 月 4 日閱覽)

【圖 8】與王羲之・米芾的比較 (左：張裕釗、右：王羲之・米芾)

1. 王羲之〈蘭亭序〉(馮承素行書摹蘭亭序卷)：

　　北京故宮博物院／探索／藏品／法書

https://www.dpm.org.cn/collection/handwriting/228279.html

（2018 年 6 月 4 日閱覽）

2. 米芾〈蜀素帖〉：

　　國立故宮博物院／典藏精選／宋　西元 960～1279　米芾蜀素帖

　　https://theme.npm.edu.tw/selection/Article.aspx?sNo=04001010

　　（2018 年 6 月 4 日閱覽）

3. 小字作品：張裕釗給曾國藩的書簡：

　　《陶風樓藏名賢手札》宣紙影印初版(江蘇省立國學圖書館出版，1930 年，南京圖書館藏)

【圖 9】張裕釗〈張裕釗千字文〉（張謇的序文）（傍線筆者）

　　張裕釗《張裕釗千字文》張以南・張謇題、張孝杼藏（無書名頁）

【圖 10】胡林翼楷書楹聯

　　長沙博物館：獨立蒼茫——湖南近代名人書法展（2015 年 12 月 28 日～2016 年 6 月 26 日）

　　胡林翼〈楷書八言聯〉（湖南省博物館藏）

　　http://www.csm.hn.cn/Views/Subject/Dlcm/CalligraphyDetail.aspx?PNo=DLCM&No=SFXSD&CNo=JBFY&Guid=da52cb09-d0c4-4f2f-b0c0-723b6612bd21&rn=0.5477065787649882（2018 年 6 月 4 日閱覽）

【圖 11】胡達源行書楹聯

　　長沙博物館：獨立蒼茫——湖南近代名人書法展（2015 年 12 月 28 日～2016 年 6 月 26 日）

　　胡達源〈行書七言聯〉（長沙博物館藏）

　　http://www.csm.hn.cn/Views/Subject/Dlcm/CalligraphyDetail.aspx?PNo=DLCM&No=SFXSD&CNo=ZYFD&Guid=6a104cd4-f495-4363-a1ca-7f7ca7ef55e3&rn=0.8073967332384067（2018 年 6 月 4 日閱覽）

【圖 12】陶澍行書楹聯

　　長沙博物館：獨立蒼茫——湖南近代名人書法展（2015 年 12 月 28 日～2016 年 6 月 26 日）

　　陶澍〈行書七言聯〉（湖南省博物館藏）

　　http://www.csm.hn.cn/Views/Subject/Dlcm/CalligraphyDetail.aspx?PNo=DL

CM&No=SFXSD&CNo=ZYFD&Guid=0c67592e-c070-45f1-95da-d5c853c
9d747&rn=0.9190047659360536（2018 年 6 月 4 日閱覽）

【圖 13】小字作品：胡林翼給曾國藩（滌生）的書簡

胡林翼給曾國藩的書簡〈清胡林翼致曾國藩五月十七日函〉（購書 890，
國立故宮博物院藏）

https://painting.npm.gov.tw/Painting_Page.aspx?dep=P&PaintingId=34921
（2016 年 7 月 25 日閱覽）

【圖 14】小字作品：胡林翼給曾國藩（滌生）的書簡

胡林翼給曾國藩的書簡〈清胡林翼致曾國藩十二月初二日夜函〉（購書
897，國立故宮博物院藏）

https://painting.npm.gov.tw/Painting_Page.aspx?dep=P&PaintingId=34906
（2016 年 7 月 25 日閱覽）

【圖 15】小字作品：汪士鐸《汪子語錄》

汪士鐸《汪子語錄》（稿本，南京圖書館藏）

【圖 16】小字作品：汪士鐸給某氏的書簡

陳烈主編《小莽蒼蒼齋藏清代學者書札》（人民文學出版社，2014 年 9
月），706 頁。

【圖 17】小字作品：張裕釗給曾國藩的書簡（第 3）

《陶風樓藏名賢手札》宣紙影印初版（江蘇省立國學圖書館出版，1930 年，
南京圖書館藏）

【圖 18】小字作品：張裕釗給曾國藩的書簡（第 4）

《陶風樓藏名賢手札》宣紙影印初版（江蘇省立國學圖書館出版，1930 年，
南京圖書館藏）

【圖 19】小字作品：張裕釗給曾國藩的書簡（第 5）

《陶風樓藏名賢手札》宣紙影印初版（江蘇省立國學圖書館出版，1930 年，
南京圖書館藏）

【圖 20】小字作品：張裕釗給曾國藩的書簡（第 6）

《陶風樓藏名賢手札》宣紙影印初版（江蘇省立國學圖書館出版，1930 年，
南京圖書館藏）

【圖21】虞世南〈孔子廟堂碑〉

中田勇次郎責任編集《書道藝術　第三卷》(中央公論社發行，昭和46年7月初版、1957年)，24頁。

【圖22】王羲之〈黃庭經〉

上海書畫出版社編《王羲之王獻之小楷》(上海書畫出版社出版，2002年8月第1版第4刷)，10頁。

第二章　同治前半期曾國藩幕府中張裕釗的書法

序

　　迄今的前人研究，同治年間（同治元～13 年，1862～1874）張裕釗身為曾國藩的幕僚之事雖為通說，然關於身為幕僚的活動實態並未明朗化。關於他的書法，魚住和晃先生將光緒年間以後的書風變化進行區分〔註1〕，然而關於同治年間並未言及。此外，陳啟壯先生認為〈八分考〉與張裕釗於前半期書寫〈鮑照飛白書勢銘〉為同年創作的作品可能性很高〔註2〕，然而，其書法的由來並未明朗化。特別筆者關心的是關於同治前半期（同治元～7 年前半，1862～1868）中，透過幕府的活動，張裕釗書法上是如何受到影響的。此外，張裕釗又如何形成其新的書法呢。

　　關於張裕釗同治前半期的書作品，有〈鮑照飛白書勢銘〉，另外將注目於書簡中張裕釗寫給曾國藩、汪士鐸、蔣光煦（1825～1892）、徐宗亮（1828～1904）的書簡。再加上小楷中留存有浙江圖書館藏〈劉府君墓誌銘〉。關於書簡，前人有所研究，陳啟壯先生指出認為張裕釗寫給曾國藩的書簡是從唐人寫經、二王影響而來的〔註3〕。

〔註1〕魚住和晃《張廉卿の書法と碑學》〈第二章 張裕釗における書法形成、三 張裕釗書法の特質と形成過程〉，150～168 頁。

〔註2〕陳啟壯《碑骨帖姿──張裕釗書道研究》，理論篇〈思艱圖易・悟道尋真──張裕釗書法幾幅代表作品書風斷代之考証〉三、張裕釗書《八分考》作品書寫年代考証，137～141 頁。

〔註3〕陳啟壯《碑骨帖姿──張裕釗書道研究》，7 頁。

　　因此，本章取出張裕釗於同治前半期，於曾國藩幕府中與張裕釗交遊的文人。幕府中的游幕活動中，推測與何璟（字小宋，1817～1888）有著交友的機會，從那之中得知張裕釗過眼何璟所藏的莫友芝（字子偲，1811～1871）的書作，由於此感銘張裕釗一念發起，改變了以往的書法，產生了新的書風。此外，小楷中受到曾國藩與莫友芝的影響為假說，試著與墨跡資料的書風進行比較，欲明朗化如此的書法形成過程。

第一節　曾國藩幕府中的活動

一、張裕釗的游幕活動

　　張裕釗於同治前半期，於曾國藩的幕府中是以游幕的立場在幕府中。根據劉桂生先生的研究，游幕指的是於總督、巡撫等的幕府中，以「客卿」（從他國來的，具有卿相之位者）的身分在幕府中〔註4〕。此外，尚小明先生的研究則述及道光以後，游幕學者的學術活動是古籍的整理與保護，於各省設立官書局，並從事書籍刊刻之事〔註5〕。

　　同治前半期，張裕釗滯留在湖北的理由，有蔣光焴的紀錄留存著。蔣光焴為浙江海寧硤石出身的藏書家。關於蔣光焴與張裕釗的會面，根據金曉東先生的研究，咸豐11年到同治3年間（1861～1864），蔣光焴為逃避太平天國之亂，而前往武昌。蔣光焴於同治2年（1863）與張裕釗認識，並開始雙方的交友〔註6〕。蔣光焴的〈呈錢朝議書〉以下所述。

〔註4〕尚小明《學人游幕與清代學術》，劉氏序〈序三〉，13頁「游幕，基本上不是在州縣地方官的幕府中當「師爺」，而是在總督、巡撫一類方面大員的幕府中，以「客卿」身分協助「主持風化」——實際上是陪同長官談經論史，盱衡時局，撰文吟詩，著書立說。」

〔註5〕尚小明《學人游幕與清代學術》〈第一章：清代學人游幕的發展演變（道光初迄宣統末的游幕）〉，47～48頁「道光後游幕學人的學術活動，重點在三個方面。（中略）二是古籍的整理保護。咸同年間，江南的學校、書院、藏書樓等文化設施，遭到嚴重破壞。（中略）太平天國被鎮壓後，清政府為「重興文化」，相繼在各省設立官書局，刊刻書籍。主持各地官書局的官員如曾國藩、丁日昌、馬新貽、張之洞等紛紛聘請學者名流入局校刻古籍，從而使官書局成為晚清游幕學人的重要集中地。」

〔註6〕金曉東《衍芬草堂友朋書札及藏書研究》（復旦大學中國古代文學研究中心博士論文，2010年），28～29頁。

廉卿厚於光焴，多所教益，惟身弱母衰，無日不思近於鄉枌，遠於
城市者而居之，以自適其康衢擊壤之天。〔註7〕

據此，即可知張廉卿（張裕釗的字）為何回到湖北的故鄉之事。另一方面，
曾國藩身為幕府的領導者，對於幕僚是如何對應的呢。曾國藩的家書中有以下
的見解。

衛身莫大於謀食。農工商，勞力以求食者也，士勞心以求食者也。
（道光22年9月18日）〔註8〕

此外，甲申（光緒10年，1884年）所書的薛福成（1838～1894）〈敘曾
文正公幕府賓僚〉中，如以下所述。

而幕府賓僚，尤極一時之盛云，竊計公督師開府，前後二十年。（中
略）凡以宿學客戎幕，從容諷議，往來不常，或招致書局，並不責
以公事者，古文則（中略）候選內閣中書武昌張裕釗廉卿。（中略）
右二十六人，吳敏樹，羅汝懷，吳嘉賓名輩最先。敏樹與張裕釗之
文，所詣皆精。〔註9〕

據此，可知張裕釗得到曾國藩的信任，得到身為高弟的位置之經過。

那麼，張裕釗於同治元年中的生活實態是怎麼樣的呢。根據孫瑩瑩女士的
研究，同治元年6月17日曾國藩給湖北巡撫嚴樹森（？～1876）的書簡中，
如以下所述。

張廉卿前客文忠署內，前有函來謀一書院館，今年已無及矣。求鼎
力薦一明年較優之席，感同身受。〔註10〕

因此，可知張裕釗想獨立成為書院的主講，有著如此強烈的希望。

根據以上，同治前半期，張裕釗為了照顧居於湖北的母親，雖成為曾國藩
幕府的一員成為其配下，然而並沒有前往安徽的幕府，而是以游幕的立場留在
湖北巡撫嚴樹森的幕府中。

〔註7〕蔣光焴〈呈錢朝議書〉《敬齋雜著》。金曉東《衍芬草堂友朋書札及藏書研究》，
　　　241頁。

〔註8〕曾國藩著、唐浩明責任編輯《曾國藩全集》，第20冊，家書1，〈致澄弟溫弟
　　　沅弟季弟〉曾國藩給澄弟溫弟沅弟季弟的書簡，道光22年9月18日，31～
　　　32頁。

〔註9〕薛福成〈敘曾文正公幕府賓僚〉，（《庸庵文編》，卷4），17～19頁。（文海出版
　　　社，沈雲龍主編：近代中國史料叢刊第95輯，379～383頁）。

〔註10〕曾國藩著、唐浩明責任編輯《曾國藩全集》，第25冊，書信4〈加嚴樹森片〉
　　　曾國藩給嚴樹森的書簡，同治元年6月17日，388頁。

二、勺庭書院的勤務時期

進入同治2年（1863），張裕釗勤務於湖北勺庭書院的山長（今大學的校長），然而，關於張裕釗任職於勺庭書院的時期，從來並沒有定說，如此整理下，有（1）咸豐2年（1852）、（2）咸豐3年（1853）、（2）同治3年（1864）的說法，其中咸豐2年的說法最多。

（1）咸豐2年的說法，可舉出聞鈞天先生〔註11〕・葉賢恩先生〔註12〕・丁有國先生〔註13〕・陳啟壯先生〔註14〕。根據他們的說法，咸豐2年的冬天張裕釗離開北京，隨即回到故鄉湖北鄂州。在那之後，湖北按察使江忠源（1812～1854）受聘於勺庭書院的主講。此外，張裕釗於咸豐3年的春天為止，皆勤務於書院的主講。另一方面，敘述著由於太平天國之亂，書院被破壞，張裕釗返回故鄉，然而並沒有是否真實的確證。

順道一說，關於書院被破壞的時期，汪士鐸《梅村賸稿》〈勺庭〉有以下記載。

　　聞其書院無膏火也，故清軒不能居。（丁亥）〔註15〕

丁亥指的是光緒13年，清軒指的是萬斛泉（1808～1904）的字，興國州的出身（今湖北省黃石市陽新縣）。光緒13年，萬斛泉身為勺庭書院的主講滯留於此地，汪士鐸理解書院的狀況而向萬斛泉告知。亦即光緒13年這個時間點勺庭書院仍在經營的狀態。因此，咸豐2年到3年之間，由於太平天國之亂，書院被破壞一事，有需要再考的必要性。

（2）咸豐3年的說法，有王達敏先生〔註16〕與孫瑩瑩女士〔註17〕的說

〔註11〕關於聞鈞天的根據不明，魚住和晃亦述及「聞鈞天は《張裕釗年譜及書文探討》（湖北省美術出版社、1988年）において、勺庭書院の就任を直ちに歸鄂の咸豐二年に結びつけているが、その根拠は不明である。」魚住和晃《張廉卿〈悲憤と憂傷の書人〉》第一章／張廉卿論—その人間性と書法，69頁的注17。聞鈞天《張裕釗年譜及書文探討》一：家世及年譜，8～9頁。

〔註12〕葉賢恩《張裕釗傳》，初耕書院，32～39頁。附錄二：張裕釗年譜，306頁。

〔註13〕丁有國《張裕釗詩文《濂亭文集》注釋》，武昌張廉卿先生年譜，385頁。

〔註14〕陳啟壯《碑骨帖姿──張裕釗書道研究》，附錄：張裕釗年譜，345頁。

〔註15〕汪士鐸《梅村賸稿》丙二十汪賸下〈勺庭〉，20頁。

〔註16〕張裕釗著、王達敏校點《張裕釗詩文集》〈前言／（一）見知曾氏，5頁。附錄九／張裕釗年譜〉，600頁「應湖北按察使江忠源之聘，主武昌勺庭書院。」

〔註17〕孫瑩瑩《張裕釗年譜長編》，20頁「清文宗咸豐3年癸丑（1853）、31歲。是年、湖北按察使江忠源承曾國藩請託，聘裕釗主講武昌勺庭書院。」

法。葉瑩瑩女士舉出三個根據。一個根據是張裕釗的〈贈道銜湖北升用知府荊門直隸州知州李剛介公殉難碑記〉，如以下所述。

> 咸豐元年調孝感，明年，調鍾祥。（中略）明年，賊大掠東走，省城
> 復。（中略）是歲，裕釗以新寧江忠烈公聘，至鄂城。〔註18〕

孫氏指出再來年的咸豐3年應江忠烈公（江忠源）的招請，前往鄂城（武昌），然而原文並沒有敘述身為勺庭書院的主講招聘。

第二個根據是引用張裕釗的兒子張後沆、張後澮的〈哀啟〉。根據內容，如以下所述。

> 自壬子出都後，即絕意仕進。初主武昌勺庭書院。〔註19〕

據此，雖可知道壬子（咸豐2年，1852年）張裕釗離開都城，但文章後面關於勺庭書院的勤務期間並沒有說明。

第三個根據是可舉出張裕釗寫給曾國藩的書簡。內容為以下所述。

> 裕釗往歲承夫子函屬鄂中。當路俾主講勺庭書院延及今，茲此間已
> 勢不可留。遂於日前辭退，而明年尚無託足。（圖1：傍線筆者）

書簡的最後，曾國藩將同治3年（1864）的紀年顯示於後。孫氏並未考察這個書簡的製作年代，將文中的「往歲」當成咸豐3年，此根據尚且不足。

關於此，張裕釗的〈送梅中丞序〉「同治十年曾文正公自直隸復督兩江，招裕釗主講習江寧。〔註20〕」同治10年（1871）張裕釗受到曾文正公（曾國藩）的邀請，成為江寧（南京）的鳳池書院主講。此外，張後沆、張後澮的〈哀啟〉中，武昌的勺庭書院主講文後接續「金陵克復，文正聘主江寧鳳池書院十有餘年。」〔註21〕如此考量下，張裕釗主講武昌的勺庭書院主講時期，為咸豐2年到同治10年之間（1852～1871），因而孫氏的說法也仍有其深究的必要性。

同治3年魚住和晃的說法「同治三年（一八六四）、清朝を根底から揺るがせた太平天國の乱が十五年ぶりに平定されたあと、裕釗は再び朝廷に復帰することを望まず、武昌の勺庭書院の主講に着任した。（同治三年，清朝

〔註18〕張裕釗著、王達敏校點《張裕釗詩文集》〈贈道銜湖北升用知府荊門直隸州知州李剛介公殉難碑記〉，101～102頁。

〔註19〕張裕釗著、王達敏校點《張裕釗詩文集》，附錄七：張裕釗評傳資料輯存，551頁。

〔註20〕張裕釗著、王達敏校點《張裕釗詩文集》，〈送梅中丞序〉，30頁。

〔註21〕張裕釗著、王達敏校點《張裕釗詩文集》，〈哀啟〉，附錄七：張裕釗評傳資料輯存，551頁。

從根底搖搖欲墜相隔十五年平定太平天國之亂後，裕釗並未希望再歸復朝廷，而是就任於武昌的勺庭書院的主講)、」「それまで、彼は武昌の勺庭書院なる小さな書院の主講をつとめ、(在此之前，他任職於武昌的勺庭書院擔任小書院的主講)。」〔註22〕然而魚住氏也沒有說明其根據。

以上的各說也沒有十分充足的依據，筆者認為是同治2年的春天到同治3年的冬天，張裕釗勤務於湖北勺庭書院。此根據是張裕釗的門人查燕緒（1843～1917）的文章，與張裕釗寫給曾國藩的書簡可以證明。

查燕緒的〈張廉卿先生文集後跋〉中，有以下的敘述。

> 同治癸亥之春，燕緒客鄂垣，與蔣子佐堯同受業先生之門。〔註23〕

因此，同治癸亥（同治2年，1863）的春天，可知查燕緒與蔣佐堯（1847～1906）成為張裕釗的門人。此外，查燕緒的〈賓日蔣君家傳〉（賓日是蔣佐堯的字）有以下敘述。

> 及癸亥春而仍還武昌，乃令余與君至勺庭書院，同從學於武昌張廉
> 卿裕釗之門。〔註24〕

據此，可知同治2年的春天查燕緒與蔣佐堯前往勺庭書院，成為張裕釗的門下生。

再者，同治3年11月朔日，張裕釗寫給曾國藩的書簡有以下。

> 欲懇夫子寓書杜小舫觀察，於漢口鹹醴局位置一地。（圖2：傍線筆
> 者）

此為張裕釗向曾國藩請求職務的介紹，有著強烈的希望。這之後的同治3年末到4年春間（1864～1865），曾國藩也有提及漢口鹹醴局的話題。同治3年12月10日曾國藩寫給張裕釗的書信中「惟湖北書院既無可謀，漢口醴局亦未便推薦。」〔註25〕，同治3年11月這個時間點，可知張裕釗辭去勺庭書院的主講，考量著下個職務。

由以上可知，張裕釗追尋著曾國藩的推薦，於同治2年主講湖北勺庭書

〔註22〕魚住和晃《張廉卿〈悲憤と憂傷の書人〉》〈第一章／張廉卿論—その人間性と書法〉，12‧20頁。

〔註23〕張裕釗著、王達敏校點《張裕釗詩文集》，查燕緒〈張廉卿先生文集後跋〉。附錄七：張裕釗評傳資料輯存，576頁。

〔註24〕查燕緒〈賓日蔣君家傳〉，佚名輯《蔣氏家傳合鈔》不分卷，抄本。

〔註25〕曾國藩著、唐浩明責任編輯《曾國藩全集》，第28冊，書信7，〈復張裕釗〉曾國藩給張裕釗的書簡，同治3年12月10日，271頁。

院。此外，關於從來都沒有定說的主講任職期間，明朗化了為同治 2 年春到 3
年冬之間。

第二節　與莫友芝、何璟的交流

一、與莫友芝的交流

（一）咸豐 11 年及同治 7 年的交流

　　咸豐 11 年（1861）、同治 7 年（1868）張裕釗於曾國藩的幕府中，與莫
友芝交友的紀錄有留存著。莫友芝是貴州省獨山的出身，中國晚清的詩人、
書法家。根據莫友芝的《邵亭日記》，莫友芝於咸豐 11 年 1 月 20 日前往胡
林翼的幕府，2 月 29 日胡林翼與莫友芝相見。據此，莫友芝從事《讀史兵略》
的校正（3 月 16 日到 5 月 29 日間），成為胡林翼的正式幕僚。此外，6 月 4
日與汪士鐸結識，6 月 22 日於閻敬銘（字丹初，1817～1892）底下與張裕釗
相識〔註26〕。

　　根據曾國藩的日記，曾國藩與莫友芝最初的見面是在道光 27 年（1847）
於京城（北京）的書店偶然相會。之後，相隔 15 年的咸豐 11 年 7 月 3 日再次
相會〔註27〕。此外，同年 8 月 26 日胡林翼逝世，9 月莫友芝隨即成為曾國藩
的幕僚。根據莫友芝的日記，11 月張裕釗於曾國藩的幕府，有與莫友芝面對
面的紀錄留存〔註28〕。

　　根據以上考證，張裕釗於同治前半期已是曾國藩的幕府一員，然並未前往
幕府所在地安徽，而是以游幕立場滯留於湖北。此事雖已明朗化，然張裕釗寫
給曾國藩的書簡（同治 7 年閏 4 月 24 日）仍有以下的敘述。

　　　　自皖江拜別，不獲見者，於今八年矣。（中略）裕釗今歲初擬趨赴金
　　　　陵祇侍覈昔，旋以何小宋護院招入崇文書局，令司校讎，遂復中止。

〔註26〕莫友芝著、張劍整理《莫友芝日記》，咸豐 11 年 1 月 20 日「入城謁胡宮保林
　　　　翼。」（6 頁）。同年 2 月 29 日「宮保屬往鄂城，為校新纂《兵略》。」（17 頁）。
　　　　同年 6 月 4 日「午識汪梅岑孝廉士鐸。」（36 頁）。同年 6 月 22 日「午晤張廉
　　　　卿於丹初許。」（39 頁）。

〔註27〕曾國藩著、唐浩明責任編輯《曾國藩全集》第 17 冊，日記 2，咸豐 11 年 7 月
　　　　3 日，181 頁「子偲名友芝，貴州獨山人，道光二十七年在京城相遇於書肆。
　　　　旋與劉茮雲相友善。自此一別十五年，中間通書問一、二次而已。」

〔註28〕莫友芝著、張劍整理《莫友芝日記》，62～65 頁。交友記載為咸豐 11 年 11 月
　　　　4 日・7 日・9 日・11 日・18 日・19 日・22 日・23 日。

然懷思慕望之隱，寤寐反側，不可弭忘。決計夏、秋二時，終當買
舟東下，走謁程門，匪獨希教誨之益。但獲一望見顏色，用紓數年
戀戀之思，其為喜幸也多矣。（中略）閏月廿四日。（圖3：傍線筆者）

據此，張裕釗與曾國藩於皖江（安徽省安慶市）拜別，咸豐11年8年後
的同治7年再相會的喜悅紀錄。張裕釗回應恩師曾國藩的思念，可知於同治7
年夏天前往南京的幕府。此外，書簡中寫「閏月廿四日」，清代同治年間即為
同治7年的4月。

此外，同治7年6月18日曾國藩寫給何璟的書簡內容中，如同以下所
述。

敝門人張裕釗廉卿，睽隔八年，現聞假館尊處，請囑其買舟東下，
來此一敘，不久可返鄂也。〔註29〕

據此，曾國藩得知何璟所在之處，向何璟告知，為了方便張裕釗亦能順利
前往曾國藩的處所。

關於與莫友芝交友，前揭載的日記中，同治7年8、9月有記載著〔註30〕。
另一方面，同治7年11月4日，曾國藩就任直隸總督，根據張劍先生的研究，
張裕釗身為曾國藩的幕僚與莫友芝同行，可知搭乘同一艘船〔註31〕。

莫友芝與張裕釗的詩文交流方面，莫友芝的《邵亭詩鈔》中有「同治戊辰
冬十一月，武昌小弟張裕釗拜讀。」同治戊辰（7年）的紀錄（圖4：傍線筆
者）。再加上貴州省圖書館所藏的莫友芝《邵亭遺詩》的「邵亭遺詩，武昌張
裕釗題簽」（圖5）題名，是張裕釗所揮毫的。因此，莫友芝與張裕釗同身為曾
幕的同僚，可窺見其親密的關係。

根據以上，咸豐11年前半期間，可知莫友芝被胡林翼邀約從事《讀史兵
略》的校正，成為胡林翼的幕僚，之後與張裕釗認識。同年8月26日胡林翼
逝世後，9月莫友芝成為曾國藩的幕僚，11月張裕釗於曾國藩的幕府中，與
莫友芝的交友記載留存著。此外，進入同治年間，以游幕身分滯留於湖北的

〔註29〕 曾國藩著、唐浩明責任編輯《曾國藩全集》，第30冊，書信9，〈復何璟〉曾
國藩給何璟的書簡，同治7年6月18日，429頁。

〔註30〕 莫友芝著、張劍整理《莫友芝日記》。同治7年8月23日「張廉卿裕釗相訪，
乃新自武昌書局來，持何小宋中丞信。」（258頁）。同治7年8月24日「食
後新拓梁碑四種，唐碑一種呈樣於湘鄉公，遂答廉卿。」（258頁）。同治7年
9月13日「廉卿，存之先後至，共談半時許。」（260頁）。

〔註31〕 莫友芝著、張劍撰《莫友芝年譜長編》，同治7年11月4日，486頁「莫友
芝、張裕釗皆隨之送行，直至寶應縣始分手。」

張裕釗，於咸豐 11 年後 8 年的同治 7 年，與莫友芝再會，期間交友也持續著。

（二）莫友芝於曾國藩幕府中的位置及其書學評價

根據尚小明先生的研究，莫友芝於道光 18 年到 21 年間（1838～1841），受到遵義知府平翰、黃樂的招請。此外，咸豐 10 年到 11 年（1860～1861）秋之間，進入湖北巡撫胡林翼的幕府中，再者，咸豐 11 年秋到同治 6 年（1861～1867）間，成為兩江總督曾國藩的幕僚。此之後，同治 7 年到 8 年（1868～1869）間，進入江蘇巡撫丁日昌的幕府〔註 32〕。於此之中，於曾國藩幕府待的時間是最長的。

莫友芝與曾國藩的相遇，以及關於成為曾國藩的幕僚經緯，從曾國藩的詩文、家書、日記、莫友芝的書簡、日記等的紀錄可窺見。曾國藩與莫友芝相遇可見曾國藩〈送莫友芝〉詩〔註 33〕，此外，曾國藩的家書如以下所述。

> 字諭紀澤兒：（中略）莫君名友芝，字子偲，號邵亭，貴州辛卯舉人，學問淹雅。丁未年在琉璃廠與余相見，心敬其人。七月來營，復得劇談。（咸豐 11 年 9 月 24 日）〔註 34〕

曾國藩與莫友芝的相遇，根據已述及的內容，可知於丁未年（道光 27 年，1847）相遇，咸豐 11 年 7 月莫友芝前往曾國藩幕府。因此，經過 15 年的咸豐 11 年 7 月 3 日再會，莫友芝 9 月即成為曾國藩的幕僚。根據曾國藩的日記，有以下記載。

> 子偲名友芝，（中略）自此一別十五年，中間通書問一二次而已。（咸豐 11 年 7 月 3 日）〔註 35〕

再者，根據莫友芝的日記記載，可知咸豐 11 年莫友芝前往安徽的安慶或南京停留在曾國藩的幕府〔註 36〕。再加上，莫友芝寫給鄒漢勛（1805～1854）

〔註 32〕尚小明《清代士人游幕表》（中華書局，2005 年），190 頁。

〔註 33〕曾國藩著、王澧華校點《曾國藩詩文集》卷 3，「送莫友芝」，79 頁。

〔註 34〕曾國藩著、唐浩明責任編輯《曾國藩全集》，第 20 冊，家書 1，〈諭紀澤〉曾國藩給曾紀澤的書簡，咸豐 11 年 9 月 24 日，705 頁。

〔註 35〕曾國藩著、唐浩明責任編輯《曾國藩全集》，第 17 冊，日記 2，咸豐 11 年 7 月 3 日，181 頁。

〔註 36〕莫友芝著、張劍撰《莫友芝年譜長編》。曾國藩與莫友芝的交流記載以下例可列舉。同治元年正月 10 日「與曾國藩論金石。」（262 頁）。同治 2 年 5 月 7 日「謁曾國藩，交呈《唐寫本說文木部》」（310 頁）。同治 3 年 8 月 10 日「曾

的書簡，以及《邵亭詩鈔》中，各自有以下的敘述。

> 曾滌生侍郎，友芝春中入京晤於書肆中。其溫雅無京官官氣，粗粗
> 一談，遂慢謂可揀。（道光 27 年 9 月 21 日）〔註37〕

> 春官報罷，國子監學正劉茉雲招同曾滌生學士小飲虎坊寓宅，歌以
> 為別。〔註38〕

據此，兩者於當時會面的樣子明朗化。此外，曾國藩四大門徒之一人的黎
庶昌（1837～1897）的〈莫徵君別傳〉也有如同以下的內容敘述著。

> 乙未會試，公車報罷，與曾文正公國藩邂逅琉璃廠書肆。始未相知
> 也，偶舉論漢學門戶，文正大驚，叩姓名。曰：「黔中固有此宿學
> 耶！」即過語國子監學正劉茉雲傳瑩。為置酒虎坊橋，造榻訂交而
> 去。〔註39〕

因此，丁未年（道光 27 年，1847）莫友芝與曾國藩會面之際，可知曾國
藩與曾國藩的友人劉茉雲開過宴會。

順道一提，於曾國藩幕府渡過長時間的莫友芝，於幕府中究竟佔了什麼樣
的位置呢。首先，先明朗化莫友芝自身於幕府中是如何的想法。莫友芝弟弟莫
祥芝的〈清授文林郎先兄邵亭先生行述〉有以下的敘述。

> 自白曰：幕府人才鱗萃，自愧迂疏，不克效萬一之用，苟得依公為
> 閒客，免飢寒，於願足矣。〔註40〕

據此，可窺見莫友芝於幕府中的謙遜態度。此外，莫友芝的〈莫子偲墓誌
銘〉、汪士鐸的〈四君子詠〉，敘述著關於莫友芝的職務。

> （莫友芝）以咸豐八年截取知縣，且選官，故君意所不樂，棄去不
> 復顧。〔註41〕

> 國藩寫《題莫子偲仿唐寫本說文木部箋異》詩贈友芝。友芝有詩答和。《曾國
> 藩日記》：早飯後清理文件。旋寫昨詩送莫子偲。」（330 頁）。

〔註37〕莫友芝著、張劍撰《莫友芝年譜長編》，莫友芝給鄒漢勛的書簡。南京圖書館
　　　　藏《邵亭詩文稿》（手稿），100 頁。

〔註38〕莫友芝著、張劍・陶文鵬・梁光華編輯校點《莫友芝詩文集》，卷 4，邵亭詩
　　　　鈔，209 頁。

〔註39〕莫友芝著、張劍・陶文鵬・梁光華編輯校點《莫友芝詩文集》，黎庶昌〈莫徵
　　　　君別傳〉（《續修四庫全書・拙尊園叢稿》卷 4）。附錄一：晚清、民國時期莫
　　　　友芝研究資料，1113 頁。

〔註40〕莫友芝著、張劍撰《莫友芝年譜長編》，附錄四：莫氏家族傳記資料，莫祥芝
　　　　〈清授文林郎先兄邵亭先生行述〉，625 頁。

〔註41〕張裕釗著、王達敏校點《張裕釗詩文集》，〈莫子偲墓誌銘〉，141～144 頁。

四君子者，監利王比部子壽（柏心）、武昌張孝廉廉卿（裕釗）、獨
山莫明府子偲（友芝）、石埭陳刺史虎臣（艾）也。（中略）莫陳雖
屢保薦，而不樂仕進。〔註42〕

同時期的文人張裕釗、汪士鐸敘述著莫友芝對於就任官職並沒有興趣的
樣子。

接著，於曾國藩幕府中，莫究竟是置於什麼樣的位置，《清稗類鈔》有以
下的記載。

咸同間，曾文正公國藩督師剿粵寇，幕府人才一時稱盛。於軍旅吏
治外，別有二派：曰道學，曰名士。（中略）名士派：為莫友芝、張
裕釗、李鴻裔諸人。〔註43〕

據此，莫友芝與張裕釗共同於曾國藩幕府中，分類為名士派。此外，況周
頤（1859～1926）的《蕙風簃二筆》如以下的敘述。

咸豐十一年八月，曾文正克復安慶，部屬粗定，令莫子偲大令采訪遺
書，商之九弟沅圃方伯，刻《王船山遺書》。既復江寧，開書局於冶城
山，延博雅之儒校讎經史，政暇則肩輿經過，談論移時而去。〔註44〕

據此，曾國藩於南京的冶城山開設書籍的編纂局，聚集博雅的儒者，莫友
芝為其中的一人。曾國藩認同莫友芝的才能，命令莫友芝，並賦予著重要的責
務。

接著，薛福成的〈敘曾文正公幕府賓僚〉中「閱覽則（中略）江蘇知縣獨
山莫子偲舉人。〔註45〕」，莫友芝身為曾國藩的幕僚，可知分類於閱覽一類。

莫友芝的著書中，有《宋元舊本書經眼錄》・《郘亭書畫經眼錄》・《莫友芝
詩文集》・《梁石記》・《金石影》等。他對於訪碑之旅也熱心，對於調查取材石
碑的文字活動也盛行著。關於他的碑學觀，可從《宋元舊本書經眼錄》窺知。
此之中的《金石筆識》〈魏孝文帝弔比干文〉中述及，有「嘉・道以來，相習
尚元魏人碑版。」〔註46〕敘述著關於嘉慶、道光年間北碑的流行。此外，〈隋

〔註42〕汪士鐸《梅村賸稿》丙11汪賸下〈四君子詠〉，53～54頁。
〔註43〕徐珂《清稗類鈔》收錄張鳴珂《寒松閣談芸瑣錄》卷5（中華書局，1986），
　　　　5頁。
〔註44〕《況周頤集》收錄況周頤《蕙風簃二筆》卷1（廣西師範大學出版社，2012年
　　　　12月）。
〔註45〕薛福成〈敘曾文正公幕府賓僚〉，《庸庵文編》卷4，18～19頁。
〔註46〕莫友芝著、張劍校點《宋元舊本書經眼錄・郘亭書畫經眼錄》（中華書局出版，
　　　　2008年1月），附錄卷2：金石筆識，〈魏孝文帝弔比干文〉，176頁。

龍藏寺碑〉中,「真書至初唐極盛,而初唐諸家精詣北朝,無不具者。」〔註47〕述及初唐的書家皆精通北朝。

　　同時代的文人如張裕釗、黎庶昌、莫祥芝(1827～1890)、張鳴珂(1829～1908)等評價莫友芝的書。張裕釗述及「(莫友芝)又工真、行、篆、隸書、求者肩相摩於門。」〔註48〕而根據黎庶昌,「真行篆隸、蘊藉樸茂、極書家之能事。」〔註49〕絕讚著莫友芝。此外,莫祥芝敘述著「尤善書,篆隸楷行皆能。力追古人而運以己意,足跡所至,人爭求之。」〔註50〕可知莫友芝到任何地方,人們都爭相求其作品。此外,關於張鳴珂,「(寫漢隸)方整斬截,筆力堅卓,近人惟莫偲翁有此力量。」〔註51〕張鳴珂特別高度評價莫友芝的隸書。

　　根據以上,莫友芝於晚清中曾為胡林翼、曾國藩、丁日昌的幕僚,在此之中,身為曾國藩的幕僚為最長的時間。此外,莫友芝與張裕釗共同在曾國藩的幕府中分類為名士派。曾國藩為了於南京的冶城山開設書局,命令莫友芝蒐集各地散逸的古籍。名士派的莫友芝於曾國藩幕府中,則貢獻於古籍的收集與覆刻,具有重要的作用。再者,同時代的文人,評價著莫友芝於書法各體皆勘能,特別是隸書最為優秀。

二、湖北的幕府中與何璟的交流

　　張裕釗、莫友芝共同交遊的官僚為何璟(1817～1888)。何璟是廣東香山人,字伯玉,號小宋。同治元年進入曾國藩的幕府。張裕釗與何璟透過詩文交流可窺見的資料有張裕釗《濂亭遺詩》的〈送何小宋方伯璟之任山西·己巳(同治8年,1869)、時館鄂城書局〉〔註52〕

　　於此,將明朗化從同治5年(1866)始,何璟與張裕釗交流之事。《清史稿》中,敘述著何璟的經歷「何璟,(中略)(同治)四年,晉湖北布政使。逾

〔註47〕莫友芝著、張劍校點《宋元舊本書經眼錄·邵亭書畫經眼錄》,附錄卷2:金石筆識,〈隋龍藏寺碑〉,181頁。

〔註48〕張裕釗著、王達敏校點《張裕釗詩文集》〈莫子偲墓誌銘〉,141頁。

〔註49〕莫友芝著、張劍撰《莫友芝年譜長編》,附錄四:莫氏家族傳記資料,續遵義府志·莫友芝傳,《菇齋偶筆》轉引的文獻,621頁。

〔註50〕莫友芝著、張劍撰《莫友芝年譜長編》,附錄四:莫氏家族傳記資料,莫祥芝《清授文林郎先兄邵亭先生行述》,625頁。

〔註51〕張鳴珂《寒松閣談藝璅錄》卷5,5頁。《清代傳記叢刊》,第74冊(台北明文書局,1985年)。

〔註52〕張裕釗著、王達敏校點《張裕釗詩文集》,「送何小宋方伯璟之任山西·己巳,時館鄂城書局」,289頁。

歲，到官。」〔註53〕同治5年，可知何璟任湖北布政使（巡撫底下擔任省的行政，管理教育文化等），何璟同治5年4月中旬前往鄂（指湖北的鄂州，張裕釗的故鄉），同治5年4月22日曾國藩寫給喬松年（1815～1875）的書信〔註54〕與同年5月4日，從莫友芝的日記〔註55〕可以窺知。

接著，同年5月20日〔註56〕、8月16日〔註57〕根據曾國藩寫給何璟的書簡，可知何璟滯留在鄂州。

此外，這個時期，張裕釗是過著什麼樣的生活呢。張裕釗的同治前半期書作品有〈鮑照飛白書勢銘〉（圖8），此書作是張裕釗的作品中，極少有的書寫年記載的例子。落款中記載著「丙寅九月九日書於江漢書院」，可知為同治5年9月9日於江漢書院創作的作品。江漢書院是湖北省立的學校。此外，根據張裕釗的〈代某學使安陸府試院增修號舍記〉，擔當湖北學使（省的學務，監督教育的文官）的代筆者，內容是「同治5年9月某日記」〔註58〕。

根據這些事，同治5年9月張裕釗滯留於江漢書院，可以說也身為湖北的學使代筆者與布政使的何璟有充分的交往機會。

另一方面，莫友芝同治7年8月23日的日記有以下記載。

> 張廉卿裕釗相訪，乃新自武昌書局來，持何小宋中丞信。（局）屬為
> 買史記王本，漢書汪本，並他史漢差善者一本。〔註59〕

根據上述，可知何小宋（何璟）向張裕釗委託給莫友芝一封書信。根據前述的內容，莫友芝為了回信給何璟的信，他寫給何璟的一通未紀年（10月4日）書簡留存著。內容如以下所述。

> 叩別遂及五秋（中略），張廉卿中翰函持到賜書。（中略）承命購王
> 本史記、汪本漢書並史、漢別善本。（圖6：傍線筆者）

〔註53〕趙爾巽主纂《清史稿》卷，列傳245（中華書局、1977年）。

〔註54〕曾國藩著、唐浩明責任編輯《曾國藩全集》，第29冊，書信8，〈復喬松年〉曾國藩給喬松年的書簡，同治5年4月22日，172頁「小宋當於下旬赴鄂。」

〔註55〕莫友芝著、張劍整理《莫友芝日記》，同治5年5月4日，183頁「何小宋方伯四月中已往湖北。」

〔註56〕曾國藩著、唐浩明責任編輯《曾國藩全集》，第29冊，書信8，〈復何璟〉曾國藩給何璟的書簡，同治5年5月20日，246頁「榮蒞鄂垣。」

〔註57〕曾國藩著、唐浩明責任編輯《曾國藩全集》，第29冊，書信8，〈復何璟〉曾國藩給何璟的書簡，同治5年8月16日，352頁「鄂中局面自較皖省為優。」

〔註58〕張裕釗著、王達敏校點《張裕釗詩文集》〈代某學使安陸府試院增修號舍記〉，197～198頁。

〔註59〕莫友芝著、張劍整理《莫友芝日記》，同治7年8月23日，258頁。

也因此，關於言及同一個話題《史記》、《漢書》的購入情報，張劍認為此為同治 7 年所書寫的書簡〔註60〕。那麼，何璟與莫友芝相會是在 5 年前，亦即同治 2 年（1863）。

特別一提，根據莫友芝的日記同治 4 年（1865）12 月 28 日的記載「何小宋信至，索作數紙書。」再加上莫友芝的日記中，何璟寫給莫友芝的書作相關紀錄，僅有此記載，無其它記載〔註61〕。

根據上述，莫友芝贈與何璟的未紀年書作〈安世房中歌〉（復原圖）〔註62〕（圖 7）推測為同治 4 年末左右所書寫的書作。

〈安世房中歌〉的落款「小宋方伯大人察正。獨山莫友芝書漢樂章。」（圖 7）與前述的莫友芝寫給何璟的書信言及書籍的購入情報看來，可知莫友芝與何璟是有特別的友好關係。

同治 5 年 9 月，張裕釗與湖北布政使的何璟，可說是有充分交友的機會，於此之際，張裕釗於何璟的底下居於湖北，推測這期間可從何璟那看到莫友芝的〈安世房中歌〉的大作吧。

根據以上，同治 2 年莫友芝與何璟的交友有所記載，同治 4 年 12 月 28 日有何璟委託莫友芝書作的紀錄，莫友芝寫給何璟的未紀年書作〈安世房中歌〉推測是同治 4 年末左右的書作。同治 5 年 4 月何璟前往湖北之際，推測此作也攜帶前往湖北的吧。

第三節　張裕釗與書家們的書風檢證

前人研究中，魚住氏注目於宮島家傳藏資料的光緒時期石刻作品與書作，

〔註60〕莫友芝著、張劍撰《莫友芝年譜長編》，同治 7 年 10 月 4 日，485 頁。

〔註61〕莫友芝著、張劍整理《莫友芝日記》，同治 4 年 12 月 28 日，172 頁。此之後的記載，同治 5 年 5 月 4 日「何小宋方伯四月中已往湖北。」（183 頁）。同治 7 年 8 月 23 日、同治 8 年正月 6 日「鄂中擬覆刊此書，署撫軍何小宋方伯屬為購致，未得也。」（263 頁）。同治 8 年 2 月 5 日，「廉卿（張裕釗）亟束裝，催余作寄小宋暨張香濤書，並各致新拓梁碑。」（265 頁）。同治 8 年 4 月 3 日，「得何小宋方伯信，言湖北《通鑑》之刻已停工矣。」（269 頁）。

〔註62〕王紅光主編《貴州省博物館館藏精選──莫友芝書法篆刻作品集》（廣西師範大學出版社，2014 年 12 月），40～53 頁。原本 40～52 頁、復原圖 53 頁。40 頁中編者敘述以下內容「其形制本為條屏，恐是收藏者為攜帶和觀覽方便，將每屏強行橫割，分為四頁，重新裝冊，致使順序混亂，不可卒讀。其中尤以第三屏割裂最甚，字句顛倒，空白錯置，實已大失意趣。現將冊頁原樣刊印。並附原作復原圖於後。」原本應為冊頁。

分析了張裕釗書法的技巧考察，以及書丹碑碣的異體字分析。魚住氏分析張裕釗的書法技巧，分類了「起筆」「送筆」「收筆」「轉折」「鉤」「左右的均整」「上下的均整」，明朗化了各分期的特徵〔註63〕。

　　本節應用魚住氏的書法分析方法，考察同治時期的書作〈鮑照飛白書勢銘〉（同治5年）為中心，具體比較同治前半期中於曾國藩幕府內流行的書法、莫友芝之外的曾國藩、何璟等曾國藩的幕僚、友人，以及幕僚以外的書人，檢證張裕釗的書法形成。此外，以張裕釗寫給曾國藩、汪士鐸、蔣光焴、徐宗亮的同治前半期書簡為中心，比較張裕釗的咸豐年間書簡及其書風。

一、張裕釗的大楷

　　這個時期的作品，大楷有同治5年所寫的〈鮑照飛白書勢銘〉（圖8）留存。有紀年的書作中，有同治前半期所創作的，於此一併檢討。

　　張裕釗的〈鮑照飛白書勢銘〉為四件一組，楷書，內容是南朝宋的書論鮑照（414～466）的〈飛白書勢銘〉。文中描繪飛白的精妙度，於張裕釗的作品中記載書寫年的是極為少數的例子。為了看這個時期的交往，跟隨著書風的變遷，也應再調查。

　　臨張裕釗的〈鮑照飛白書勢銘〉的作品，有康有為的〈飛白書勢銘八屏〉二作，以及台灣人的書家林守長（1910～1982，字傳貴、懷薰、誠之）的臨書作品留存。拙論〈張裕釗書《鮑照飛白書勢銘》及其相關問題〉〔註64〕已作檢討，於此不再言及。

二、張裕釗與同時期書家的書風檢證

　　關於張裕釗的同治前半期書作品，有前述的〈鮑照飛白書勢銘〉。於曾國藩的幕府中，與張裕釗保有最為緊密關係的是曾國藩與莫友芝，以及何璟。他們的書法，首先看曾國藩與何璟的楷書，皆為唐楷為基調的書風，筆尖傾倒，以側鋒的方筆與露鋒書寫著。接著，可窺見整齊的結體。與張裕釗咸豐時期的書作品相通（表1），然與同治前半期的〈鮑照飛白書勢銘〉之逆筆、藏鋒的圓筆技法書寫則相異。

〔註63〕魚住和晃《張廉卿の書法と碑學》〈第二章　張裕釗における書法形成、三　張裕釗書法の特質と形成過程〉，150～168頁。

〔註64〕拙論〈張裕釗書《鮑照飛白書勢銘》及其相關問題〉（《文化南宮》秋冬合卷，2014年），21～26頁。

　　此外，此狀況於曾國藩的幕下並非受到曾國藩以及何璟的影響，而是意味著急速朝向隸楷（楷書中藏鋒與逆筆，為隸書由來的筆法交雜而成）的方向前進。

　　於此，何璟向張裕釗展示的莫友芝〈安世房中歌〉（圖7）意味著有很大的作用。莫友芝於現在的中國書道史中，並不怎麼被討論，然其擅於八分，身為官僚於書法上有著傑出的見識與力量。

　　於張裕釗，不僅是〈安世房中歌〉，莫友芝其它的隸書作品，應也積極地進入眼簾的吧（圖9）。

　　指出關於張裕釗的楷書是學隸書的，弟子賀濤（1849～1912）、張以南有以下所述。賀濤為祝賀張裕釗的七十歲，送了〈武昌張先生七十壽序〉為題的壽文。賀濤關於張裕釗的書法有以下敘述，內容為「先生取法北魏，而隸於漢、篆於秦。」〔註65〕

　　此外，張以南於宣統紀元（1909）4月26日於《張廉卿先生楷書千字文》的跋文中，有以下的敘述。

　　　武昌廉亭師楷法道源漢隸，論者設與包鄧同稱千古之雄，實則別闢徑途，獨樹一幟。（圖10：傍線筆者）

　　根據上述，指出張裕釗的楷書是學習漢代的隸書，可知與包世臣（1775～1855）、鄧石如（1743～1805）同稱為千古之雄。

　　據此，根據弟子賀濤、張以南的指出，張裕釗的楷書學習隸書，其字形也參酌的吧。他的〈鮑照飛白書勢銘〉中可見隸書字形用於楷書作品的例子，有「雲」、「最」、「虎」、「起」、「歸」等幾個字可舉出（表2）。

　　接著，於曾國藩幕府中往來頻繁，得意於隸書的書人以及同時代的幕友以外，可舉出莫友芝、楊峴（1819～1896）、何紹基（1799～1873）、趙之謙（1829～1884）、楊沂孫（1813～1881）。將他們的書作品與張裕釗作比較，試著檢討幕府中莫友芝的隸書作品影響張裕釗的點。

　　述及各式各樣概括的印象，張裕釗的一件作品、莫友芝的二件作品的概形皆是長方形、直筆書寫。相對於此，何紹基與楊峴的線條則有震動的表情。趙之謙與楊沂孫可見就如鄧石如般強調一畫的厚度（表3）。

〔註65〕張裕釗著、王達敏校點《張裕釗詩文集》，附錄七：張裕釗評傳資料輯存，賀濤〈武昌張先生七十壽序〉，564頁。

如此通覽，莫友芝與張裕釗的筆法共通點很多（表4：輔助線筆者），相較於何紹基、楊峴、趙之謙、楊沂孫的相異點則顯著（表5：輔助線筆者）。

張裕釗與莫友芝的筆法可說是「隸楷相參」（隸楷的筆法交雜），起筆方面，可以確認莫友芝、張裕釗都是以藏鋒書寫，帶有丸狀強調的筆法。此外，可見圓筆與尖筆，隸書與楷書交雜的筆法。送筆方面，莫友芝的隸書筆壓維持呈現直線，張裕釗的楷書更呈現直線樣貌。送筆的粗度，張裕釗與莫友芝皆成均一線條。因此，可說是直筆中鋒的特徵。收筆則可知以藏鋒書寫。轉折方面，莫友芝、張裕釗的轉折表現，含有外部強度，內部柔軟程度的表現，亦即形成「外方內圓」。特別指出的是莫友芝、張裕釗的撇畫或鈎、浮鵝鈎的部分非常伸展，弧的部分如同隸書的波勢誇張，有力道地書寫著。為此，起筆帶有丸狀，送筆變細，筆畫簡素壓縮，可感受到緊張感。此外，隸書的波勢誇張，內部做出余白，可感受到開放感（表4：輔助線筆者）。

這些特徵，張裕釗自身應認為是古法。此古法的理解，具體是從逆入的起筆由於筆毛的彈力，隨處使用中鋒，向左右伸展的撇捺。特別的是對於轉折徹底有著「外方內圓」的形狀，遂成為了張裕釗書法的代名詞。

相較於此，張裕釗、莫友芝之外，何紹基、楊峴、趙之謙、楊沂孫的筆法是如何表現的呢。起筆方面，楊峴筆鋒藏鋒，以圓筆書寫，何紹基則是筆鋒向外露出，可見方筆。趙之謙的筆鋒則以側鋒或方筆書寫，呈現著角度。楊沂孫的筆鋒則可見逆筆或藏鋒與圓筆。送筆方面，楊峴與何紹基的隸書可見曲線，趙之謙的則為直線側鋒，楊沂孫的可見直線側鋒。送筆的粗度方面，楊峴與何紹基的隸書多見於線的震動，趙之謙的從起筆到送筆為止皆均一，楊沂孫的線中間細，然後可見變粗的狀況。此外，楊峴的收筆如同送筆般的粗度。趙之謙、楊沂孫的收筆則以圓筆書寫。轉折方面，四人的接筆可見都是直角。此外，四者左撇、鈎與浮鵝鈎皆以短小的方式呈現（表5：輔助線筆者）。

因此，這些書人與張裕釗、莫友芝有很大的差異。四者隸書的波勢皆較張、莫短小，可感受到束縛感。

根據以上，張裕釗的書作品，咸豐時期如同唐楷一樣行列整齊，可見忠實地呈現王羲之的小楷。相較於此，進入同治時期，莫友芝對於張裕釗「隸楷相參」以及確立直筆中鋒的創作方法。點畫的長短方面撇畫以及鈎、浮鵝鈎的部分非常伸展，可說是暢達的書風，可感受到開放感。此種特徵可說是從莫友芝來的決定性影響，從來的代表作家並未見過。

三、張裕釗的書簡

　　首先，張裕釗在當曾國藩幕僚之前，亦即咸豐時期的張裕釗，究竟是以什麼樣的理念，是以何種技法的呢。那麼，咸豐時期張裕釗是表現怎麼樣的書風的呢。第一章早年時期張裕釗的書作品〈小楷千字文〉可見唐代的歐陽詢風格。此外，張裕釗寫給曾國藩書簡的書風，可見胡林翼、虞世南、王羲之的風格，可知為謹嚴並整齊的楷書〔註66〕。意即此時期的書風，可見主要基於唐碑、二王的傳統書學方法的風格。

　　同治前半期曾國藩幕府中，張裕釗與官僚曾國藩、汪士鐸與文人蔣光焴、徐宗亮持有交際，張裕釗寫給他們的書簡多數有留存。然而，幾乎無紀年，於此針對這些內容作檢討，亦進行年代的推定。

（一）給曾國藩的書簡

　　《陶風樓藏名賢手札》中收有張裕釗寫給曾國藩同治初期的未紀年書簡2通。第1通的書簡（11月朔日）對應的曾國藩的紀錄是「同治三年十一月廿四日」，根據此，張裕釗的書簡可見「11月朔日」是可推定為同治3年。此外，根據內容「裕釗往歲承夫子函屬鄂中，當路俾主講勺庭書院。」張裕釗於勺庭書院主講（圖1：輔助線筆者）。再加上，曾述及的勺庭書院主講期間為同治2年到3年之間，基於如此的結果〔註67〕，可說是時間與內容相符合。

　　第2通的未紀年書簡（10月19日）中，有以下所述。

> 裕釗有友漢陽劉殿壎，世仲茮雲先生族子也。（中略）其人性情肫摯，
> 志節炳然，而竺學不厭。於天官秝算尤精。（中略）夫子督治軍務，
> 裕釗未嘗進一士於肅。蓋以出類之才難得，而車載斗量者，不足以
> 塵聰聽也。（中略）夫子其垂詧焉。（圖11：輔助線筆者）

　　書簡言及的茮雲先生指的是劉茮雲（1818～1848）。據此，張裕釗敘述著劉茮雲的侄子劉殿壎（生卒年未詳）的性格等。

　　關於劉茮雲這個人物，曾國藩〈國子監學正漢陽劉君墓志銘〉有以下的敘述。

〔註66〕本論的第一章，拙論〈胡林翼幕府における張裕釗書法の形成─咸豐年間の書簡を中心として─〉（《書學書道史研究》第27號，書學書道史學會，2017年11月），59～72頁。

〔註67〕參照〈本章／第一節　曾國藩幕府中的活動／二　勺庭書院的勤務時期〉。

道光二十有八年九月十八日，吾友漢陽劉君卒於家，年三十有一。

（中略）君諱傳瑩，字茮雲。〔註68〕

據此，可知劉茮雲與曾國藩的友人關係。此外，根據張裕釗的〈送劉殿壎序〉有以下所述。

吾友漢陽劉子殿壎，裕釗始遇之眾人之中，一見而知其異於凡為人者。（中略）夫天之所以命殿壎者，裕釗既推而得之。〔註69〕

因此，可顯示有著張裕釗想向曾國藩推薦劉殿壎之事的意向。根據張裕釗的〈送劉殿壎序〉，「癸亥」〔註70〕的注留存，癸亥指的是同治2年（1863）。再者，這個未紀年的書簡（10月19日）的最後，有曾國藩「同治□年十一月十一。已覆」的記載。

根據這些紀錄，同治2年11月28日所寫的曾國藩給張裕釗的書信來看，同樣言及劉殿壎之事，如同以下所述。

此間人多事少，若非確有長技，位置頗難。天官疇人之學，素未涉其藩籬，此間有李善蘭壬叔者，眾推為當世無雙，劉君左右已到營，當令其與壬叔討論商榷，再謀所以處之。〔註71〕

據此，曾國藩使得劉殿壎前往幕府，因應其技能，而給予量才位置。

以上從曾國藩、劉茮雲、劉殿壎三人的關係可推定第2通的年代。曾國藩的友人是劉茮雲，其侄子是劉殿壎，明朗化張裕釗向曾國藩推薦劉殿壎之事。再加上曾國藩的同治2年11月28日書簡來看，張裕釗寫給曾國藩的未紀年書簡是同治2年所書的可以被確認。

順道一提，關於張裕釗與劉茮雲之兄劉子佩的墓誌銘留存著。同治2年張裕釗所抄寫的〈劉府君墓誌銘〉的小楷為浙江圖書館所收藏的38件張裕釗書作品中，唯一的抄寫紙。內容如以下。

君諱傳燧，字子佩，一字左甫，姓劉氏，湖北漢陽人。（中略）君之

〔註68〕曾國藩著、王澧華校點《曾國藩詩文集》，文集卷2，〈國子監學正漢陽劉君墓志銘〉，240～241頁。

〔註69〕張裕釗著、王達敏校點《張裕釗詩文集》〈送劉殿壎序〉，28頁。

〔註70〕張裕釗〈送劉殿壎序〉《張廉卿雜文》，上海圖書館藏。關於《張廉卿雜文》，參見孫瑩瑩〈上海圖書館藏《張廉卿雜文》考論〉《書目季刊》46卷3期（2012年12月），99～108頁。

〔註71〕曾國藩著、唐浩明責任編輯《曾國藩全集》，第27冊，書信6，〈覆張裕釗〉曾國藩給張裕釗的書簡，同治2年11月28日，325頁。

弟，曰茉雲傳瑩者也。（中略）君卒以咸豐元年八月十六日。（中略）

及孺人卒以今年同治二年二月望日。（圖 12：傍線筆者）

根據這個記載，可知劉子佩的卒年為同治 2 年。

從以上的考察可知，張裕釗寫給曾國藩的 2 通書簡分別是同治 3 年與同治 2 年所書，從抄寫的內容來看〈劉府君墓誌銘〉亦為同治 2 年的真筆。

（二）給汪士鐸的書簡

張裕釗的行書書簡中，有兩通寫給汪士鐸的未紀年書簡。前人研究中，陳啟壯先生指出第一件書簡中「曾相季弟亦歿於王事」（圖 13：傍線筆者）記載著「曾相季弟」指的是曾國藩的四弟曾國葆（季弟）。曾國葆（1829～1862）於同治元年 12 月戰死，敘述著這兩通書簡皆為同治 2 年所書寫的書簡〔註72〕。

基於前人研究，想檢討關於同治 2 年左右張裕釗與汪士鐸的交往。從進入咸豐時期〔註73〕或同治時期，兩人的交流皆持續著。此紀錄的其中一個，是同治元年曾國藩寫給汪士鐸的書簡，如同以下記載。

廉卿借《讀書雜志》，此間別無副本，難以應命。代謀置硯，即當與

嚴中丞函商。〔註74〕

此外，同治 2 年曾國藩寫給倭仁（1804～1871，清末保守派儒學代表者，理學的頭目）的書簡，有以下敘述。

汪士鐸本約今春來營，因為胡文忠公校刊遺集，尚留鄂省。（同治 2

年 8 月 24 日）〔註75〕

據此，同治元年到 2 年期間，可知汪士鐸與張裕釗 2 人皆於湖北巡撫嚴樹森之所停留。

進入同治 3 年，汪士鐸前往曾國藩的底下金陵（南京）。這紀錄可從張裕釗的〈唐端甫墓誌銘〉可窺見，如以下的敘述。

〔註72〕陳啟壯《碑骨帖姿──張裕釗書道研究》，理論篇〈書以功深能跋扈──張裕釗書風流變之探討／一、早年時期書風變之探討（同治六年（含）以前）〉，194 頁。
〔註73〕參照〈第一章　咸豐年間的胡林翼幕府中張裕釗書法／第四節　幕府的官僚們及其書法／二、汪士鐸的小楷〉。
〔註74〕曾國藩著、唐浩明責任編輯《曾國藩全集》，第 25 冊，書信 4，〈復汪士鐸〉曾國藩給汪士鐸的書簡，同治元年 5 月 11 日，278 頁。
〔註75〕曾國藩著、唐浩明責任編輯《曾國藩全集》，第 27 冊，書信 6，〈復倭仁〉曾國藩給倭仁的書簡，同治 2 年 8 月 24 日，138 頁。

自同治三年大軍克金陵，曾文正公及今合肥相國李公，相繼總督兩
江，始開書局於冶城山。（中略）江寧汪士鐸、儀徵劉毓崧、獨山莫
友芝（中略）四面而至。〔註76〕

因此，曾國藩的幕府於同治3年從安徽安慶移動到金陵（南京），可知從
各地而來聚集著幕僚。

接著，檢討第2通的書簡內容。根據第1通（二月十日）的書簡內容如以
下所述。

皖北聞已肅清，但未知皖南賊蹤見在何處。（圖13：傍線筆者）

據此，言及關於於安徽的戰爭。此外，第2通（七月廿一日）的書簡如以
下所述。

關中形勢誠如所云，但目前恐難其人耳。（圖14：傍線筆者）

這個書簡同樣地敘述於關中（現在中國陝西省的西安中心一帶）的戰爭。

根據以上，同治元年至2年之間，汪士鐸與張裕釗兩人同滯留於湖北巡撫
嚴樹森之所，同治3年汪士鐸由於移行至金陵（南京），同治3年以後，可知
兩人就無再會面，僅能靠書簡來維持聯繫。這2通書簡同樣地言及戰爭之事。
從這件事來看，從加上前人研究的同治2年上限，可推測這2通書簡為同治3
年左右所書寫的。

（三）給蔣光焴的書簡

這個期間，張裕釗寫給蔣光焴的書簡留存有38通，收藏於浙江圖書館
〔註77〕。蔣光焴，字寅昉，浙江海寧硤石的出身，清代的藏書家。此外，《小
莽蒼蒼齋藏清代學者書札》中，留存有張裕釗寫給蔣光焴的2通書簡。於此，
以張裕釗寫給蔣光焴的書簡為中心，推定兩人的關係以及這些無紀年的書簡
年代。

首先，關於張裕釗與蔣光焴的交際經緯，曾述及〔註78〕的考察中，咸豐

〔註76〕張裕釗著、王達敏校點《張裕釗詩文集》，〈唐端甫墓誌銘〉，138頁。

〔註77〕金曉東《衍芬草堂友朋書札及藏書研究》博士論文（復旦大學，中國古代文學
　　　　研究中心中國古典文獻學，2010年4月），198頁。金曉東氏考察張裕釗給蔣
　　　　光焴的書簡，《故交遺翰節存》中，留存23通。關於內容，《九數通考》、《梅
　　　　氏叢書》等借的書，關於書法，借有《鬱岡齋法帖》之事敘述著。筆者於2017
　　　　年7月4日到6日之間，前往浙江圖書館考察這些書簡。合計38通〈張裕釗
　　　　致蔣光焴書札〉，1通〈張裕釗劉府君墓誌銘〉留存。

〔註78〕參照〈本章／第一節　於曾國藩幕府的活動／一、張裕釗的游幕活動〉。

11 年到同治 3 年間（1861～1864），蔣光焴為逃避太平天國之亂，而前赴湖北武昌。此外，根據金曉東，蔣光焴寫給高均儒（1811～1969）的書信，如以下所述。

　　二月間，武昌文人張廉卿、監利詩人王子壽，皆將到省，必獲一見。〔註79〕

如此，可推測蔣光焴於同治 2 年 2 月曾與張廉卿（張裕釗）會面。在此之後，張裕釗與蔣光焴也持續地有所交流〔註80〕。此交流可見於張裕釗的〈贈蔣寅昉部曹序〉〔註81〕。

再者，想檢討浙江圖書館所藏的書簡。可窺見相互的作品或書籍交流，如以下所敘述。

　　尊老爺承示敬悉，大作已讀一過，意議甚高。因賤軀精神，尚不甚佳。尚未能細加尋繹，不敢草草應命。（圖 15：傍線筆者）

據此，可知老爺（蔣光焴）已讀過張裕釗的作品。其它如同以下的例子。

　　頃有友人借九數通考、梅氏叢書、數理精韻數種。尊處有此書否。（圖 16：傍線筆者）

據此，張裕釗與蔣光焴透過作品或書籍進行交流。再加上，《小莽蒼蒼藏清代學者書札》中，張裕釗寫給蔣光焴未紀年書簡有兩通，第一通的內容如下。

　　惟曩者與方子白、劉殿壎嘗以此相敦勉而已，此外蓋不可得也。（圖 17：傍線筆者）

根據已述及的記載〔註82〕，張裕釗寫給曾國藩的書簡亦述及劉殿壎之事，可推測為同治 2 年到 3 年間所書寫的，此外推測這第一通的書簡也是這期間所書寫的。再者，浙江圖書館所藏的書簡也言及劉殿壎之事〔註83〕。

〔註79〕　金曉東《衍芬草堂友朋書札及藏書研究》，162 頁蔣光焴《敬齋雜著》〈致高處士書〉（同治刻本）轉引。
〔註80〕　金曉東《衍芬草堂友朋書札及藏書研究》，第四章：衍芬草堂主人交游研究／第二節：同輩重要友朋交遊／二、張裕釗（廉卿），161～164 頁。
〔註81〕　張裕釗著、王達敏校點《張裕釗詩文集》〈贈蔣寅昉部曹序〉，52 頁。
〔註82〕　參照〈本章／第三節　張裕釗以及書家們的書風檢證／三、張裕釗的書簡／1. 給曾國藩的書簡〉
〔註83〕　浙江圖書館古籍部所藏「承示領悉劉殿壎在三合棧，乃借廂以其友人有劉君小甫者，廂其中故也。殿壎劉君之字，其名曰世仲。」（書號：D605142，通號：XZ13683），「劉君距此太遠，恐一時未必能致之，容再籌度。」（書號：D605139，通號：XZ13680）、「漢陽劉殿壎以來，此住糧道街三合棧內，但渠不日即渡江歸耳。」（書號：D605153，通號：XZ13694）、「足下欲借印孟子要

第二通的書簡述及「令郎等課題開附左方。」（圖 18：傍線筆者）蔣光煦的兒子蔣佐堯為張裕釗的勺庭書院門人，敘述著關於張裕釗所開的課題之事。另外，關於蔣佐堯，浙江圖書館藏品的一通也言及著。根據內容，「閱坿去翼甫賓臣文各一篇，請謩入。」〔註84〕可見張裕釗指導查燕緒與蔣佐堯文章的樣子。此外，張裕釗勤務於勺庭書院的時期為同治 2 年春天到同治 3 年冬天，這2 通的書簡推測為同時期所書寫的。

根據以上的考察結果，同治 2 年到 3 年之間，張裕釗與蔣光煦持續著緊密的關係，這些書簡也應為這個期間所書寫的。

（四）給徐宗亮的書簡

徐宗亮（1828～1904）字晦甫，晚號菽岑，安徽桐城派的文學家。安徽省安慶市圖書館古籍部收藏有張裕釗寫給徐宗亮的 3 通書簡〔註85〕。其中第 1通孫瑩瑩編年為同治 4 年（1865）〔註86〕。

孫瑩瑩的根據，是關於漢口鹹醝局張裕釗與曾國藩往來的書簡內容而來的（同治 3 年 11 月朔日、同治 3 年 12 月 10 日）〔註87〕這個內容，如以下所述。

> 伯相所許醝局一事，目下復有變局。伯相乃欲以古今書院講席相處，
> 自惟謭陋，非所能任，再四辭謝。（3 月 31 日）（圖 19：傍線筆者）

略。（中略）聞之劉殿壏云。」（書號：D605155，通號：XZ13696）、「承疾有損為尉日間即屬書，漢陽劉君處。（中略）孟子要略一本，祈擲付小價。」（書號：D605161，通號：XZ13702）、「它日劉殿壏來，亦必以此事諉之。」（書號：D605171，通號：XZ13712）。

〔註84〕浙江圖書館古籍部藏。書號：D605174，通號：XZ13715。

〔註85〕筆者於 2017 年 3 月 15 日於安徽省安慶市圖書館古籍部調查了《蔣元卿舊藏晚清和近代名人手札》。舊藏者蔣元卿先生（1944～1949）是原安徽省立圖書館館長。調查之際，由於安徽省安慶市圖書館古籍部擔當者們的協力，識得曾國藩的幕府以及書法相關的研究者，與當時的安慶師範大學逸夫圖書館的董根明館長、文學院古代文學專攻的熊言安先生、安慶市教育體育局基教科的何凌女士、安慶師範大學人文與社會學院的江賙隆先生等的研究者得以會面，得到多數的助言。《蔣元卿舊藏晚清和近代名人手札》的釋文為江賙隆、鄒子榮〈胡林翼、張裕釗、江有蘭等致徐椒岑書〉（《安徽史學》第 4 期，安徽省社會科學院，2005 年），125～128 頁。

〔註86〕孫瑩瑩《張裕釗年譜長編》，44～45・76～77 頁。

〔註87〕參照〈本章／第一節　於曾國藩幕府的活動／二、勺庭書院的勤務時期〉最後的段落。

　　據此，言及同一個漢口鹹鹺局之事，從張裕釗與曾國藩的往來書簡是同治3年末來看，這個書簡可編年為同治4年。

　　根據以上的結果，從書簡的內容來看，安徽省安慶市圖書館古籍部所藏的張裕釗寫給徐宗亮的書簡，推察第1通為同治4年所書寫的。

四、咸豐時期與同治前半期的書簡的書風比較

　　於此，分類張裕釗的小行書與小行楷書，並以同治前半期的書簡書風為中心，欲明朗化與咸豐時期的書簡比較。

　　首先，關於同治前半期的小行書，根據前人研究陳啟壯先生所述，張裕釗寫給汪士鐸的書簡是近似米芾的書風〔註88〕。筆者考察的結果，關於咸豐時期的書風張裕釗寫給范志熙的書簡，忠實地可見如同富有王羲之、米芾的線條肥瘦的書風，而同治前半期則近似曾國藩的書風（表6）。

　　跟全體的書風造形進行比較，同治前半期的書風較咸豐時期緊縮，相較連綿而言，直線較多見（表6）。關於點畫，咸豐時期有些地方有強烈的點畫，同治前半期則是左側部分強調的傾向較強，可見左撇較長，並有強調的樣子，字體方面同治時期較咸豐時期近於楷書。「左」的字例舉出（表6的下部參照），咸豐時期的橫畫起筆可見傾斜，而同治前半期的起筆為站立，可見強調的痕跡。此外，咸豐期的左撇可見末筆粗，並有強調的筆法，相較於此，同治前半期則為直線，可見末筆停止之樣貌。與曾國藩的書風共通的是，有些地方左側的部分為強調點，是為起筆強調，另可見直線，末筆停止的樣貌（表7）。

　　張裕釗與汪士鐸原為胡林翼的幕府，當時寫給友人的書信為行書，其書風富有如同米芾線條的肥瘦變化。進入同治時期，兩人皆為曾國藩的幕府之一員，張裕釗受到曾國藩的書風影響，對於友人，使用如曾國藩的結構、點畫的行書書風。

　　此外，欲明朗化以同治前半期的小楷書為中心，與咸豐時期的書風比較。前章為止考察的咸豐時期張裕釗寫給曾國藩的書簡書風，可見胡林翼、虞世南、王羲之的風格，謹嚴並為整齊的楷書（表8），同治前半期則為近似莫友芝的書風（表9～表10）。

　　比較全體的書風，咸豐時期如同唐楷般的行列整齊，與胡林翼的書簡同樣地忠實呈現王羲之的小楷樣貌（表8）。相較於此，同治前半期如同莫友芝樣

〔註88〕陳啟壯《碑骨帖姿——張裕釗書道研究》，194頁。

貌，多見於行意，意識到自由的文字結體，且以方筆書寫。舉出「子」的字例時（表 8～表 9 下部參照），關於橫畫的第一畫，咸豐時期較短，同治前半期則較長。咸豐時期的鉤為小小地以直角鉤出，同治前半期的鉤則可見長長地圓滑方式向左方傾斜。這個傾向為莫友芝的行意中多見，意識到自由的文字結體，共通點是以方筆書寫（表 10）。

張裕釗同治前半期的書簡反映了莫友芝的書風。曾國藩與莫友芝同年，張裕釗身為後輩，與莫友芝交流之際，受到從莫友芝書法的影響。此外，蔣光煦的兒子為張裕釗的門人，可理解相互的立場，透過詩文的交流，從師弟的關係可見受到如同莫友芝小行楷書的書風影響。

根據以上的考察，張裕釗的咸豐時期書風倣書的觀念較強，可見忠實地模仿唐碑、二王、米芾傳統的書法，進入同治前半期後，小行書如同曾國藩行書的書風緊縮的造形，多見直線的變化。此外，小行楷書的書風，可見咸豐時期張裕釗給曾國藩的書簡謹嚴，整齊的楷書；進入同治時期，張裕釗寫給曾國藩與蔣光煦的小行楷書書簡，意識到如同莫友芝般自由的文字結體，以方筆書寫的樣貌，受到莫友芝書的影響，可見自由的文字結體變化。

小　結

本章檢討了晚清同治前半期中，關於曾國藩的幕府中張裕釗身為幕僚的交流活動，注目了莫友芝這位曾國藩幕下的人物。張裕釗於同治前半年，活躍於前人未提起的游幕活動，勤務於湖北勺庭書院的期間為同治 2 年春到同治 3 年的冬天，推定了關於他的活動，此為從來沒有定說的時期。

同治 5 年，何璟訪湖北，與張裕釗交往。接著推測當時攜帶的莫友芝書作給張裕釗看，為楷書中加上隸書的筆法，具有隸楷的書法，推測為張裕釗書風有很大的轉換契機點。此外，張裕釗的 10 件小行楷書、小行書的創作年代，推定為這時期所書寫的。

與前人的見解相異，關於張裕釗的小楷，咸豐期胡林翼幕府時代張裕釗的墨跡資料來看，為傳統的帖學。相較於此，進入同治期，書風受到曾國藩與莫友芝的影響，小行書字形的左撇為直線，顯示為方筆的起筆與收筆停止的現象；小行楷書為自由的文字結體，以方筆書寫的樣貌。進入同治期後，急速地失去倣書的姿勢，可看到受曾國藩、莫友芝的書法影響。

　　張裕釗於同治 5 年 9 月書寫的〈鮑照飛白書勢銘〉為明確的隸楷風格，此為所謂的「隸楷相參」的痕跡明顯可見，此點畫的撇與鉤以及浮鵝鈎非常伸展，暢達的開放感，是從來的書法家所沒有的，是從來的張裕釗書法轉變後的樣貌。

　　莫友芝為曾國藩的幕僚，分類為名士派學識的人。曾國藩認可莫友芝才能，努力地收集莫友芝散逸的古籍，抑或者於書法上也是，對於莫友芝也是十分理解的人物。因此，於曾國藩幕下兩者的繫連上，於張裕釗的書法形成上，為重要的關鍵。

　　根據以上，張裕釗書〈鮑照飛白書勢銘〉是張裕釗的書法形成上重要的歧點，於張裕釗的書法形成背景上，曾國藩幕府為重要的作用。此為咸豐年間帖學的基礎上導入碑學，藉此應證了張裕釗的態度。

圖　表

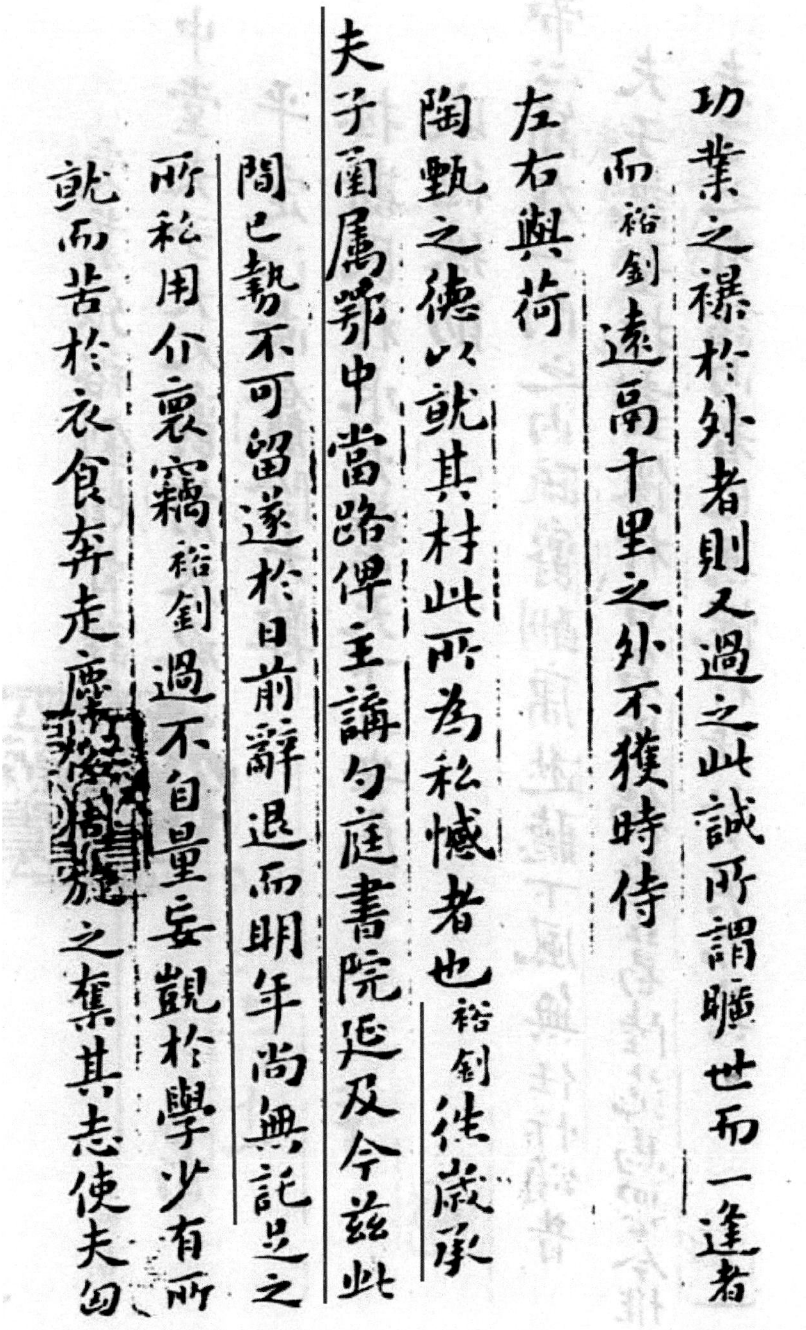

功業之襮於外者則又過之此誠所謂曠世而一逢者

而裕釗遠高十里之外不獲時侍

左右與荷

陶甄之德以就其村此所為私憾者也　裕釗徒歲歿

夫子圃屬鄴中當路俾主講勺庭書院延及今茲此

閒已勢不可留遂於日前辭退而明年尚無記足之

所祕用介裏竊　裕釗過不自量妄觀於學少有所

就而苦於衣食奔走塵埃　寵之萃其志使夫匈

【圖 1】張裕釗給曾國藩的書簡（同治 3 年推定）（傍線筆者）

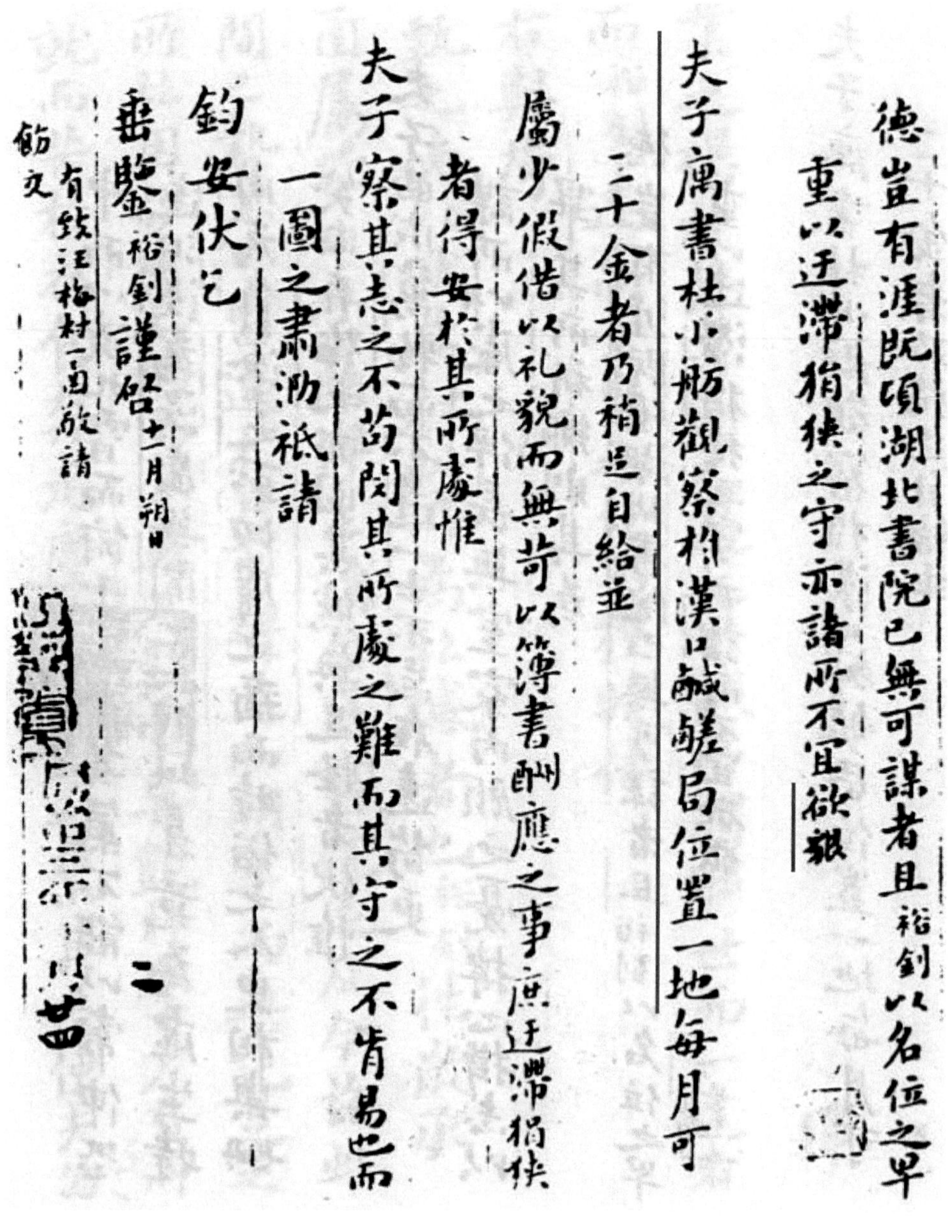

夫子庶書杜小舫觀察相漢口鹹鹺局位置一地每月可

三十金者乃稍足自給並

屬少假借以礼貌而無苟以簿書酬應之事庶迁滯狷狹

者得安於其所廑惟

夫子察其志之不苟閱其所廑之難而其守之不肯易也而

一圖之肅沴祇請

鈞安伏乞

垂鑒 裕釗謹啓十二月朔日

飭文

有錢汪梅村一函敬請

德岂有涯既頃湖北書院已無可謀者且 裕釗以名位之卑

重以迂滯狷狹之守亦諸所不宜欲報

【圖2】張裕釗給曾國藩的書簡（同治3年推定）（傍線筆者）

【圖3】張裕釗給曾國藩的書簡（同治7年推定）（傍線筆者）

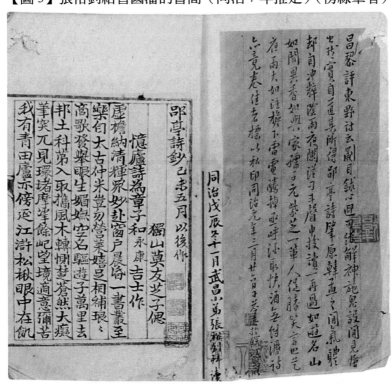

【圖4】莫友芝《邵亭詩鈔》（同治7年）（傍線筆者）

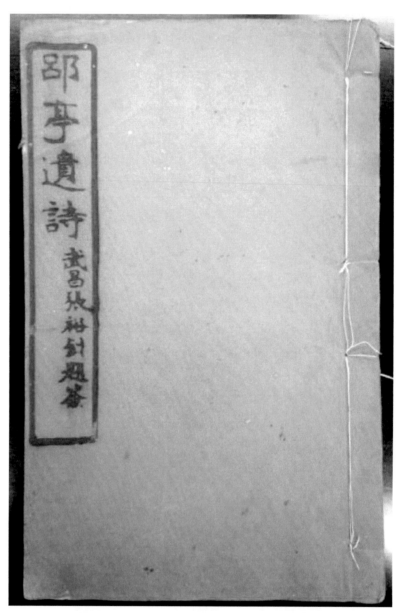

【圖5】莫友芝《邵亭遺詩》（張裕釗題簽）

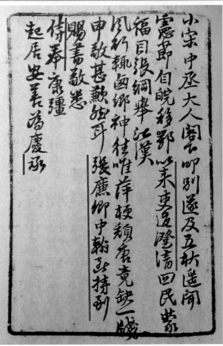

【圖6】莫友芝給何璟的書簡（10月
4日）（傍線筆者）

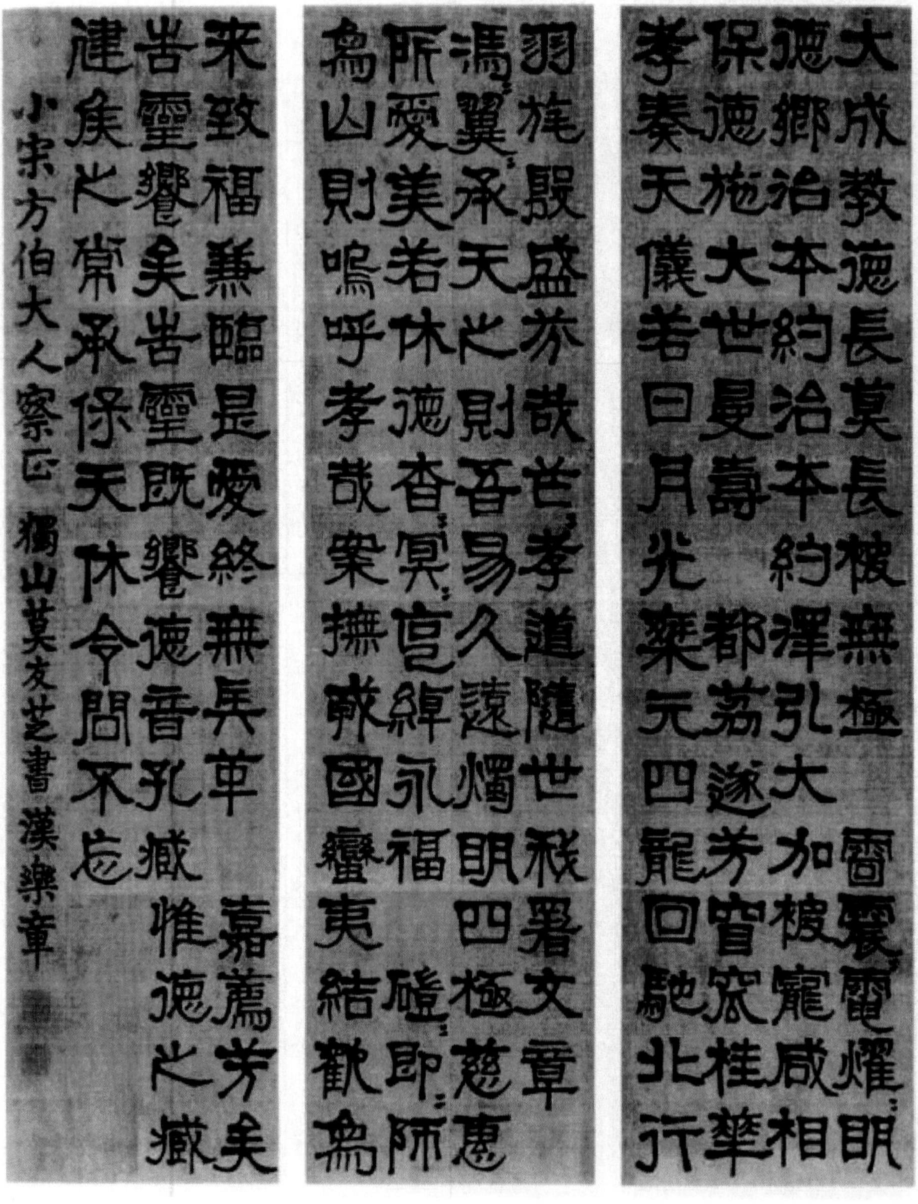

【圖 7】莫友芝給何璟的贈書作〈隸書節錄漢樂府《安世房中歌》（復原圖）〉
（同治 4 年末推定）

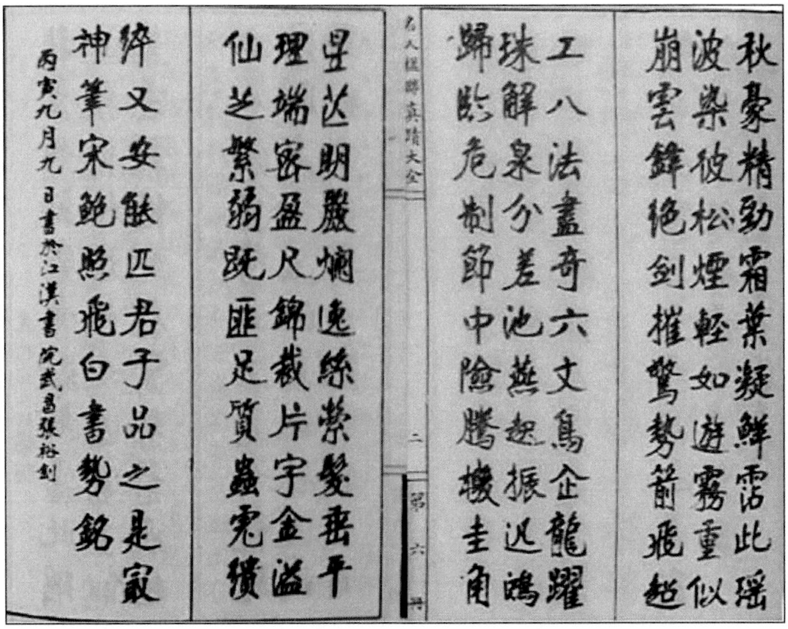

【圖8】張裕釗〈鮑照飛白書勢銘〉（同治5年）

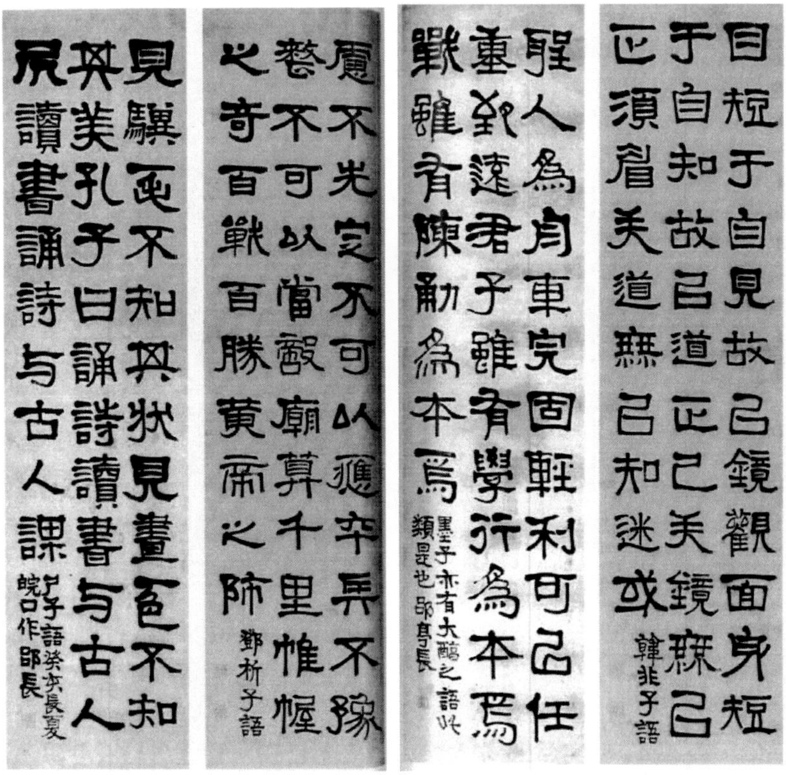

【圖9】莫友芝〈諸子語錄〉（同治2年）

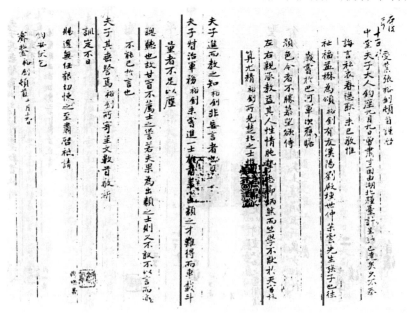

【圖10】張裕釗〈千字文〉、張以南跋文（張孝杉藏）（傍線筆者）

【圖11】張裕釗給曾國藩的書簡（同治2年推定）（傍線筆者）

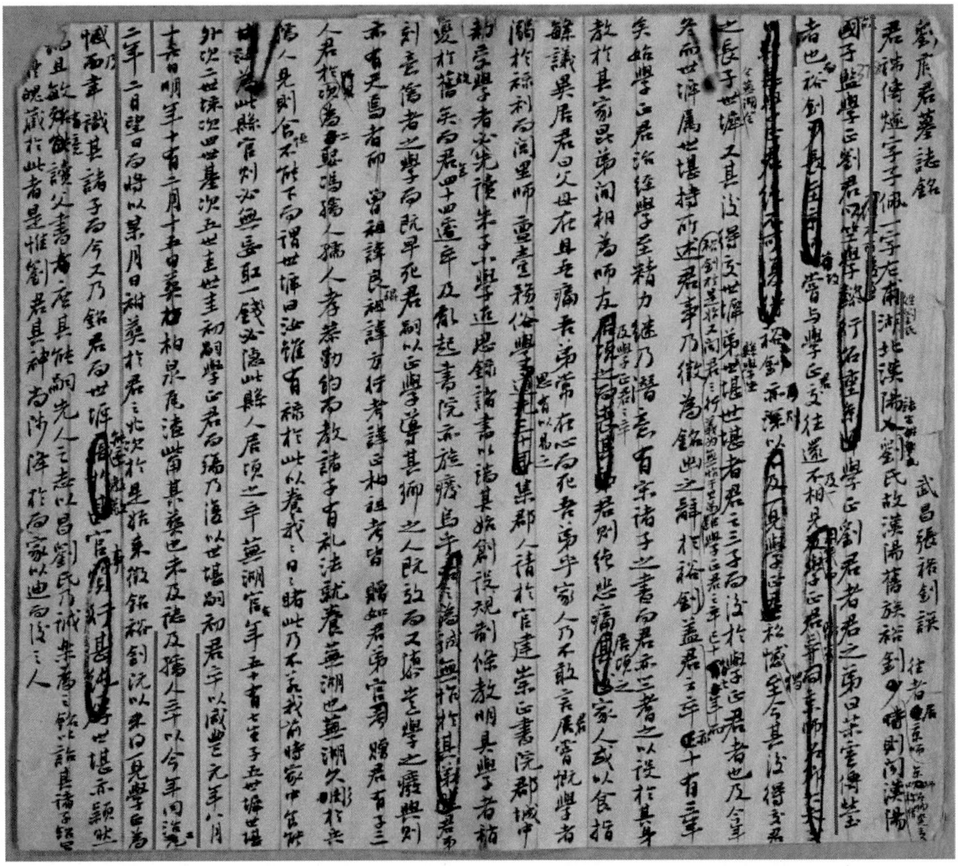

【圖 12】張裕釗〈劉府君墓誌銘〉（同治 2 年推定）（傍線筆者）

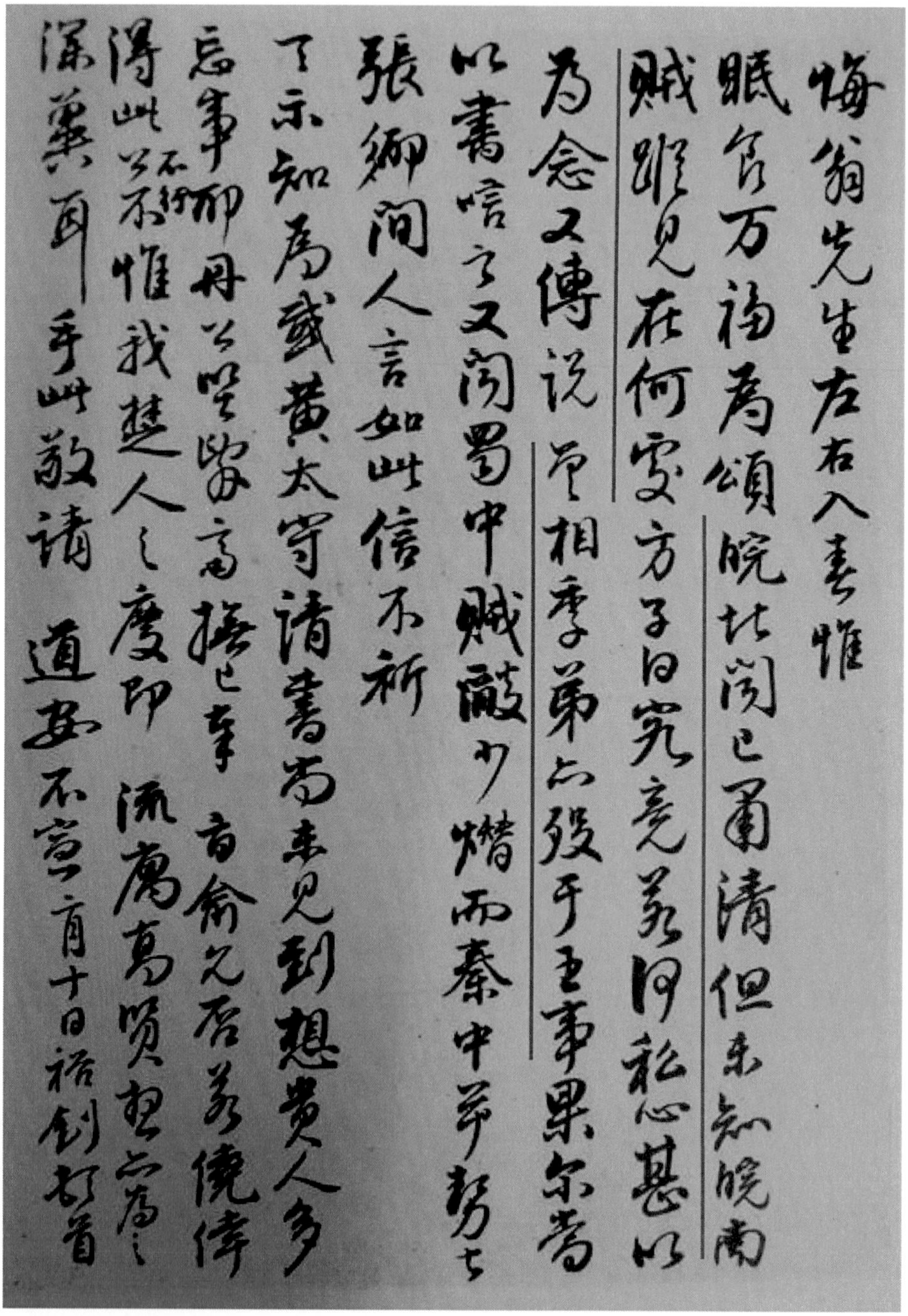

【圖13】張裕釗給汪士鐸（梅村）的書簡（同治3年左右推定）（傍線筆者）

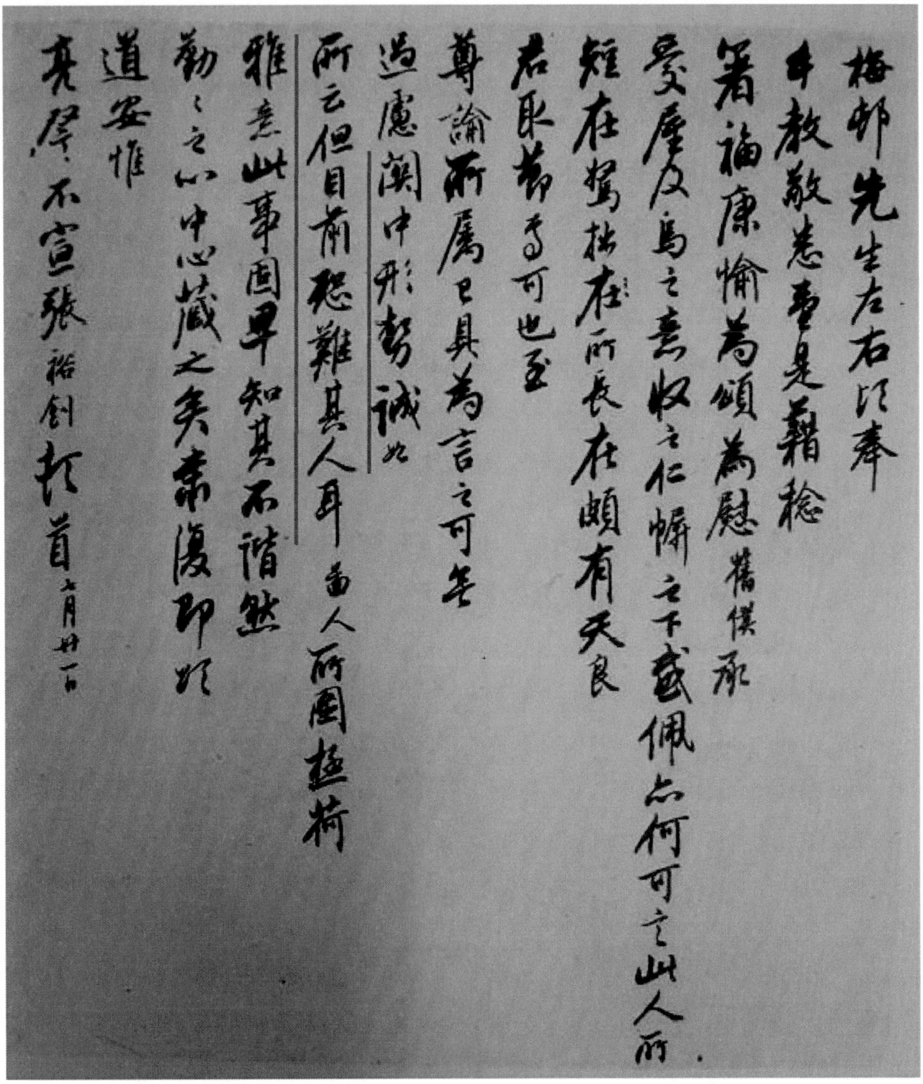

【圖14】張裕釗給汪士鐸（梅村）的書簡（同治3年左右推定）（傍線筆者）

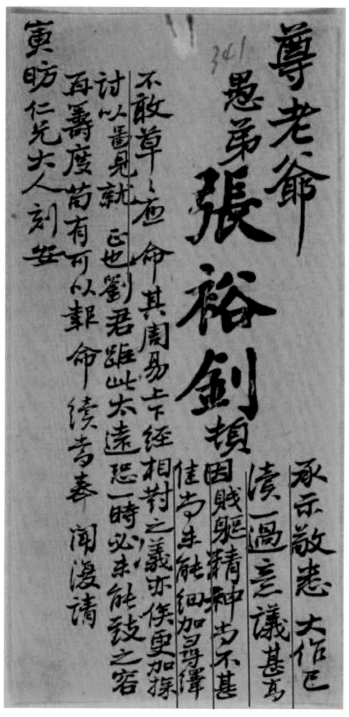

【圖15】張裕釗給蔣光焴（寅昉）的書簡（同治2年推
定）（傍線筆者）

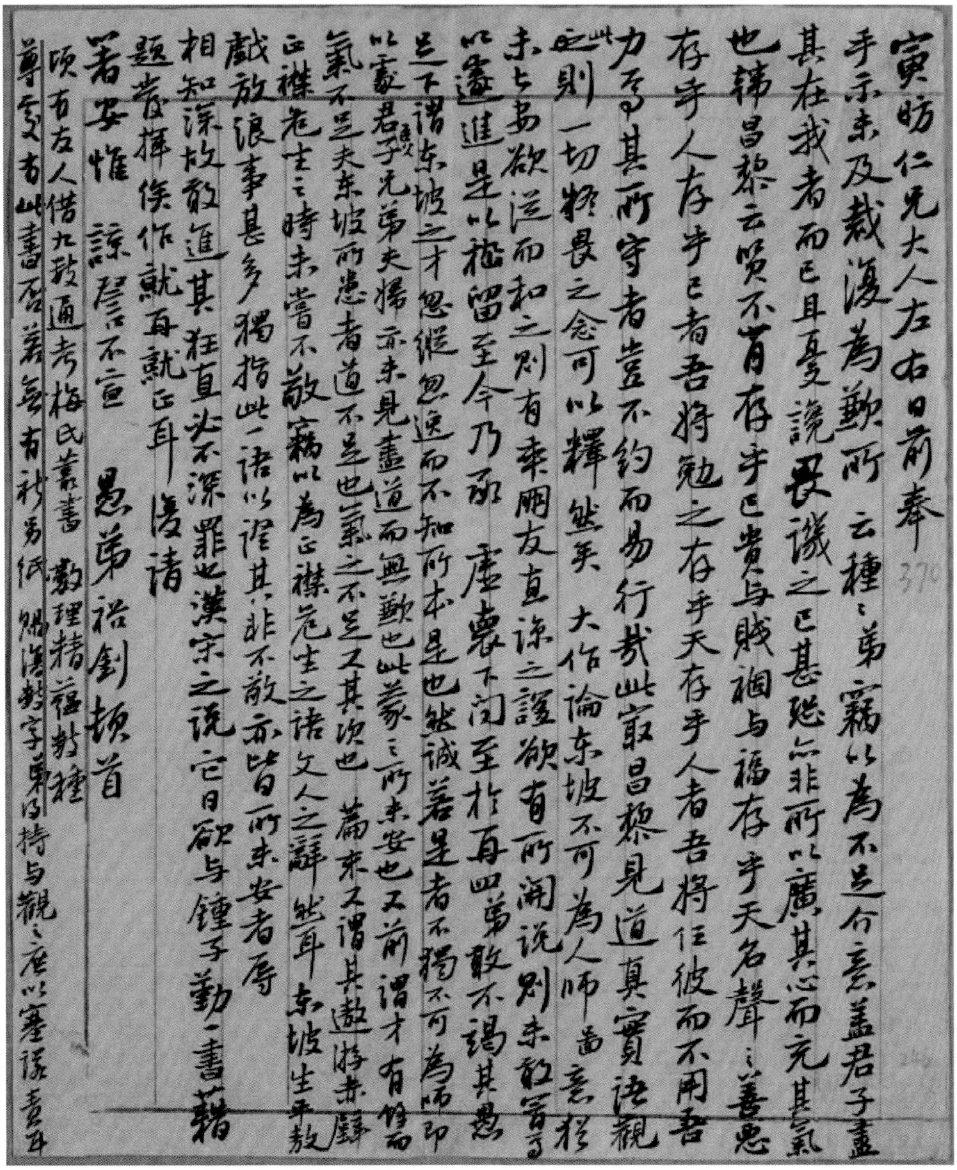

寅昉仁兄大人左右：日前奉
手示，未及裁復為歉。所云種種，弟竊以為不足介意。蓋君子盡
其在我者而已耳。憂讒畏譏之心甚恐亦非所以廣其心而充其氣
也。韓昌黎云：賢不肖存乎己，貴與賤禍與福存乎天，名聲之善惡
存乎人。存乎己者吾將勉之，存乎天存乎人者吾將任彼而不用吾
力焉。其所守者豈不約而易行哉。此最昌黎見道真實語，觀
此則一切憂畏之念可以釋然矣。大作論東坡不可為人師，亦意存
來上，弟欲從而和之，則有乖朋友直諒之誼；欲有所糾說，則未敢冒
以瀆進，是以稽留至今乃敢。虛衷下問，至於再四，弟敢不竭其愚
之下。謂東坡之才思縱恣逸而不知所本是也。然誠若是者不獨不可為師即
以蒙君子亦弟未歸亦未見盡道而無歉也。此蒙之所未安也。又前謂才有餘而
氣不足，夫東坡所患者道不足也，氣之不足又其次也。蕭來又謂其遨遊赤壁
正襟危坐之時未嘗不敬，竊以為正襟危坐之語文人之辭然耳。東坡生平放
戲放浪事甚多，獨指此一語以證其非不敬，亦皆所未安者。辱
相知深，故敢進其狂直，必不深罪也。漢宋之說，它日欲與鍾子勤一書，藉
題尊指，俟作就再就正耳。復請
著安。惟諒詧不宣。愚弟裕釗頓首
頃有友人借九數通考、梅氏叢書、數理精蘊數種
尊處有此書否？若無，有新另紙開諸數字，弟乃持與觀之，庶以塞諉責耳

【圖 16】張裕釗給蔣光焴（寅昉）的書簡（同治 2 年推定）（傍線筆者）

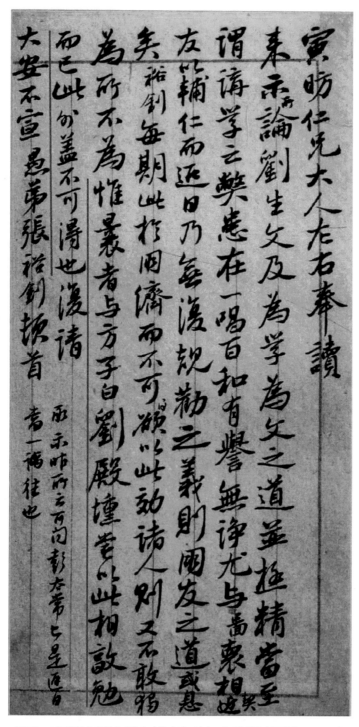

【圖17】張裕釗給蔣光焴（寅昉）宛書簡（同治2～3年
推定）（傍線筆者）

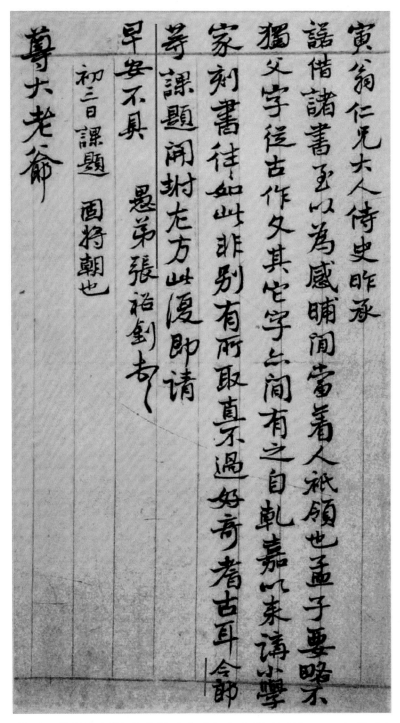

【圖18】張裕釗給蔣光焴（寅昉）宛書簡（同治2～3年推定）
（傍線筆者）

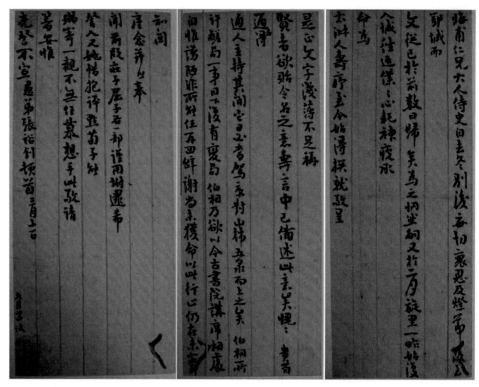

【圖 19】張裕釗給徐宗亮（椒岑）的書簡（同治 4 年推定）（傍線筆者）

【表1】張裕釗的咸豐時期以及曾國藩・何璟的書作品

張裕釗〈小楷千字文〉 （若年期，年代不明）	張裕釗給曾國藩的書簡① （咸豐8年）	張裕釗給曾國藩的書簡② （咸豐8年）
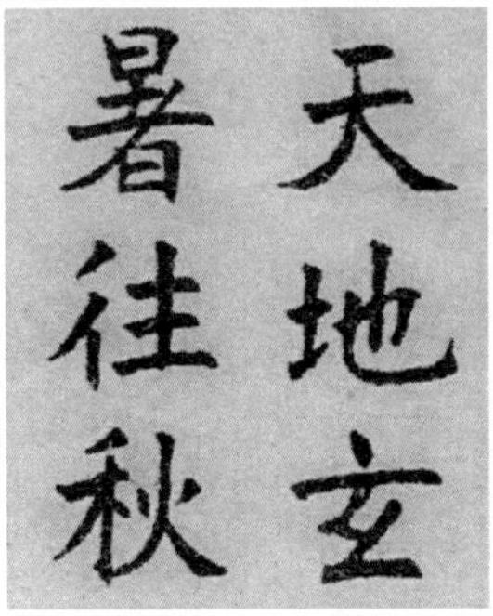		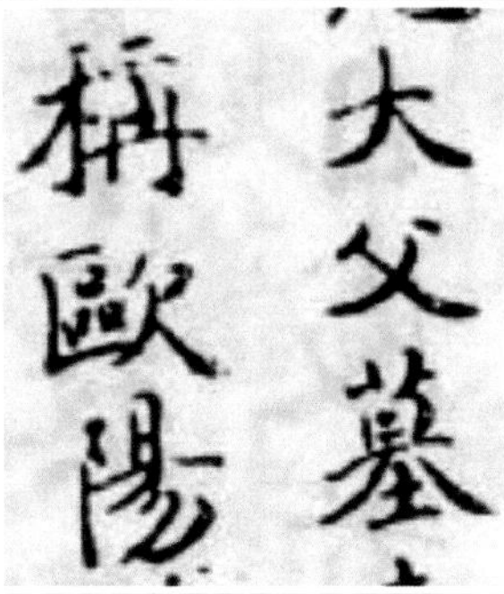

曾國藩〈行書七言聯〉（未紀年）		何璟〈行書七言聯〉（未紀年）	

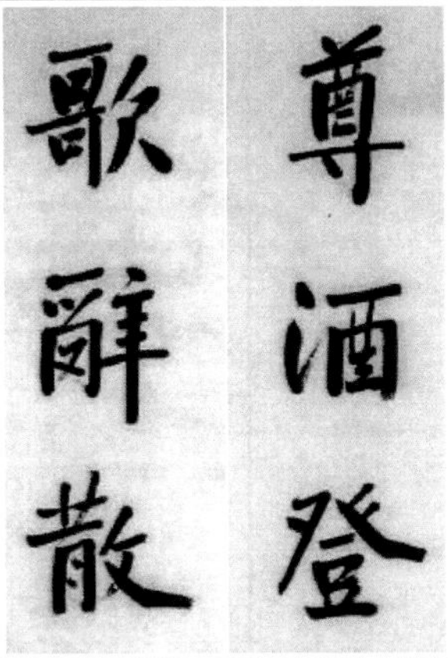

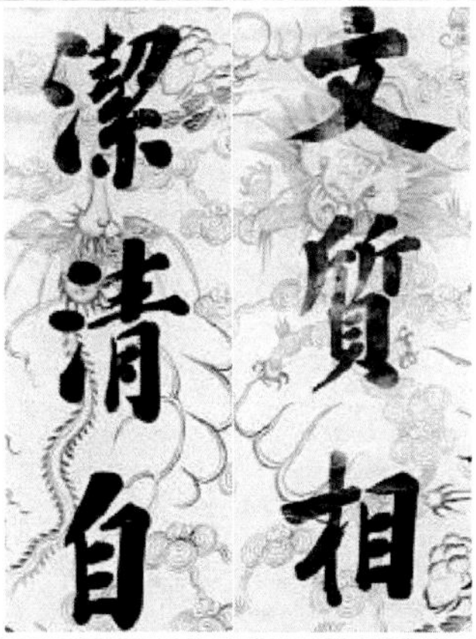

【表2】張裕釗的隸書字形於楷書中應用的字例

張裕釗「雲」	張裕釗「最」	張裕釗「虎」	張裕釗「起」	張裕釗「歸」
			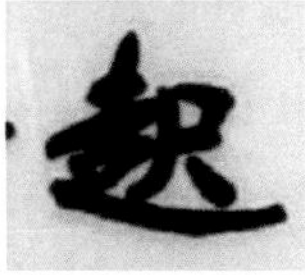	
清　伊秉綬	清　伊秉綬	清　胡澍	六朝　碑文	漢　曹全碑
			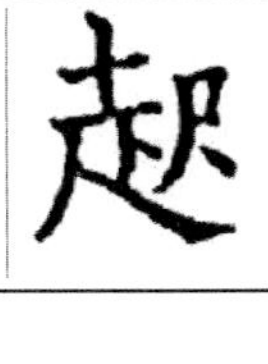	

【表3】曾國藩幕府的幕僚以及書人們的書作品

張裕釗 （同治5年）	莫友芝 （同治2年）	莫友芝 （同治4年末推定）	楊峴 （同治3年）
何紹基 （同治3年）	鄧石如 （嘉慶7年）	趙之謙 （同治4年）	楊沂孫 （未紀年）

概括的印象

1. 張裕釗〈鮑照飛白書勢銘〉（同治5年）

2. 莫友芝〈隸書節錄諸子語錄四條屏〉（同治2年）

3. 莫友芝〈隸書節錄漢樂府《安世房中歌》〉（同治4年末推定）

4. 楊峴〈臨張遷碑〉（同治3年）

5. 何紹基〈臨魯相韓勅造孔廟禮器碑〉冊（同治3年）

6. 楊峴〈臨張遷碑〉（同治3年）

7. 鄧石如〈隸書崔子玉座右銘〉（嘉慶7年）

8. 楊沂孫〈隸書五言詩四屏〉（未紀年）

【表4】莫友芝・張裕釗の筆法（輔助線筆者）

筆　法	莫友芝〈安世房中歌〉 （同治4年末推定）	莫友芝〈諸子語錄〉 （同治2年）	張裕釗〈鮑照飛白書 勢銘〉（同治5年）
起筆 送筆			
收筆			
轉折			
左撇			
鈎			
浮鵝鈎			

【表5】何紹基・楊峴・趙之謙・楊沂孫的筆法（輔助線筆者）

筆　法	何紹基	楊峴	趙之謙	楊沂孫
起筆 送筆				
收筆				
轉折				
左撇				
鈎				
浮鵝鈎				

1. 何紹基〈臨魯相韓勅造孔廟禮器碑〉冊（同治3年）

2. 楊峴〈臨張遷碑〉（同治3年）

3. 趙之謙〈為鶴泉隸書八言聯〉（同治4年）

4. 趙之謙〈為仲山楷行隸三體書冊〉（同治 4 年）

5. 楊沂孫〈隸書五言詩四屏〉（未紀年）

【表 6】咸豐時期・同治前半期中張裕釗的小行書的書風比較

張裕釗給范志熙（月槎）的書簡（咸豐 8 年）	張裕釗給汪士鐸（梅村）的書簡（同治 3 年左右推定）

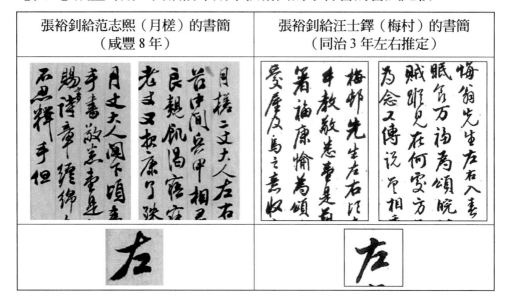

【表 7】曾國藩的行書

曾國藩〈手寫日記〉	曾國藩〈四家詩評四屏〉

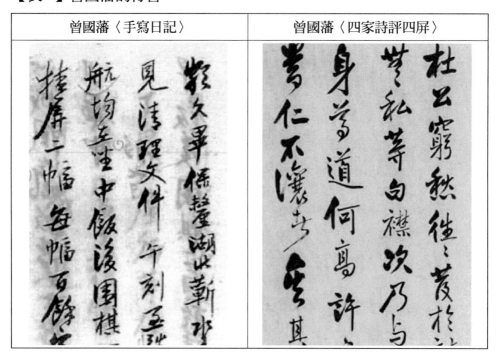

【表8】張裕釗的咸豐期的小楷書

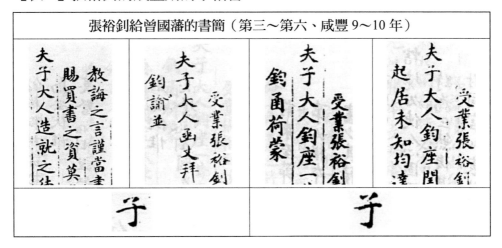

張裕釗給曾國藩的書簡（第三～第六、咸豐9～10年）

【表9】張裕釗的同治前半期的小楷書

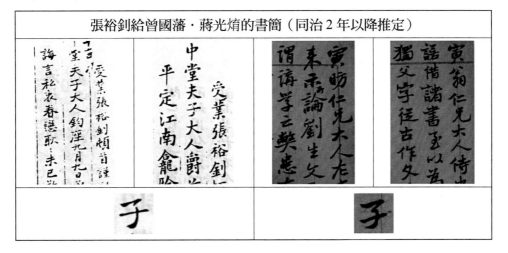

張裕釗給曾國藩・蔣光焴的書簡（同治2年以降推定）

【表10】莫友芝的小楷書

莫友芝〈楷書詩和陶詩卷〉（咸豐9年）	莫友芝〈行書詩箋合裱橫卷〉（咸豐11年）

圖版出處

【圖1】張裕釗給曾國藩的書簡（同治3年推定）（傍線筆者）

　　《陶風樓藏名賢手札》宣紙影印初版（江蘇省立國學圖書館出版，1930年，南京圖書館藏）。

【圖2】張裕釗給曾國藩的書簡（同治3年推定）（傍線筆者）

　　《陶風樓藏名賢手札》宣紙影印初版（江蘇省立國學圖書館出版，1930年，南京圖書館藏）。

【圖3】張裕釗給曾國藩的書簡（同治7年推定）（傍線筆者）

　　張裕釗〈致曾國藩〉，陶湘《昭代名人尺牘小傳續集》卷18、26頁（文海出版社，1980年），總1327～1328頁。

【圖4】莫友芝《邵亭詩鈔》（同治7年）（傍線筆者）

　　王紅光主編《貴州省博物館館藏精選——莫友芝書法篆刻作品集》（廣西師範大學出版社，2014年12月），145頁。

【圖5】莫友芝《邵亭遺詩》（張裕釗題簽）

　　莫友芝〈莫氏遺書不分卷〉，三冊的一冊《邵亭遺詩》，登錄號：索15024，貴州省圖書館藏。

【圖6】莫友芝給何璟的書簡（10月4日）（傍線筆者）

　　王迪諏、嚴寶善編《清代名人信稿　附小傳》〈莫友芝致小宋書信〉（浙江古籍出版社，1987年12月），285～286頁。

【圖7】莫友芝給何璟贈書作

　　〈隸書節錄漢樂府《安世房中歌》（復原圖）〉（同治4年末推定）

　　王紅光主編《貴州省博物館館藏精選——莫友芝書法篆刻作品集》（廣西師範大學出版社，2014年12月），53頁。

【圖8】張裕釗〈鮑照飛白書勢銘〉（同治5年）

　　劉再蘇《名人楹聯真蹟大全・附屏條堂幅》第6冊（世界書局，1925年再版）。劉再蘇《名人楹聯墨蹟大觀》（湖北美術出版社，1998年3月），344～345頁。

【圖9】莫友芝〈諸子語錄〉（同治2年）

　　王紅光主編《貴州省博物館館藏精選——莫友芝書法篆刻作品集》（廣西師範大學出版社，2014年12月），54～55頁。

【圖10】張裕釗「千字文」、張以南跋文（張孝杉藏）（傍線筆者）

　　張裕釗《張廉卿先生楷書千字文》（無出版頁）。

【圖11】張裕釗給曾國藩的書簡（同治2年推定）（傍線筆者）

　　《陶風樓藏名賢手札》宣紙影印初版（江蘇省立國學圖書館出版，1930年，南京圖書館藏）。

【圖12】張裕釗〈劉府君墓誌銘〉（同治2年推定）（傍線筆者）

　　張裕釗〈劉府君墓誌銘〉，浙江圖書館古籍部藏。書號：D605176，通號：XZ13717。

【圖13】張裕釗給汪士鐸（梅村）的書簡（同治3年左右推定）（傍線筆者）

　　文物編輯委員會編《書法叢刊》第28輯（文物出版社，1991年12月），88頁。

【圖14】張裕釗給汪士鐸（梅村）的書簡（同治3年左右推定）（傍線筆者）

　　文物編輯委員會編《書法叢刊》第28輯（文物出版社，1991年12月），89頁。

【圖15】張裕釗給蔣光焴（寅昉）的書簡（同治2年推定）（傍線筆者）

　　浙江圖書館古籍部藏。書號：D605139，通號：XZ13680。

【圖16】張裕釗給蔣光焴（寅昉）的書簡（同治2年推定）（傍線筆者）

　　浙江圖書館古籍部藏。書號：D605168，通號：XZ13709。

【圖17】張裕釗給蔣光焴（寅昉）的書簡（同治2～3年推定）（傍線筆者）

　　陳烈主編《小莽蒼蒼齋藏清代學者書札》下（人民文學出版社，2013年7月），789頁。

【圖18】張裕釗給蔣光焴（寅昉）的書簡（同治2～3年推定）（傍線筆者）

　　陳烈主編《小莽蒼蒼齋藏清代學者書札》下（人民文學出版社，2013年7月），790頁。

【圖19】張裕釗給徐宗亮（椒岑）宛書簡（同治4年推定）（傍線筆者）

　　《蔣元卿舊藏晚清和近代名人手札》（安徽省安慶市圖書館古籍部藏）

表圖版的出處

【表1】張裕釗的咸豐時期以及曾國藩・何璟的書作品

　1. 張裕釗〈小楷千字文〉（若年期，年代不明）

　　　張裕釗《張廉卿書千字文楷書》第9版（文明書局，1935年3月）

2. 張裕釗給曾國藩的書簡①（咸豐 8 年）

《陶風樓藏名賢手札》宣紙影印初版（江蘇省立國學圖書館出版，1930 年，南京圖書館藏）。

3. 張裕釗給曾國藩的書簡②（咸豐 8 年）

《陶風樓藏名賢手札》宣紙影印初版（江蘇省立國學圖書館出版，1930 年，南京圖書館藏）。

4. 曾國藩〈行書七言聯〉（未紀年）

陳烈編《小莽蒼蒼齋藏清代學者法書選集（續）》（文物出版社，1999 年），139 頁。

5. 何璟〈行書七言聯〉（未紀年）

Find Art 搜藝搜（2016 年 5 月 4 日閱覽）

http://artistsh.artxun.com/shouye.html

【表 2】張裕釗的隸書字形於楷書的應用字例

1. 張裕釗「雲」「最」「虎」「起」「歸」

劉再蘇《名人楹聯真蹟大全・附屏條堂幅》第 6 冊（世界書局，1925 年再版）。劉再蘇《名人楹聯墨蹟大觀》（湖北美術出版社，1998 年 3 月），344〜345 頁。

2. 清伊秉綬、清胡澍、六朝碑文、漢曹全碑

書法字典 http://www.shufazidian.com/（2018 年 9 月 6 日閱覽）

【表 3】曾國藩幕府的幕僚以及書人們的書作品

1. 張裕釗〈鮑照飛白書勢銘〉（同治 5 年）

劉再蘇《名人楹聯真蹟大全・附屏條堂幅》第 6 冊（世界書局，1925 年再版）。劉再蘇《名人楹聯墨蹟大觀》（湖北美術出版社，1998 年 3 月），344〜345 頁。

2. 莫友芝〈隸書節錄諸子語錄四條屏〉（同治 2 年）

王紅光主編《貴州省博物館館藏精選——莫友芝書法篆刻作品集》（廣西師範大學出版社，2014 年 12 月），54〜55 頁。

3. 莫友芝〈隸書節錄漢樂府《安世房中歌》〉（同治 4 年末推定）

王紅光主編《貴州省博物館館藏精選——莫友芝書法篆刻作品集》（廣西師範大學出版社，2014 年 12 月），53 頁。

4. 楊峴〈臨張遷碑〉（同治 3 年）

　　高木聖雨編集《楊峴の書法》（二玄社，1992 年），4 頁。

5. 何紹基〈臨魯相韓勑造孔廟禮器碑〉冊（同治 3 年）

　　產經國際書會《中國湖南省博物館藏何紹基展》（產經新聞社，2004 年），21 頁。

6. 趙之謙〈為鶴泉隸書八言聯〉（同治 4 年），〈為仲山楷行隸三體書冊〉（同治 4 年）

　　劉正成主編《中國書法全集　趙之謙卷》（榮寶齋，2004 年），82 頁・85 ～86 頁。

7. 鄧石如〈隸書崔子玉座右銘〉（嘉慶 7 年）

　　《中國法書選 5～6 鄧石如集》〈隸書崔子玉座右銘〉（二玄社，1990 年 5 月），30～31 頁。

8. 楊沂孫〈隸書五言詩四屏〉（未紀年）

　　靜妙軒主人編《靜妙軒藏清代民國書法選》（遠東出版社，2012 年），85 頁。

【表 4】莫友芝・張裕釗的筆法（輔助線筆者）

1. 莫友芝〈隸書節錄漢樂府《安世房中歌》〉（同治 4 年末推定）

　　王紅光主編《貴州省博物館館藏精選──莫友芝書法篆刻作品集》（廣西師範大學出版社，2014 年 12 月），53 頁。

2. 莫友芝〈隸書節錄諸子語錄四條屏〉（同治 2 年）

　　王紅光主編《貴州省博物館館藏精選──莫友芝書法篆刻作品集》（廣西師範大學出版社，2014 年 12 月），54～55 頁。

3. 張裕釗〈鮑照飛白書勢銘〉（同治 5 年）

　　劉再蘇《名人楹聯真蹟大全・附屏條堂幅》第 6 冊（世界書局，1925 年再版）。劉再蘇《名人楹聯墨蹟大觀》（湖北美術出版社，1998 年 3 月），344～345 頁。

【表 5】何紹基・楊峴・趙之謙・楊沂孫的筆法（輔助線筆者）

1. 何紹基〈臨魯相韓勑造孔廟禮器碑〉冊（同治 3 年）

　　產經國際書會《中國湖南省博物館藏何紹基展》（產經新聞社，2004 年），21 頁。

2. 楊峴〈臨張遷碑〉（同治 3 年）

　　高木聖雨編集《楊峴の書法》（二玄社，1992 年），4 頁。

3. 趙之謙〈為鶴泉隸書八言聯〉（同治 4 年）〈為仲山楷行隸三體書冊」〉同治 4 年）

　　劉正成主編《中國書法全集　趙之謙卷》（榮寶齋，2004 年），82 頁・85～86 頁。

4. 楊沂孫〈隸書五言詩四屏〉（未紀年）

　　靜妙軒主人編《靜妙軒藏清代民國書法選》（遠東出版社，2012 年），85 頁。

【表 6】咸豐時期・同治前半期中張裕釗的小行書的書風比較

1. 張裕釗給范志熙（月槎）的書簡（咸豐 8 年）

　　北京師範大學主編《清代名人書札》（北京師範大學出版社，2009 年 1 月），381～384 頁。

2. 張裕釗給汪士鐸（梅村）的書簡（同治 2 年以降推定）

　　文物編輯委員會編《書法叢刊》第 28 輯（文物出版社，1991 年 12 月），88～89 頁。

【表 7】曾國藩的行書

1. 曾國藩〈手寫日記〉

　　《中國史學叢書第 12 種　曾文正公手寫日記》（學生書局，1965 年）

2. 曾國藩〈四家詩評四屏〉

　　國立故宮博物院書畫典藏資料檢索系統／贈書 413（2018 年 9 月 6 日閱覽）

　　https://painting.npm.gov.tw/Painting_Page.aspx?dep=P&PaintingId=33967

【表 8】張裕釗的咸豐期的小楷書

1. 張裕釗給曾國藩的書簡（第三～第六、咸豐 9～10 年）

　　《陶風樓藏名賢手札》宣紙影印初版（江蘇省立國學圖書館出版，1930 年，南京圖書館藏）。

【表 9】張裕釗的同治前半期的小楷書

1. 張裕釗給曾國藩的書簡（同治 2 年以降推定）

　　《陶風樓藏名賢手札》宣紙影印初版（江蘇省立國學圖書館出版，1930 年，南京圖書館藏）。

2. 張裕釗給蔣光焴的書簡（同治 2 年以降推定）

　　陳烈主編《小莽蒼蒼齋藏清代學者書札》下（人民文學出版社，2013 年 7
　　月），789～790 頁。

【表 10】莫友芝的小楷書

1. 莫友芝〈楷書詩和陶詩卷〉（咸豐 9 年）

　　王紅光主編《貴州省博物館館藏精選——莫友芝書法篆刻作品集》（廣西
　　師範大學出版社，2014 年 12 月），72 頁。

2. 莫友芝〈行書詩箋合裱橫卷〉（咸豐 11 年）

　　王紅光主編《貴州省博物館館藏精選——莫友芝書法篆刻作品集》（廣西
　　師範大學出版社，2014 年 12 月），70～71 頁。

第三章　同治後半期・光緒前半期中張裕釗的書法

序

　　同治後半期（8～13 年，1869～1874）・光緒前半期（元～7 年，1875～1881）中，張裕釗在鄂城書局、鹽局、金陵（現在的南京）鳳池書院任職。

　　同治後半期，關於張裕釗身為鳳池書院的山長（同治 10 年～光緒 7 年。山長指的是現在的大學校長）時期活動的研究有許多〔註 1〕，而身為曾國藩幕僚的交流實態可被窺見的資料也十分豐富，關於書學也應該被看見。

　　本章以曾國藩與莫友芝的日記或書簡為基本資料，於此時期的張裕釗在幕府生活中，與當時的官僚們如何展開交往，接著張裕釗的書法是如何展開的，關於此問題將進行考察。

　　魚住和晃先生將張裕釗的中字碑碣書作品，區分為第一期到第四期，並將光緒初期的作品分類為第一期。此區分的根據，是以張裕釗的傳記資料〈哀啟〉中「光緒初年，興化劉融齋宮允，稱先嚴文章為當代之冠，書法則本朝一人耳。」所依據的。劉熙載（1813～1881，號融齋，清末的學者・批評家。）評論著張裕釗書法為本朝的第一人者。此外，從第一期到第三期的過程中，第二期為過

〔註 1〕關於張裕釗身為鳳池書院的校長文獻，可列舉以下前人研究。

　　① 魚住和晃《張廉卿〈悲憤と憂傷の書人〉》（柳原書局，1993 年 7 月）〈二　張廉卿の流転について／二　張裕釗の書院主講転任のあと〉，77～79 頁。

　　② 魚住和晃《張廉卿の書法と碑学》（研文書局，2002 年 6 月）〈第三章　張裕釗の流転について／二　鳳池書院主講〉，227～231 頁。

渡期，而蓮池書院時代（光緒 9 年～14 年，1883～1888）為第三期，張裕釗的書作在此時期中，集中許多大作，敘述著「張裕釗書法の大成期とすることができよう（可以稱為張裕釗書法的大成期）」。接著江漢書院以後的最晚年，分類為第四期（光緒 15 年～20 年，1889～1894 年），第四期為第三期書法為基礎，張裕釗自身為「張裕釗書法の変容の意味を考えていた（認為是張裕釗書法的變容之意味）」如此敘述著〔註2〕。

　　陳啟壯先生以同治 6 年（1867 年）所書寫的中楷〈李剛介公殉難碑記〉為基準，分類其前後為早期、中期。中期是同治 8 年到光緒 8 年（1869～1882）之間，而張裕釗滯留在曾國藩幕府，或金陵鳳池書院的時期，正是碑學流行的時期，陳氏將帖學轉向到碑學的歷史契機，書風也有著許多變化，進而導出結論。而晚期的區分（光緒 9 年～20 年、1883～1894），是從於蓮池書院（光緒 9～14 年在任）就任到其逝世為止〔註3〕。

　　此外，關於這個時期的代表作，魚住氏列舉出〈吳母馬太淑人祔葬誌〉、〈張樹珊墓誌銘〉、〈金陵曾文正公祠堂修葺記〉、〈屈子祠堂後碑〉，陳氏言及〈吳徵君墓誌銘〉、〈吳母馬太淑人祔葬誌〉、〈黃孺人墓誌銘〉、〈吳蘭軒墓表〉、〈張公蔭穀墓碑〉、〈張樹珊墓誌銘〉、〈金陵曾文正公祠堂修葺記〉、〈屈子祠堂後碑〉。此外，〈張樹珊墓誌銘〉、〈黃孺人墓誌銘〉、〈張公蔭穀墓碑〉三個碑碣作品的製作年代尚有爭論，於此不進行討論。

　　另外，關於這個作品的位置與評價，魚住氏根據〈吳母馬太淑人祔葬誌〉所見的 29 個異體字的古典字例，是以唐碑或歐陽詢書法為基調作為結論。而〈金陵曾文正公祠堂修葺記〉、〈屈子祠堂後碑〉的起筆是相較於歐法的固執拭去，皆改為藏鋒，並且與第三期相較，線條變細的特質舉出，並指出此現象〔註4〕。陳氏則敘述此時期的 8 件碑碣作品共通點，皆為放棄帖學而向碑學轉換，由唐楷的長方形外形，變換為習碑過後的扁平外形，用筆則從唐楷到篆隸為基礎，顯現著外方內圓的特徵。並指出此風格也有著變化，追求新變化的意識高漲，此時期的作品書風也呈現多樣性〔註5〕。

〔註2〕魚住和晃《張廉卿の書法と碑学》，159 頁。
〔註3〕陳啟壯《碑骨帖姿──張裕釗書道研究》（吉林文史出版社，2016 年 6 月），188～228 頁。
〔註4〕魚住和晃《張廉卿の書法と碑学》，167 頁。
〔註5〕「筆法處於唐楷轉篆隸筆法的過渡期，結體總體趨扁方。」陳啟壯《碑骨帖姿──張裕釗書道研究》，195～211 頁。

　　然而，這些前人文獻的時期區分，皆未進行與張裕釗的形跡和書風相對照，此外，關於此書風變化的契機也沒有進行考察，因此還存有再考的餘地。

　　由此，本章將進行並重視張裕釗於同治後半期中，與莫友芝為中心的曾國藩幕僚們的碑帖交流，受到所見多數的碑帖影響。特別是莫友芝所藏的梁碑，為張裕釗所過眼，並且想定此為他的書法基盤，將進行論證其經緯。

　　從莫友芝那繼承了書學觀念，到新開採的梁碑保有興趣的張裕釗，於中字書作中從梁碑那得到營養，並且吸收融合了這些碑上的書法特徵，進而展開其獨自的書風為假說，試著進行書風上的分析。

第一節　同治後半期中與莫友芝的交流

　　同治後半期，於曾國藩幕府中往來的官僚們，關於碑帖的收藏與鑑賞有所論及的活躍代表人物為莫友芝。本節將考察於同治後半期7年（1868）8月以後，關於張裕釗、莫友芝為中心的碑帖交流概況（第一項）。於此之上，對於梁碑10點（〈梁太祖文皇帝（蕭順之）　梁建陵東西闕碑〉、〈梁安成康王　蕭秀東西碑　碑額〉、〈梁安成康王　蕭秀東西碑　碑陰〉、〈梁始興忠武王　蕭憺碑　碑額　碑陽〉、〈梁吳平忠侯　蕭景神道石柱題額〉、〈梁臨川惠王　蕭宏神道二石柱題額〉、〈梁南康簡王　蕭績神道二石柱題額〉、〈梁建安敏侯　蕭正立石柱二〉、〈梁新渝寬侯　蕭暎西闕碑〉、〈梁瘞鶴碑〉），其書學進而繼承這些碑的特徵之事，將進行明朗化（第二項）。

一、莫友芝與張裕釗的交友關係

　　同治後半期（8～13年）中，張裕釗與莫友芝的交流頻繁，其具體的活動究竟是怎樣的呢。

　　首先，同治8年（1869）1月19日到2月6日間，兩者皆同行鄧尉（蘇州），遊覽之事於莫友芝日記中，有被記載著〔註6〕。此外，這之間透過書作或

〔註6〕莫友芝著、張劍整理《莫友芝日記》（鳳凰書局，2016年4月），可見莫與張的交友，以下可列舉。
　　　同治8年1月19日「張廉卿自杭州還，即訂以廿一日偕游鄧尉。」（263頁）。
　　　同年1月22日「吳廣庵招偕廉卿，清卿晚飲。」（263頁）。同年1月23日「偕廉卿登舟，及閶門水關。」（264頁）。同年1月25日「一時許，廉卿乃下，誇其所得，謂東可望海，西可見天目諸山，大湖如村落污池耳。」（264頁）。同年1月27日「廉卿欲登虎丘，泛出山塘觀花市。入山至千人石上，觀

書物，可見書法的交流盛行，而書法積極地向自身的方向前進。這些活動於莫友芝的《邵亭遺詩》中可以列舉。這其中的一首詩以〈贈張廉卿裕釗中書四首，時自白門（南京）聯舟出，高（高淳）寶（寶應）間累旬，偕渡江及吳會（紹興），廉卿（張裕釗）復為浙（浙江）遊。〉〔註7〕為題。此外，張裕釗的〈莫子偲墓誌銘〉也言及其經緯〔註8〕，此旅遊對兩者來說，可說是深具意義之旅。

接著，同治9年3月莫友芝往鄂城移動。莫友芝在同治9年3月1日的日記中記載著「自皖（安徽）開行，初六日凌晨始至鄂（湖北・武昌），泊於鮎魚套口。」〔註9〕。此外，莫友芝的日記中，湖北幕府中的幕僚們有觸及到介紹給張裕釗工作的話題。例如，同治9年3月7日有以下的記述。

> 謁李相國，呈舟中所擬征黔之事宜書，並賀李中丞署鄂督，又謁郭
> 遠堂中丞。三公皆以此間新建文昌書院為言，謂可當留主講席，並
> 力辭之，而舉張廉卿自代。〔註10〕

文章中的李相國就是指李鴻章（1823～1901），同治7年到8年為湖廣總督在任。此外，李中丞就是李鴻章的哥哥李瀚章（1821～1899），湖廣總督的就任期間為李鴻章之後，同治9年到光緒元年間（1870～1875）〔註11〕。可知莫友芝介紹工作給張裕釗，並可窺見莫友芝尊敬著張裕釗的樣子。

一週後的同治9年3月15日，莫友芝與張裕釗再相會，張裕釗向莫友芝傳達欲辭去文昌書院的主講。此外，透過張裕釗與莫友芝的共通友人介紹，相互著書物的販賣委託。接著同年的3月24日，莫友芝前往漢陽城移動〔註12〕。

顯德陀羅尼石幢。」（265頁）。同年1月29日「廉卿趨為作濂亭榜，且索書去冬贈詩於冊。（265頁）。同年2月2日「偕廉卿過眉生。」（265頁）。同年2月5日「又檢付廉卿新購王延喆刊史記兩殘本。」（265頁）。同年2月6日「送廉卿登舟往上海。」（265頁）。

〔註7〕莫友芝著、張劍整理《莫友芝日記》，〈贈張廉卿裕釗中書四首，時自白門聯舟出高，寶間累旬，偕渡江及吳會，廉卿復為浙遊〉，同治8年詩文，445頁。

〔註8〕張裕釗著、王達敏校點《張裕釗詩文集》（上海古籍出版社，2007年10月），〈莫子偲墓誌銘〉，142頁「明年，復來吳，與子偲益買舟。遍覽靈巖石樓石壁之勝，觀梅於鄧尉。」

〔註9〕莫友芝著、張劍整理《莫友芝日記》，同治9年3月1日，274頁。

〔註10〕莫友芝著、張劍整理《莫友芝日記》，同治9年3月7日，274頁。

〔註11〕關於李鴻章、李瀚章湖廣總督的在任期間，可參照「中央研究院歷史語言研究所／人名權威人物傳記資料庫」。（2020年3月31日閱覽）
李鴻章、李瀚章：http://archive.ihp.sinica.edu.tw/ttsweb/html_name/search.php

〔註12〕莫友芝著、張劍整理《莫友芝日記》，同治9年3月15日「張廉卿、洪魯軒招午飲。（中略）廉卿亦欲辭此書院。力勸其就，尚遲疑。」（274頁）。同

此時的莫友芝書作也殘留著，根據題跋「廉卿老兄（張裕釗）己巳春（同治 8
年）在吳門（蘇州）偕游鄧尉。即泛舟還鄂（湖北）留。此扇吾篋中匝一年，
我舟及武昌乃為書。莫友芝。（圖 1）」記載著，證實著兩者的交遊。此作可被
推定為同治 9 年 3 月所書。

因此透過莫友芝的日記和書作，兩者於鄂城相會的話題可以被確認著，這
個時期對於兩者來說，應是思想與書學的交流中，重要的時期點。

接著，隔月張裕釗前往鹽局工作。同治 9 年 4 月 26 日曾國藩寫給李瀚章
的書信中寫道「張廉卿近聞改入鹽局，薪水尚足自給否？」〔註13〕可窺見曾國
藩留意著張裕釗的生活費是否充足。

此外，關於張裕釗與莫友芝緊密的關係，共同的幕僚黎庶昌的〈莫徵君別
傳〉有以下的敘述。

> 客文正者逾十年。江南底定，寓妻子金陵。遍遊江淮吳越間，盡交
> 其魁碩豪彥，與南匯張嘯山文虎、江寧汪梅村士鐸、儀徵劉伯山毓
> 崧、海寧唐端甫仁壽、武昌張廉卿裕釗、江山劉彥清履芬數輩尤篤。
> 其名益高，所至求書者，屨履逢迎。〔註14〕

曾國藩的幕僚們中莫友芝與張裕釗關係深切，相互有著強烈的繫連關係，
此言由黎庶昌所言。

根據以上，同治後半期生活不安定的張裕釗，可以被推測是受到莫友芝與
曾國藩種種的幫助。同治 8 年 1 月 19 日到 2 月 6 日間在蘇州，此外同治 9 年
3 月 6 日到同月 24 日間在鄂州，張裕釗與莫友芝可構築如此緊密的關係，可
以預測是有這些十分充足的幫助。而這些幫助的同時，進而可以推測張裕釗因
此叩入廣闊的書學之門。

二、曾國藩幕府中梁碑的過眼

於此檢討同治 7 年 8 月以後，張裕釗於曾國藩幕府中過眼梁碑的經過。

年 3 月 23 日「洪魯軒為買《說文字原》一冊，留錢九千文，並付廉卿，待
轉寄。」（275 頁）。同年 3 月 24 日「開舟泊漢陽城下，李相渡江泊漢口。」
（275 頁）

〔註13〕曾國藩著、唐浩明責任編輯《曾國藩全集》（岳麓書社，1994 年第一版，2011
年 9 月），第 31 冊，書信 10，〈復李瀚章〉曾國藩寫給李瀚章的書簡，同治 9
年 4 月 26 日，198～199 頁。

〔註14〕黎庶昌《拙尊園叢稿‧外編》卷 4〈莫徵君別傳〉。《續修四庫全書》集部，第
1561 冊（上海古籍出版社，1997 年），346 頁。

　　莫友芝日記中初次言及梁碑是在同治 7 年 7 月 26 日。根據 26 日的內容，「定明日游栖霞，藉訪梁碑。」〔註15〕，隔天的 27 日中，莫友芝訪栖霞，可知最初進行現地調查。這個時期盛行此調查之事可從曾國藩、莫友芝、張文虎（1808～1885 年，字孟彪，曾國藩幕僚）的日記中可窺見。例如，莫友芝的日記中同治 7 年 27 日到 8 月 14 日間的記事中，連續記載著訪梁碑的紀錄留存著〔註16〕。內容為以下所記載。

同治 7 年 7 月 27 日

　　　　得梁吳平忠侯蕭景石柱，卓立村道左田中（中略），得蕭憺墓碑，高丈三四尺許（中略）、《六朝事迹》云蕭秀墓石柱一題云「梁故散騎常侍司空安成康王之神道」。

　　同年 7 月 28 日

　　　　重尋蕭氏三人五石。

　　同年 7 月 29 日

　　　　為述三日遊踪及尋諸梁碑始末，許資拓若干紙。

　　同年 8 月 4 日

　　　　謁相公，命告舍弟輩料理拓梁碑。

　　同年 8 月 11 日

　　　　携拓工往花林東北，酌拓諸梁刻。

　　同年 8 月 12 日

　　　　食後試拓蕭秀二碑一石柱。

　　同年 8 月 14 日

　　　　尋梁靖惠王蕭宏石柱。

　　根據以上，同治 7 年 7 月末到 8 月中旬為止，莫友芝進行了梁碑的調查，實際見到了在栖霞周邊的梁王朝的蕭景、蕭憺、蕭秀、蕭宏等的墓碑或石柱。

　　這個調查之後的同治 7 年 8 月 24 日，莫友芝與張裕釗、曾國藩直接相

〔註15〕莫友芝著、張劍整理《莫友芝日記》，同治 7 年 7 月 26 日，254 頁。同治 7 年 7 月 27 日，254 頁。同年 7 月 28 日，256 頁。同年 7 月 29 日，256 頁。同年 8 月 4 日，256 頁。同年 8 月 11 日，257 頁。同年 8 月 12 日，257 頁。同年 8 月 14 日，257 頁。

〔註16〕莫友芝著、張劍整理《莫友芝日記》，同治 7 年 7 月 27 日，254 頁。同年 7 月 28 日，256 頁。同年 7 月 29 日，256 頁。同年 8 月 4 日，256 頁。同年 8 月 11 日，257 頁。同年 8 月 12 日，257 頁。同年 8 月 14 日，257 頁。

會，共同討論著梁碑的話題。根據莫友芝的日記，8 月 24 日中記載著「食後以新拓梁碑四種、唐碑一種呈樣於相鄉公。遂答廉卿。〔註17〕」曾國藩同日的日記也紀錄著「莫子偲拓金陵城外梁碑三道、唐碑一通。與之共批閱、評論。〔註18〕」此時，莫友芝訪曾國藩之處時，張裕釗也同行，可知此時三者皆鑑賞著「梁碑」與「唐碑」的拓本。

　　此外，隔年的同治 8 年到 9 年（1869～1870）為止，張裕釗與莫友芝再相會，「梁碑」又成為他們之間的話題。莫友芝日記中紀載著同治 8 年 2 月 5 日「兩漢書始至，廉卿亟束裝，催余作寄小宋暨張香濤書，並各致新拓梁碑。」〔註19〕接著同治 9 年 12 月 7 日中紀錄著「又偕廉卿謁曾公，就呈建陵闕新拓本，廉卿已允就此鳳池書院館。」〔註20〕根據上述，同治 8 年到同治 9 年間，張裕釗向莫友芝懇求新採拓的梁碑，莫友芝向曾國藩呈上《建陵闕》的拓本之際，張裕釗也可以說也曾經過眼過吧。

　　那麼，莫友芝的著作《金石筆識》中關於梁碑是如何記述的呢？《金石筆識》中可以確定記載著 10 件紀錄〔註21〕，這些記載為以下〈梁太祖文皇帝（蕭順之）　梁建陵東西闕碑〉（圖 2）、〈梁安成康王　蕭秀東西碑　碑額〉（圖 3）、〈梁安成康王　蕭秀東西碑　碑陰〉（圖 4）、〈梁始興忠武王　蕭憺碑　碑額碑陽〉（圖 5-6）、〈梁吳平忠侯　蕭景神道石柱題額〉（圖 7）、〈梁臨川惠王　蕭宏神道二石柱題額〉（圖 8）、〈梁南康簡王　蕭績神道二石柱題額〉（圖 9）、〈梁建安敏侯　蕭正立石柱二〉、〈梁新渝寬侯　蕭暎西闕碑〉、〈梁瘞鶴碑〉（圖 10）。而這之中，日記中也言及的有〈梁太祖文皇帝（蕭順之）　梁建陵東西闕碑〉與〈梁始興忠武王　蕭憺碑〉，內容為以下所列。

　　〈梁太祖文皇帝（蕭順之）　梁建陵東西闕碑〉（圖 2）

　　　同治八年春，友芝始並訪獲，猶逸正刻「太祖皇」三字，妻陽葆光蒐出合之。九年秋九月辛卯、題記。〔註22〕

〔註17〕莫友芝著、張劍整理《莫友芝日記》，同治 7 年 8 月 24 日，258 頁。

〔註18〕曾國藩著、唐浩明責任編輯《曾國藩全集》，日記 4，第 19 冊，同治 7 年 8 月 24 日，89 頁。

〔註19〕莫友芝著、張劍整理《莫友芝日記》，同治 8 年 2 月 5 日，265 頁。

〔註20〕莫友芝著、張劍整理《莫友芝日記》，同治 9 年 12 月 7 日，284 頁。

〔註21〕莫友芝著、張劍校點《宋元舊本書經眼錄‧郘亭書畫經眼錄》（中華書局出版，2008 年 1 月），附錄卷二《金石筆識》，163～176 頁。

〔註22〕莫友芝著、張劍校點《宋元舊本書經眼錄‧郘亭書畫經眼錄》，附錄卷二《金石筆識》，163 頁。

〈梁始興忠武王　蕭憺碑〉（圖 5-6）

其清朗處，校北魏諸刻格韻相等，而差朗潤，蓋南北大同小異處。

上承鍾、王，下開歐、薛，皆在此碑。〔註23〕

莫友芝認為梁碑與北魏的書風大抵上共通，可知帖學的代表鍾繇、王羲之，到薛稷的學習皆於此碑。可推測與張裕釗交流之時，此點也是被議論的吧。

根據以上，同治 7 年到 9 年之間，張裕釗在曾國藩的底下，構築了與莫友芝密切的關係，進而受到訪碑文化的影響。特別是莫友芝所採拓的梁碑拓本讓張裕釗過眼，使得張裕釗吸收後成為自身書法表現的食糧。

第二節　從同治前半期的書作品變遷

本節關於張裕釗的書作，將分成大字書作以及小字書作的形式別，分析這些筆法或結構等的觀點別。接著，將明朗化形式別中，同治前半期和後半期究竟有何變化。此外，這個變化，各種形式別也是可以共通被認可與否，以下欲考察之。

一、張裕釗的書作

同治後半期・光緒前半期中張裕釗書法留存大字書作、中字碑碣、中字題字以及小字書作。以下，關於各自的作品，將紀錄其梗概。

（一）大字書作

同治後半期所創作的張裕釗大字書作有兩作。

第一件作品推定為同治 11 年（1872）年所書寫的對聯。跋文是「合肥相國夫子五旬榮壽，門下士張裕釗頓首拜祝。」（圖 11）張裕釗慶祝李鴻章（1823～1901）五旬（五十歲）的生辰（同治 11 年）所揮毫的對聯。張裕釗與李鴻章兩人皆為曾國藩的幕僚，並且同年。

第二件作品為張裕釗的〈事文類聚〉（圖 12）書作，四聯屏的楷書書作。本文中「右錄祝穆事文類聚，時同治癸酉孟夏月朔日也。」可知為同治 12 年 4 月 1 日所書。〈事文類聚〉是宋代的祝穆（生年不詳～1255 年）所編輯，是中國的類書，張裕釗選擇〈事文類聚〉的一部分做為書作。

〔註23〕莫友芝著、張劍校點《宋元舊本書經眼錄・郘亭書畫經眼錄》，附錄卷二《金石筆識》，165 頁。

（二）中字書作

於此，汲取同治後半期・光緒前半期中張裕釗的中字書作碑碣・題字，試著分析其前人研究及創作經緯。

1. 碑碣書作

張裕釗身為書法家最為充實的書作品顯示，是在鳳池書院主講時代（同治 10 年～光緒 7 年，1871～1881）。這個時期的碑碣書丹數量顯示，於年齡上以及精神上，甚至立場上也符合著這個條件。例如根據魚住氏的研究指出《濂亭遺詩》中收錄了 270 餘首的詩，這當中鳳池書院在籍時的詩，就多達了 186 首之數量〔註 24〕。相較於蓮池書院時主講時代，此後的作品數量也跟著減少。

這個時期張裕釗的碑碣書法作品共通之處，皆是官僚或知友所委託的，以下試著以創作年代順列舉。

①〈代湘鄉曾相國重脩金山江天寺記〉（委託者：曾國藩，同治 10 年）

②〈吳徵君墓表〉（委託者：吳汝綸，同治 12 年推定）

③〈吳母馬太淑人祔葬誌〉（委託者：吳汝綸，光緒元年推定）

④〈吳廷香墓表〉（委託者：吳長慶，光緒 4 年）

⑤〈金陵曾文正公祠堂修葺記〉（委託者：譚碧理，光緒 7 年）

⑥〈屈子祠堂後碑〉（委託者：汪士鐸，光緒 7 年推定）

此外，關於以下的碑誌，創作年代有疑義，於此檢討省略。

⑦〈亡妻黃孺人墓誌銘〉（魚住氏：光緒 12 年、陳氏：光緒元年～5 年の間）〔註 25〕

⑧〈通州張生母金孺人墓誌銘〉（陳氏：光緒 5 年推定）〔註 26〕

⑨〈張樹珊墓誌銘〉（魚住氏：光緒 4 年推定、陳氏：光緒 6 年推定）〔註 27〕

⑩〈張蔭穀墓碑〉（陳氏：光緒 6 年推定）〔註 28〕

〔註 24〕魚住和晃《張廉卿の書法と碑学》，32 頁。

〔註 25〕魚住和晃《張廉卿の書法と碑学》，151 頁。陳啟壯《碑骨帖姿──張裕釗書道研究》，200 頁。

〔註 26〕陳啟壯《碑骨帖姿──張裕釗書道研究》，203 頁。

〔註 27〕魚住和晃《張廉卿の書法と碑学》，151 頁。陳啟壯《碑骨帖姿──張裕釗書道研究》，72～91 頁。

〔註 28〕陳啟壯《碑骨帖姿──張裕釗書道研究》，72～91 頁。

　　首先，①〈代湘鄉曾相國重脩金山江天寺記〉（同治 10 年 12 月朔有 3 日記）有近年發現的拓本。根據題名，可知張裕釗擔任曾國藩的代筆。「誥授光祿大夫文華殿大學士・兵部尚書兼都察院右都御史・總督兩江等處、提督軍務淮鹽總棧事務、薛書常督修、誥授資政大夫・管理兩淮鹽院事務・世襲一等毅勇侯・曾國藩」（圖 13）將曾國藩的職名詳細地記載著。此外，張裕釗的詩文集〈代湘鄉曾相國重脩金山江天寺記〉中「相國李公屬國藩為記其事」〔註29〕的記載可知，官僚之間文章相互委託的現象頻繁。此外，魚住氏根據《張廉卿先生詩文稿》的內容可知，①可類推為同治 11 年（1872）所執筆的。〔註30〕

　　其次，②〈吳徵君墓誌銘〉、③〈吳母馬太淑人祔葬誌〉是吳汝綸的委託所書寫的。②〈吳徵君墓誌銘〉（圖 14）〔註31〕有拓本殘留。關於②的創作年代，陳啟壯先生說明同治 12 年（1873）張裕釗 51 歲時，寫給親密的友人吳汝綸之父親逝世而書寫的〈吳徵君墓表〉〔註32〕。

　　光緒元年（1875）吳汝綸的母親也逝世，張裕釗書寫了③〈吳母馬太淑人祔葬誌〉（圖 15）。魚住和晃先生根據宮島家傳來資料，認為〈吳母馬太淑人祔葬誌〉是光緒元年所製作的〔註33〕，陳啟壯先生則述及光緒元年由於吳汝綸的委託，張裕釗則書丹此作〔註34〕。

　　光緒 4 年（1878），張裕釗受到吳長慶的委託，為了吳的父親書寫了④〈吳蘭軒墓表〉。這個文章收錄在〈廬江吳徵君墓表〉〔註35〕。吳徵君（1806～1854），諱廷香，字奉璋、蘭軒，廬江人。本文為以下敘述。

　　　徵君配張夫人，生子長慶。（中略）咸豐六年九月〔註36〕，長慶改葬

〔註29〕張裕釗著、王達敏校點《張裕釗詩文集》，〈代湘鄉曾相國重脩金山江天寺記〉，192～193 頁。

〔註30〕魚住和晃《張廉卿の書法と碑学》，158 頁。

〔註31〕趙金敏根據王蔚百的題跋，這個真跡是 1930 年南宮縣民教育館所主催的展覽會中所所得的，1949 年新中國成立後，穆贈給北京歷史博物館之物。趙金敏〈張裕釗書《吳徵君墓誌銘》〉《收藏家》第 4 期（北京市文物局，1994 年），27～29 頁。王達敏氏述及並未有拓本遺存，並說明有以下內容「吳徵君墓誌銘，武昌張裕釗撰，中江李鴻裔書。」筆者考察的結果，「中江李鴻裔書」是有誤的。拓本中有「歙陳鑑鞏」，是北京大學圖書館的收藏。張裕釗著、王達敏校點《張裕釗詩文集》，〈吳徵君墓誌銘〉，147 頁。

〔註32〕陳啟壯《碑骨帖姿——張裕釗書道研究》，198 頁。

〔註33〕魚住和晃《張廉卿の書法と碑学》，151 頁。

〔註34〕陳啟壯《碑骨帖姿——張裕釗書道研究》，199～200 頁。

〔註35〕張裕釗著、王達敏校點《張裕釗詩文集》，〈廬江吳徵君墓表〉，116～119 頁。

〔註36〕詩文集記載著「某月日」。

徵君於鼇戴山之陽。又二十有三年，乃求為表墓之文於裕釗。（中略）

光緒四年十月，武昌張裕釗表。歙陳鑑小峯勒。（圖 16）

根據以上，吳蘭軒與吳長慶的父子關係明朗化。此外，〈吳蘭軒墓表〉與〈吳徵君墓表〉、〈吳母馬太淑人祔葬誌〉同樣地都是陳鑑所勒的石碑。

曾國藩逝世後的 9 年光緒 7 年（1881），張裕釗的紀年碑文書作有⑤〈金陵曾文正公祠修葺記〉（光緒 7 年）（圖 17）。曾國藩的祠堂修繕之際，張裕釗撰寫並揮毫了〈金陵曾文正公祠修葺記〉。碑文中述及「光緒七年春三月，武昌張裕釗記並書。黃岡陶籥勒石」〔註37〕。撰文的文章中，收錄在《濂亭文集》中。關於修繕的經緯，碑文中有以下的敘述。

同治十一年春，曾文正公薨，詔天下凡公嘗所立功行省，皆建祠祀之。（中略）記名提督督標中軍副將譚君碧理，繼經紀其事，於是，屬裕釗為之記，且告將刊之貞石，以垂無窮。〔註38〕

張裕釗從胡林翼幕府時期開始，就有所交往的汪士鐸，到了光緒期交流也持續著。⑥〈屈子祠堂後碑〉（光緒 7 年推定）（圖 18）是張裕釗揮毫書法，汪士鐸撰文的〔註39〕。關於創作年代，前人研究中魚住和晃先生〔註40〕與陳啟壯先生〔註41〕推定於光緒 7 年。本文中記載著「江甯汪士鐸譔、武昌張裕釗書。黃岡陶籥勒。」與先前敘述的光緒 7 年所書寫的〈金陵曾文正公祠修葺記〉為同時期揮毫並勒刻的可能性極高。

2. 題字書作

這個時期，除了碑碣書作以外，還存在著珍貴的題字書作。①《舒藝室隨筆六卷》（同治 13 年）、②《史記》（光緒 2 年）、③《汪梅村先生集》（光緒 7 年）可以被列舉。於此，將分析他們之間的交流。

首先《舒藝室隨筆六卷》，圖 19 所見的舒藝室，是曾國藩幕僚張文虎的齋號。由於在幕府中的知遇，張文虎委託張裕釗在同治 13 年（1874）於張文虎

〔註37〕張裕釗著、王達敏校點《張裕釗詩文集》，〈金陵曾文正公祠修葺記〉，195～196 頁。

〔註38〕張裕釗著、王達敏校點《張裕釗詩文集》，〈金陵曾文正公祠修葺記〉，195～196 頁。

〔註39〕汪士鐸〈屈子祠堂後碑〉，《汪梅村先生集》卷 6（近代中國史料叢刊第 13 輯，文海出版社），278～279 頁。

〔註40〕魚住和晃《張廉卿の書法と碑学》，151 頁。

〔註41〕陳啟壯《碑骨帖姿——張裕釗書道研究》，208 頁。

的著作《舒藝室隨筆》的封面題寫了字〔註42〕。張裕釗與張文虎的交往，可追溯於同治 10 年（1871）8 月，曾國藩身為領頭人物而展開了宴會，張文虎也是裡面的參加者一員。從張文虎的日記中可窺見當時交歡的場面，包含曾國藩、莫友芝、張裕釗在內，可數出來的總共有 17 人〔註43〕。此外，張文虎的《舒藝室詩存》〔註44〕中也記載著同一個話題。由此可知，透過曾國藩的幕府，幕僚們頻繁地設置交流的場域之事可以被知道。

其次，關於《史記》的題字。光緒 2 年正月到同 4 年 7 月中（1876～1878），張裕釗受到吳長慶（1834～1884）〔註45〕的資金援助，進行了《史記》的校正。從張裕釗的〈送吳筱軒軍門序〉〔註46〕中，可窺見兩人的交流。此外，關於《史記》校正的經由，張裕釗的〈歸震川評點史記後序〉中有以下敘述。

> 往者余嘗欲專取《史記》本書，附益以歸氏評點，梓而公諸同好。
> 苦乏刊貲，不果。以語友人吳摯甫，摯甫則力贊其事，且為謀諸廬
> 江吳小軒軍門，慨以千二百金相假。於是鳩集梓人，經始光緒二年
> 正月，訖四年七月刊成。〔註47〕

《史記》的刊行，是由吳摯甫（汝綸）、吳長慶等的友人協力而完成的。其封面的內容為「光緒二年正月，武昌張氏校刊，『史記』，歸震川評點本，方望溪評點坿後」（圖20）〔註48〕可知這個《史記》是由歸震川（歸有光，1507～1571，字熙甫，號震川，明朝的著名文學家）與方望溪（方苞，字靈皋，號望溪，清代文學者）所評點的。

張裕釗所揮毫的光緒 7 年（1881）所刊行的汪士鐸詩文集《汪梅村先生

〔註42〕《舒藝室隨筆六卷》「同治十三年冬十月金陵冶城賓館刊，張裕釗署首。」張文虎《舒藝室隨筆》（金陵冶城賓館刊，1874 年），哈佛燕京圖書館藏。
〔註43〕同治 10 年 8 月 8 日《張文虎日記》（上海書店出版社，2009 年 7 月），258 頁「同治 10 年 8 月 8 日、湘鄉公招集莫愁湖之妙嚴庵、李小湖・薛慰農・張廉卿裕釗三山長、曹鏡初・馬鍾山・唐端甫・戴子高・劉叔俛・劉恭甫・汪梅岑・莫子偲・桂皓庭・吳蓮舫・又萬・陳・何三客官、共十七人。」
〔註44〕莫友芝著、張劍撰《莫友芝年譜長編》（中華書局出版社，2008 年 11 月），531 頁中張文虎《舒藝室詩存》卷 6 引用著。原文「相鄉公招李小湖、薛慰農、張濂卿裕釗三山長、戴皓庭孝廉文燦、馬鍾山大令徵麟、曹鏡初郎中耀湘、汪梅岑、莫子偲、唐端甫、戴子高、劉叔俛恭甫宴莫愁湖勝棋樓，皓庭作記索詩，走筆應之（勝棋樓在妙嚴庵，新落成）」。
〔註45〕吳長慶，字筱軒，安徽廬江人。
〔註46〕張裕釗著、王達敏校點《張裕釗詩文集》，〈送吳筱軒軍門序〉，42～45 頁。
〔註47〕張裕釗著、王達敏校點《張裕釗詩文集》，〈歸震川評點史記後序〉，11 頁。
〔註48〕張裕釗校刊、歸有光以及方苞評點《史記》（南京圖書館藏），封面。

集》〔註49〕（圖21）的題字。以及《舒藝室隨筆六卷》（同治13年）、史記（光緒2年）、《汪梅村先生集》（光緒7年）等的題字皆有年代記載，十分珍貴，為身為此時期的書風基準作十分重要。

（三）小字書作

小字書作留存有5件，可以確認的有紀年2件，無紀年3件。

首先，有紀年的小字書作品，第一通是寫給鐵巖的書簡，封面明記著「光緒元年十月初五日自金陵鳳池書院緘寄」（圖22）〔註50〕，第二通是跋清徐沛齋〈臨趙孟頫《道德經》〉後跋書「光緒辛巳二月武昌張裕釗跋。」（光緒7年）〔註51〕（圖23）。

接著，無紀年的書簡有三通。兩通是張裕釗寫給徐宗亮的兩件書簡（圖24），另外一通是寫給富升的書簡（圖 25），以下將檢討其內容，並試著推定書寫年代。

首先，關於張裕釗寫給徐宗亮的三通書簡〔註52〕，第一通如前章考察，推定是同治4年（1865年）所書〔註53〕。其它的兩通孫瑩瑩女士編年於同治11年〔註54〕，然而，兩通都未顯示年代推定的根據，於此想再做檢討。

首先，第二通「今春作得曾文正祭文、莫子偲墓誌各一首，過皖時當以就正也。（8月12日）（圖24：傍線筆者）。」〔註55〕可知張裕釗於此年撰寫〈曾文正祭文〉〈莫子偲墓誌〉。關於曾文正祭文的書寫時期，可以從〈祭曾文正公文〉推測。根據其內容「我屬別公，昔冬之季。孰云幾日，遂隔萬世。」〔註56〕再加上，根據曾國藩日記，「梅小岩、張廉卿、李季泉、應敏齋四人皆久談，燈後許久始退。」（同治10年12月13日）〔註57〕曾國藩逝世的同治

〔註49〕《汪梅村先生集》（光緒7年），中國國家圖書館藏。

〔註50〕魚住氏的著作中揭載張裕釗給鐵巖的書簡，魚住和晃《張廉卿の書法と碑學》，163～164頁。

〔註51〕瞿忠謀〈從《評跋萃刊》看晚清書家對趙體書法的反思性評價〉（《書法》2012年第11期，2012年11月），96頁。

〔註52〕收錄於安徽省安慶市圖書館古籍部《蔣元卿舊藏晚清和近代名人手札》。

〔註53〕參照〈第二章　同治前半期的曾國藩幕府中張裕釗書法／第三節、張裕釗以及書家們的書風檢證／三、張裕釗的書簡／4.給徐宗亮的書簡〉。

〔註54〕孫瑩瑩《張裕釗年譜長編》，76～77頁。

〔註55〕《蔣元卿舊藏晚清和近代名人手札》，安徽省安慶市圖書館古籍部藏。

〔註56〕張裕釗著、王達敏校點《張裕釗詩文集》〈祭曾文正公文〉，15頁。

〔註57〕曾國藩著、唐浩明責任編輯《曾國藩全集》，日記4，第19冊，同治10年12月13日，507頁。

11 年 3 月前，可知與張裕釗面會的時期為前年的同治 10 年 12 月。進而可明朗化〈祭曾文正公文〉為同治 11 年春天所書。再者，根據張裕釗〈莫子偲墓誌銘〉「子偲之卒，以同治十年九月辛丑，春秋六十一。」〔註58〕可知〈莫子偲墓誌銘〉為同治 10 年 9 月以後所書。將兩通的內容合併考察，推定〈莫子偲墓誌銘〉與〈祭曾文正公文〉同樣地皆為同治 11 年春所書寫的。

此外，第三通記載著「聞吳至甫在深州甚有治績。（中秋前 2 日）」〔註59〕（圖 24：傍線筆者）可知這個時間點吳至甫（吳汝綸）於深州勤務著。根據吳汝綸的年譜，吳汝綸同治 9 年經由曾國藩的推薦，被直隸州採用，隔年，同治 12 年 2 月因其父親去世，因而辭去深州知州〔註60〕。張裕釗於信中言及吳汝綸滯留於深州，因此可判斷這個書簡為同治 10 年以後到 12 年 2 月間所書寫的。

再者，臺灣的國立故宮博物院所收藏的張裕釗寫給富升的一通為紀年的書簡留存。富升（生年不詳～光緒 16 年，字桂卿），光緒 6 年為山海關副都統，同年成為盛京副都統〔註61〕。書簡如以下所示。

> 桂卿仁兄大人閣下。前日枉駕，備聞高論。至為快慰。承入覲有日，
> 自慙寒素。無可以為祖贈，謹謅序一首奉送。〔註62〕

因此，可知張裕釗寫給富升序一首。關於其入覲的記事，張裕釗的詩文集〈送富桂卿都護入覲序〉中，有以下敘述。

> 國家發祥勿吉，肇基遼瀋，遂以有天下。（中略）於是江寧副都統吉
> 林富君，疏陳東三省利病及施設所宜，謀畫周悉甚至。而兩江總督
> 劉公復密疏薦君。〔註63〕

富升對於東三省（遼寧省・吉林省・黑龍江省）的計畫貢獻良多，並敘述著被劉坤一（1830～1902）推舉之事。

〔註58〕張裕釗著、王達敏校點《張裕釗詩文集》〈莫子偲墓誌銘〉，141～143 頁。

〔註59〕孫瑩瑩《張裕釗年譜長編》，76～77 頁。

〔註60〕吳汝綸著、朱秀梅校點《吳汝綸文集》〈前言〉（上海古籍出版社，2017 年 6 月），2 頁。郭立志撰《桐城吳先生（汝綸）年譜》雍睦堂叢書本（近代中國史料叢刊第 73 輯，文海出版社，1972 年）

〔註61〕中央研究院歷史語言研究所／清代職官資料庫／富升（2021 年 3 月 29 日閱覽）http://archive.ihp.sinica.edu.tw/ttscgi/ttsquery?0:0:mctauac:TM%3D%E5%AF%8C%E9%99%9E%20or%20%28%E5%AF%8C%E9%99%9E%29%40SF

〔註62〕國立故宮博物院／書畫典藏資料檢索系統／（2021 年 3 月 29 日閱覽）國立故宮博物院藏，購書 934，張裕釗給富升的書簡〈清張裕釗致桂卿函　冊頁〉。https://painting.npm.gov.tw/

〔註63〕張裕釗著、王達敏校點《張裕釗詩文集》〈送富桂卿都護入覲序〉，53～54 頁。

其背景，為光緒 7 年 2 月 24 日羅馬帝國與清朝間所締結的伊犁條約。張裕釗關心於此，他的文章〈送吳筱軒軍門序〉有以下的敘述。

> 光緒六年，國家以索取伊犁地，再遣使至俄羅斯，議未決。（中略）
> 有詔命山東巡撫周公，督辦山東軍務，而以浙江提督吳公副焉。

〔註64〕

根據這些記事，光緒 6 年兩江總督劉坤一向清朝的政府推舉富升之事。再加上光緒 6 年富升成為山海關副都統之事，推測這個書簡為光緒 6 年左右所書寫的。

二、從同治前半期的書作品的變遷

同治前半期，管見因未見中字碑碣、中字題字，於此，檢證從同治前半期到光緒前半期張裕釗的大字書作、小字書作的書風是如何展開的。

（一）大字書作

管見張裕釗同治後半期的大楷書作品有〈贈李鴻章書作〉（同治 11 年）、〈事文類聚〉（同治 12 年）

〈贈李鴻章書作〉與張裕釗同治前半期的〈鮑照飛白書勢銘〉（同治 5 年）大楷書作品比較，可窺見相異之點。此作品由於是贈給李鴻章的書作，為對聯，以認真的態度整齊書寫之，行意減少，結體接近正方，以方筆書寫的整齊楷書。這些特徵，與這個時期的中字楷書〈代湘鄉曾相國重脩金山江天寺記〉（同治 10 年）相通（表 1），此外，〈贈李鴻章書作〉為大楷書作品，相較於〈鮑照飛白書勢銘〉的一種風格，為初次置於第二種類風格的位置。

〈事文類聚〉與張裕釗同治前半期的〈鮑照飛白書勢銘〉大楷書作相通。二作可見的點畫（橫畫、豎畫）的特徵，皆為藏鋒的圓筆，並可見以隸楷的用筆，左撇與鈎或浮鵝鈎的部分伸展非常，轉折可見「外方內圓」筆法。此外，「瑤」‧「仙」‧「垂」等的右豎畫的收筆，可窺見向左鈎的樣子，值得注意的是，同治 12 年〈事文類聚〉的鈎是為更加延長。再者，關於結構，「龍」‧「鳥」‧「飛」‧「虎」‧「白」的結體一致（表 2）。

（二）小字書作

前章為止，注目於同治前半期的書簡，並與咸豐期的書風，進行了檢証比

〔註64〕張裕釗著、王達敏校點《張裕釗詩文集》〈送吳筱軒軍門序」，42～45 頁。

較。於此，首先將同治期與光緒期一同比較，試著檢證同治、光緒年間所寫的十通書簡進行比較。於前章中可舉出同治前半期的小字行楷書有①張裕釗〈劉府君墓誌銘〉（同治 2 年推定）、②張裕釗給曾國藩的書簡（同治 2 年推定）、③張裕釗給曾國藩的書簡（同治 3 年推定）、④張裕釗給徐宗亮（椒岑）的書簡第一通（同治 4 年推定）、⑤張裕釗給曾國藩的書簡（同治 7 年推定）。同治後半、光緒前半中，可舉出已揭示的五通（⑥～⑩）〔註 65〕。

關於張裕釗小字書作的前人研究，以張裕釗寫給張裕鍇（鐵巖）的信封（光緒元年）為中心，受到歐陽詢的書風影響為結論〔註 66〕。筆者認為，如同前章為止考察的結果，受到莫友芝的小楷書風影響比較多。

首先，表 3 中，莫友芝的咸豐時期（8～9 年）的小楷書作品與張裕釗的同治前半期‧同治後半期以及光緒期中，揭示小楷書作品的點畫，注目於各自的點畫與結構。

關於點畫方面，莫友芝的咸豐時期的小楷書作品，與張裕釗的小楷書作品的筆法與結構，皆被認為有同樣的特徵。左撇可見末筆粗細強調的筆法可見，鉤方面長長的圓滑角度，可見向左方傾斜。轉折的內側圓滑，緩緩地筆抽出。結構尚可見向右上傾斜，可見浮鵝鉤空間狹窄的樣子。然而，注目於「為」字，於左撇，同治前半期的是以直線方式呈現，而同治後半期‧光緒前半期的則可窺見以彎曲的樣子（表 3）。

根據以上，同治期到光緒期間亦可見張裕釗的小楷，如同莫友芝一樣的點畫與自由結構的影響。

第三節　梁碑的影響

根據前人研究魚住和晃先生敘述〈吳母馬太淑人祔葬誌〉是以唐碑或者是歐陽詢、褚遂良的書作品為基調〔註 67〕。然而筆者認為是與梁碑的結構法持有相近似的書風。

〔註 65〕⑥張裕釗給徐宗亮（椒岑）的書簡第 2 通（同治 11 年推定），⑦張裕釗給徐宗亮（椒岑）的書簡第 3 通（同治 11 年左右推定），⑧張裕釗給張裕鍇（鐵巖）的信封（光緒元年），⑨張裕釗給富升的書簡（光緒 6 年推定），⑩跋清徐沛齋〈臨趙孟頫《道德經》〉（光緒 7 年）5 點可舉出。

〔註 66〕魚住和晃《張廉卿の書法と碑學》，165 頁。

〔註 67〕魚住和晃《張廉卿の書法と碑学》，159 頁。

本節將以張裕釗的中字書作為中心，進行受到梁碑影響的概形、筆法的檢討。於此的檢證將以第一節考察的梁碑 10 點與張裕釗的中字書作品（碑碣、題字）為中心進行比較。

一、中字書作中受梁碑的影響

於此，將進行這時期中與同治前半期進行比較，概形是如何變遷的問題。分析的方法是將同治前半期與這個時期的概形，還有唐碑的歐陽詢、褚遂良、梁碑的同一文字、同部份持有的文字進行比較。

首先，進行「書」、「事」、「同」、「治」、「有」概形的比較。於此的概形指的是文字的上端、下端畫上水平線，左端、右端畫上垂線所框出的四角形。紅色的輔助線縱橫比為正方形一比一的比率。藍色虛線則為實際上因應各文字的概形所畫上的輔助線。（表 4）

從各自的概形看來，這個時期的「書」、「事」字例為縱長之形，與同治前半期相較，接近正方形。其它字例「同」、「治」、「有」的字例也跟梁碑的〈建陵東西闕碑〉、〈梁蕭憺碑〉的概形一樣都是呈現正方形的。相較於同治前半期、唐碑的歐陽詢〈九成宮醴泉銘〉、褚遂良〈雁塔聖教序〉則可窺見縱長之形。

根據以上，這個時期張裕釗的中字書作品的概形，皆傾向正方形，此外「同」、「治」、「有」的文字橫幅廣闊，可以明朗化這個傾向也是接近梁碑的特徵。

二、中字書作中受梁碑的結構法影響

接著，將注目於梁碑的結構法，分析梁碑固有的表現與技法。以下，試著檢討梁碑對張裕釗書作品的影響，也試著包含與唐碑的對照。

（一）右捺筆與其它部分的幅度

於此，注目在持有右捺筆的字。注目在此右捺筆與除去右捺筆部份的幅度（表 5）。藍色線的輔助線，在右捺筆的上部橫畫的右端為基準，畫入直線。紅色的輔助線右側則以右端的基準畫上直線。此外，捺的部分一但停止的部分以紅色點顯示。張裕釗的書法與梁碑，於藍色直線的左側顯示著紅色點，然而唐碑則是在藍色直線的右側。由此可知，張裕釗的書法或梁碑的右捺筆以及其上部的橫畫右側並沒有差距。

（二）浮鵝鉤中的橫畫斜度

首先，注目在「九」字。梁碑與張裕釗的第一筆接近平行，其起筆與終筆的部份各自用藍色的橫線以及直線畫入，雙方線交叉的部份顯示在右上。相對的唐碑的歐陽詢、褚遂良「九」字急速地向右上，藍色的橫線與直線所交叉的部分顯示在中間。「元」、「光」、「先」、「乞」字例也同樣地可見藍色的水平線與直線交叉的地方，可在右下角看見，梁碑與張裕釗則第一筆與藍色的水平線、直線有著狹窄的空間，相對的唐碑的歐陽詢、褚遂良的狀況則呈現廣闊的空間感。

另一方面，從各自的橫畫斜度中產生的差距這點，來看橫畫方向，並用黃色的斜線畫出，藍色的橫線交叉的角度，唐碑的歐陽詢、褚遂良與梁碑相比，較為峻急地顯示著。張與梁碑相比，則較為平行，張裕釗的場合則幾乎為平行的狀態。由此可知，顯示著橫畫的斜度上張裕釗與梁碑相近。（表6）

（三）其它的橫畫斜度

基於浮鵝鉤相組合的橫線較淺的結果，於此試著與其它的斜度相比較。以下有「車」的偏旁的橫畫斜度，與有「戈」部的橫畫斜度的文字作為分析對象。與上述的分析相同，藍色的橫線與直線交叉的部分，顯示著文字的右邊。接著梁碑與張裕釗此時期的橫畫斜度，以黃色的斜線畫出，皆趨近於水平狀態。而相較於唐碑為對象的字例，橫畫的斜度以梁碑與張裕釗作比較，每個都是銳角的角度。因此可知其它的橫畫斜度，張裕釗與梁碑也是接近的。（表7）

三、同治前半期的共通點以及梁碑的影響

於此，將分析同治前半期的大楷〈鮑照飛白書勢銘〉與同治後半期的中楷①～⑥的共通點。鉤的方面，可舉例以下字例「奇」、「子」、「事」、「等」、「手」、「擊」、「分」，浮鵝鉤方面則可以舉「危」、「鮑」、「院」、「光」等字，皆為大幅度伸展，此點繼承著同治前半期的書風（表8）。

與同治前半期相較，受到梁碑影響的這個時代，張裕釗的書法接近正方形，橫畫的斜度較淺如此的特徵看來，可感受到安定之感，另一方面，以鉤為中心的從同治前半期所繼承的開放感融合，也因此具備了獨創性。學習古典的碑帖的這個時代張裕釗書的作品，是融合著古典與當時的書特徵時期，推測對張裕釗來說也是初次的挑戰吧。

四、獨自的點畫特徵

以下，將檢討張裕釗獨自的點畫特徵，與唐碑、梁碑以及前時代（同治前半期〈鮑照飛白書勢銘〉）的相異之處，試著考察僅有張裕釗獨有的特徵。

（一）右捺筆

述及楷書，可以想到唐楷，也就是「一字一捺」（右捺筆只有一個）為原則。一字中若有複數的右捺筆，則可推測其效果相互排斥。然而，張裕釗的中字作品中，可散見一字中具有兩個右捺筆之筆畫。

舉例來說（表9），張裕釗的碑碣作品的①「資」、②「食」、④「遂」、⑥「遂」字可以確認具有兩個右捺筆。其它如同張裕釗的碑碣書作品的①「資」、②「流」・「源」・「縣」・「其」・「榮」・「孤」・「原」・「眒」、③「系」、④「乘」・「縣」・「遂」・「業」、⑤「謀」、⑥「潔」・「其」或者是張裕釗的題字書作品的①「賓」中可見左撇與右捺筆的組合部份，亦可被確認，向左右方向並具有開放性的表現。此左撇為起筆以細線條書寫，送筆變粗而撇出，此發揮了對稱性強烈的印象效果。

另一方面，相較於此，唐碑的歐陽詢、褚遂良與梁碑，點方面則停止書寫，另外與這個時期以及從前的同治前半期的文字相比，這個時期的末筆就如此出鋒，而同治期的末筆則一度停止的樣子可被窺見。

由此，這個獨自的右捺筆，是從這個時期開始即為張裕釗獨創的特徵表現。

（二）直畫的強調

前述及的左側或右側延長之事以外，將注目於張裕釗的碑碣書作品的「修」、「候」、「諭」、「前」字的文字。空白的部分上線與下線畫出，呈現出直畫延長的現象。相較於此，唐碑的歐陽詢、褚遂良與梁碑的「踰」、「前」、「則」或者是同治前期張裕釗的「箭」皆以短縱畫書寫著（表10）。

此外，「在」、「巡」、「逆」的左撇中，張裕釗的場合是直線的直畫書寫著，於左撇或直畫的點畫中，與一般的唐楷或梁碑有著相異的樣子呈現（表11）。這些的直畫強調的獨自特徵，呈現了視野上下延長的效果。

（三）從點到橫畫的變化

注目於「金」、「幸」的偏旁時，雖可知一般的字中以點書寫的樣子，然而這個時期中的字例則可見從點向橫畫的變化出現。舉例來說，這個時期的碑碣

作品中的②「銘」、③「饒」・「錢」・「銘」・「財」、④「報」・「勢」・「達」・「幸」・「鑑」、⑤「召」・「將」、⑥「昭」可見到的字例。這些與唐楷、梁碑以及從前的張書比較時，可以說是這個時期中張裕釗獨自的點畫特徵（表12）。

由此可見，同治後半期、光緒前半期中張裕釗的中楷，擷取了梁碑的書表現，特別是梁碑的碑額楷書樣式汲取後急速展開的書學特徵。此外，加上張裕釗獨自的書寫方式，亦可說是反映了其書學觀念。

小　結

本文章檢討了晚清同治後半期・光緒前半期中，關於與曾國藩的幕府官僚們的交流經緯，注目了曾國藩幕下的人物莫友芝。因為與莫友芝的碑帖交流，重視了張裕釗曾過眼的梁碑影響。梁碑雖然殘缺，留有許多不可判讀的文字，大概可見為整齊、圓潤並溫和的書法。

相較於前人未提起的點，筆者指出了張裕釗於同治後半期中，受到了從莫友芝或曾國藩的諸多援助。推測了因為與莫友芝緊密的交友關係，並且受到訪碑文化的影響，叩入了廣大的學書之門。

張裕釗的同治後半期的大楷書作品與同治前半期的大楷書作品相通，可被確認小楷也持續如同莫友芝的點畫與自由的結構影響，中楷則近於梁碑碑額的楷書樣式，趨近於正方形的概形，並且撇與其他部分的幅度沒有差距。此外，浮鵝鈎的橫畫斜度，與其他的橫畫斜度與梁碑相近，這些都是可以被想像為受到梁碑的影響。此外，鈎、浮鵝鈎的筆劃皆為伸展，此點與從前的書作品沒有改變。另一方面，淺斜度此點，可感受到安定感，此與從前包含的張裕釗書法共通開放感，雙方融合可見其獨創的書風。學習古典的碑帖這個時代的張裕釗書作品，是古典與當時的書特徵融合的時期，也可被推測對於張裕釗來說，應為初次的挑戰吧。此外，與前時代（同治前半期〈鮑照飛白書勢銘〉）比較，可以想見右捺筆或直畫的強調、點到橫畫的變化是這個時代中，獨自的點畫特徵。

根據以上，張裕釗的中楷書作，是張裕釗的書法發展中重要的過程，於張裕釗的書法發展中的背景，依然受到曾國藩幕府，特別是從莫友芝的影響很大，特別是這個時期，莫友芝的訪碑活動使得張裕釗書法的觀念轉換，有著很大的要因。

圖　表

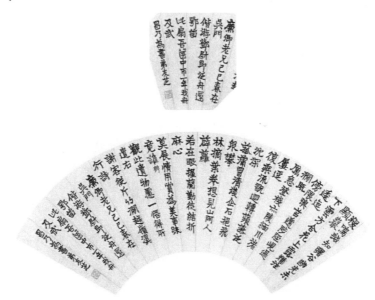

【圖1】莫友芝贈與張裕釗的書作（同治9年推定）

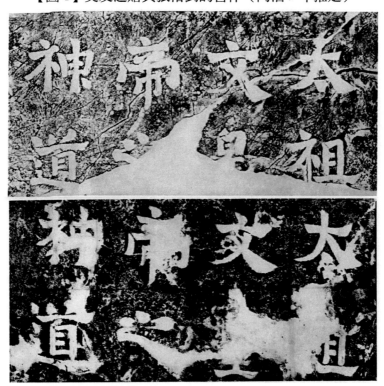

【圖2】〈梁太祖文皇帝（蕭順之）　梁建陵東西闕〉

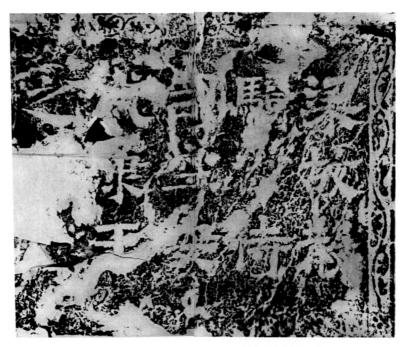

【圖3】梁貝義淵〈梁安成康王　蕭秀東西碑〉碑額

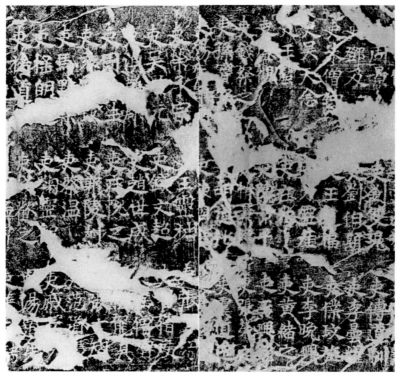

【圖4】梁貝義淵〈梁安成康王　蕭秀東西碑〉碑陰

【圖 5】梁貝義淵〈梁始興忠武王蕭憺碑〉碑額

【圖 6】梁貝義淵〈梁始興忠武王蕭憺碑〉碑陽

【圖7】〈梁吳平忠侯　蕭景神道石柱題額〉

【圖8】〈梁臨川惠王　蕭宏神道二石柱題額〉

【圖9】〈梁南康簡王　蕭績神道二石柱題額〉

【圖10】〈梁瘞鶴碑〉

【圖11】大字作品：張裕釗贈李鴻章的書作
（同治11年推定）

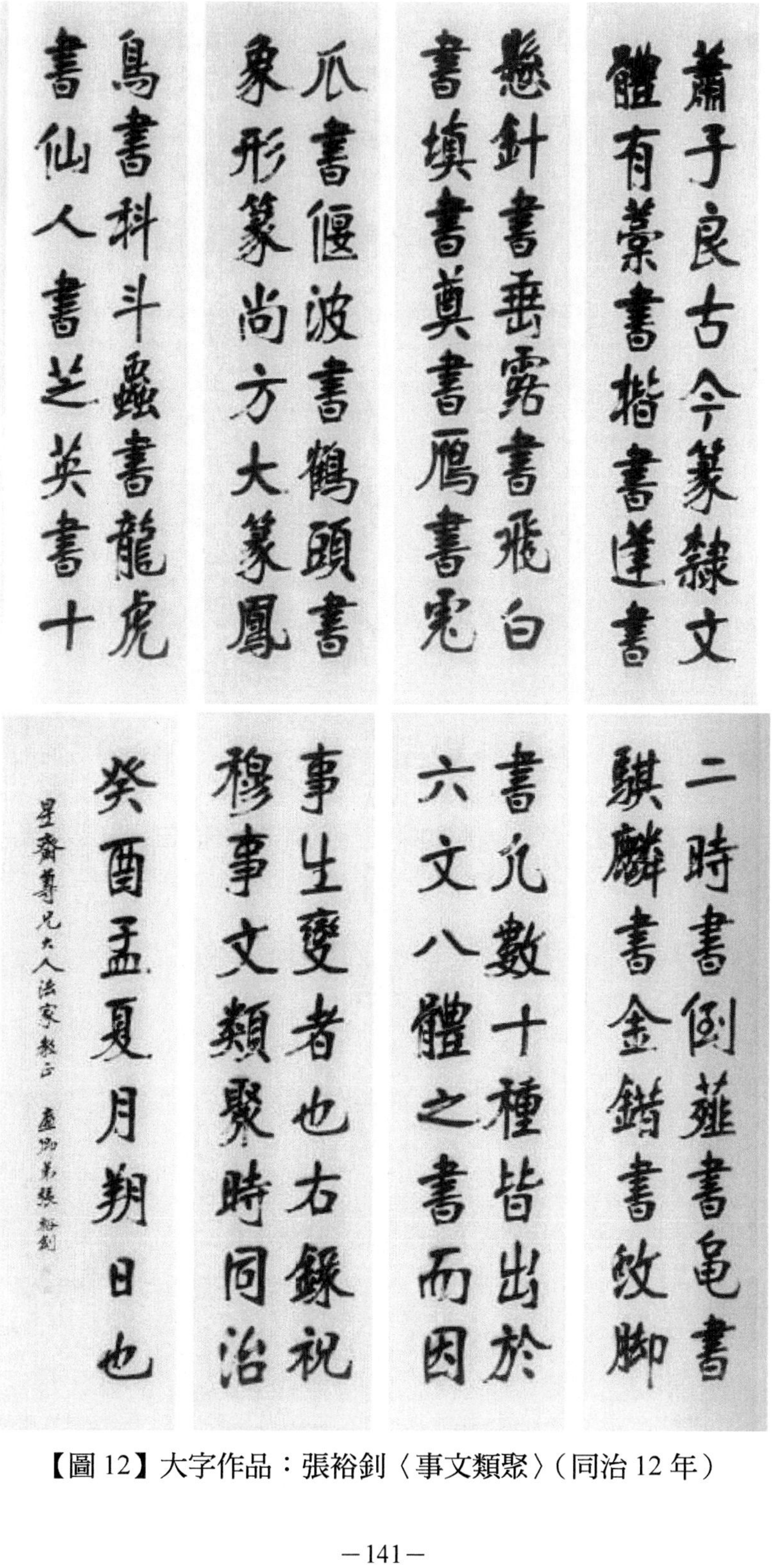

蕭子良古今篆隸文
體有薰書楷書蓮書
懸針書垂露書飛白
書填書奠書鷹書鳧
爪書偃波書鶴頭書
象形篆尚方大篆鳳
鳥書科斗蟲書龍虎
書仙人書芝英書十
二時書倒薤書龜書
騏麟書金錯書蚊腳
書凡數十種皆出於
六文八體之書而因
事生變者也右錄祝
穆事文類聚時同治
癸酉孟夏月朔日也
星齋尊兄大人法家教正　盧州弟張裕釗

【圖12】大字作品：張裕釗〈事文類聚〉（同治12年）

【圖13】中字作品：張裕釗〈代湘鄉曾相國重脩金山江天
　　　　寺記〉（同治10年）

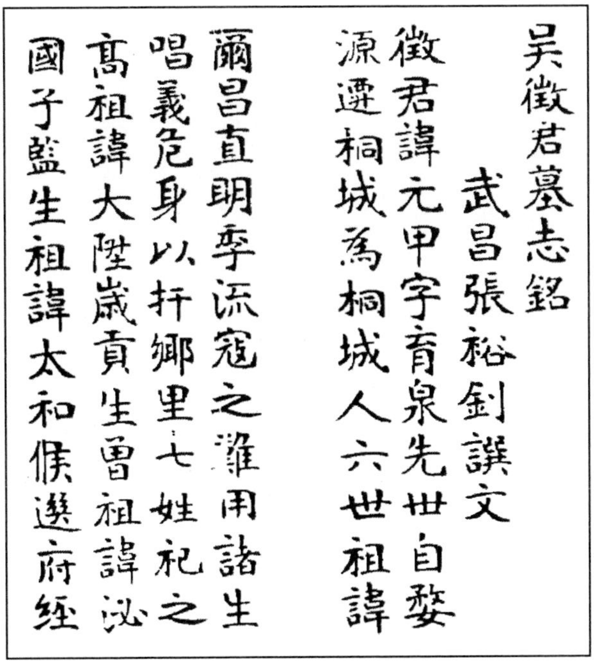

吳徵君墓志銘
武昌張裕釗譔文
徵君諱元甲字育泉先世自婺
源遷桐城為桐城人六世祖諱
爾昌直明季流寇之濉用諸生
唱義危身以扞鄉里七姓祀之
高祖諱大陞歲貢生曾祖諱泌
國子監生祖諱太和候選府經

【圖 14】中字作品：張裕釗〈吳徵君墓誌銘〉
（同治 12 年左右推定）

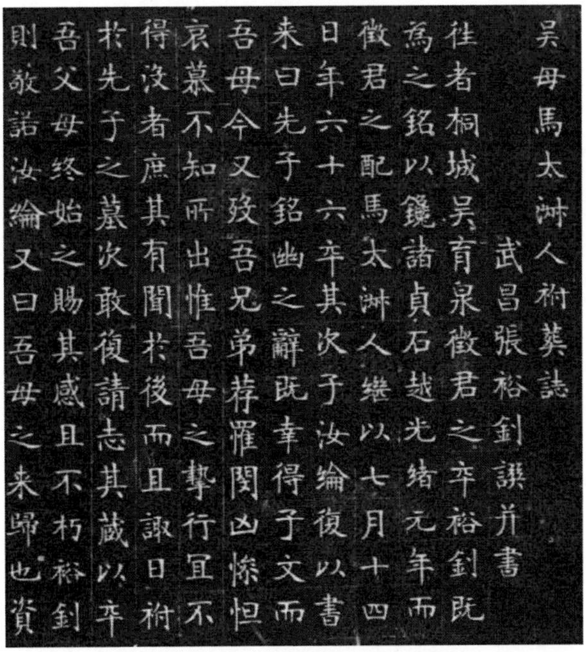

【圖 15】中字作品：張裕釗〈吳母馬太淑人
祔葬誌〉（光緒元年推定）

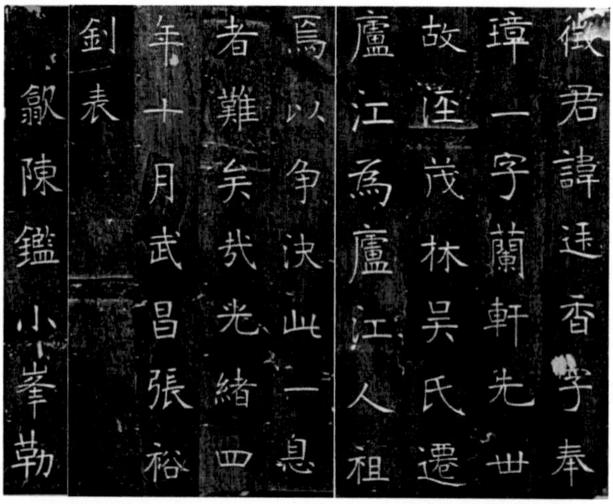

【圖 16】中字作品：張裕釗〈吳蘭軒墓表〉（光緒 4 年）

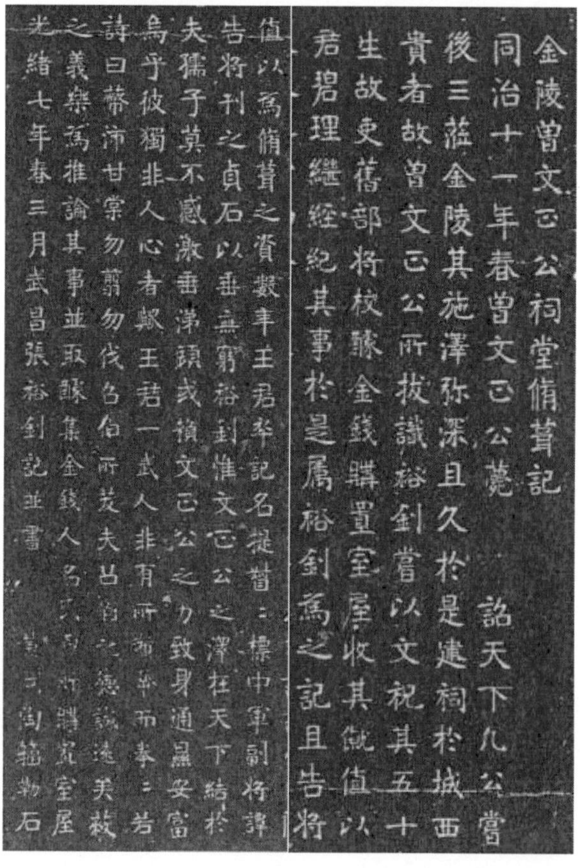

【圖 17】中字作品：張裕釗〈金陵曾文正公祠脩葺記〉（光緒 7 年）

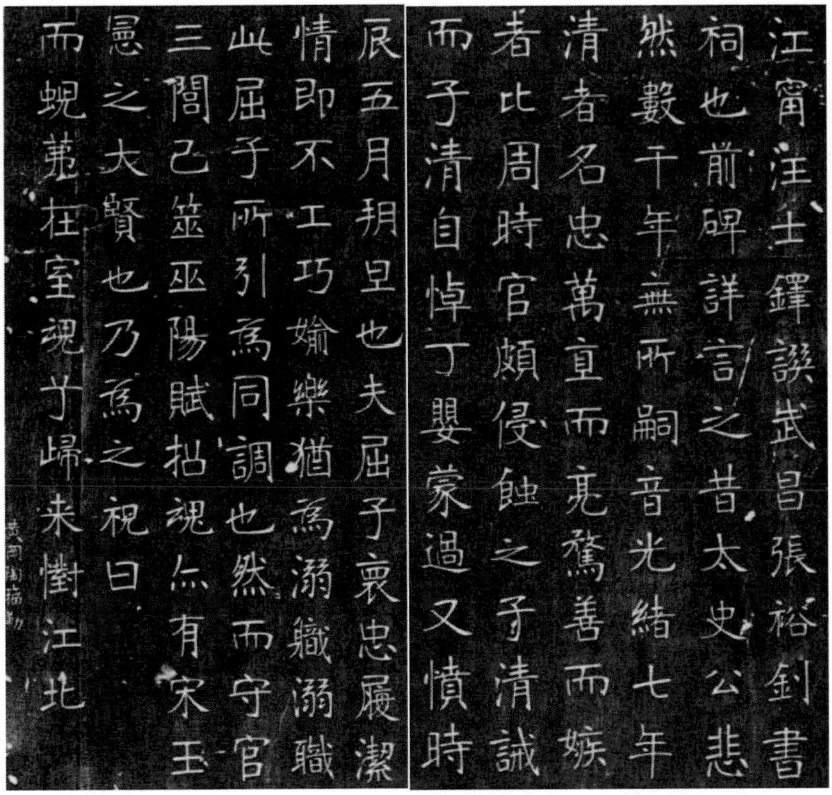

江甯汪士鐸譔武昌張裕釗書
祠也前碑詳言之昔太史公悲
然數千年無所嗣音光緒七年
清者名忠萬亘而亮鶩善而嫉
者比周時官頗侵蝕之子清誠
而子清自悼丁嬰蒙過又憤時
辰五月朔旦也夫屈子衷忠履潔
情即不工巧媮樂猶爲溺職溺職
此屈子所引爲同調也然而守官
三閭己箴巫陽賦招魂亦有宋玉
慁之大賢也乃爲之祝曰
而蜆蒐在室魂兮歸來懟江北

【圖 18】中字作品：張裕釗〈屈子祠堂後碑〉（光緒 7 年推定）

舒蓺室隨
筆六卷
同治十三年
冬十月金陵
冶城賓館刊
張裕釗署首

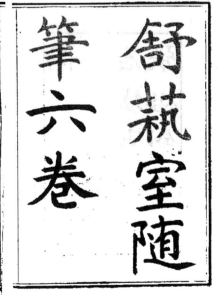

【圖 19】中字作品：張裕釗《舒藝室隨筆六卷》題字（同治 13 年）

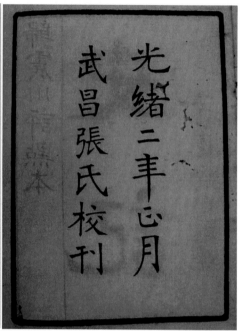

【圖 20】中字作品：張裕釗《史記》題字（光緒 2 年）

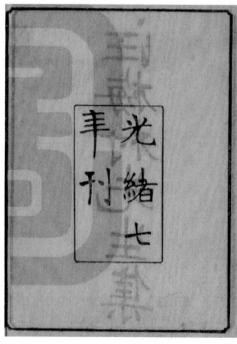
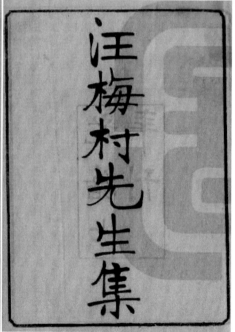

【圖 21】中字作品：張裕釗《汪梅村先生集》題字（光緒 7 年）

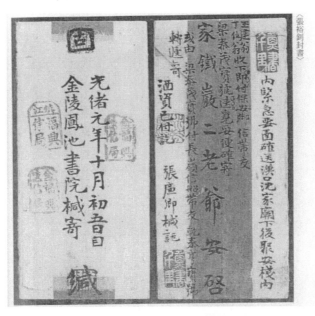

【圖22】小字作品：張裕釗給鐵巖的書簡（光緒元年）

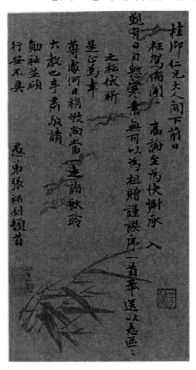

【圖25】小字作品：張裕釗給
　　　　富升的書簡（光緒6
　　　　年推定）

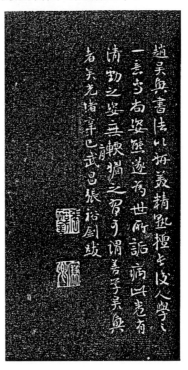

【圖23】小字作品：張裕釗跋清
　　　　徐沛齋〈臨趙孟頫《道
　　　　德經》〉（光緒7年）

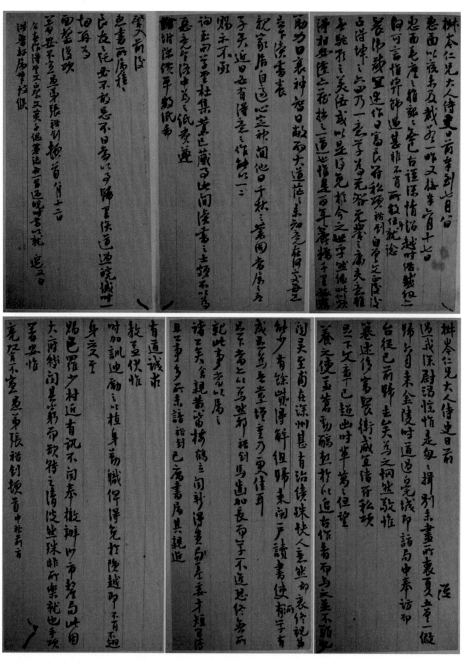

【圖24】小字作品：張裕釗給徐宗亮的 2 通書簡（同治 10 年～同治 12 年 2 月推定）（傍線筆者）

【表 1】同治前半期〈鮑照飛白書勢銘〉‧後半期〈贈李鴻章書作〉中張裕釗大楷的相異點、同治後半期大楷〈贈李鴻章書作〉‧中楷〈代湘鄉曾相國重脩金山江天寺記〉中張裕釗的書作的共同點的比較

同治前半期 大楷〈鮑照飛白書勢銘〉 （同治 5 年）		同治後半期 大楷〈贈李鴻章書作〉（同治 11 年）		同治後半期 中楷〈代湘鄉曾相國重脩金山江天寺記〉（同治 10 年）	
行意		整齊		整齊	
圓筆		方筆		方筆	
長方		正方		正方	

【表 2】同治前半期〈鮑照飛白書勢銘〉‧後半期〈事文類聚〉中張裕釗大楷的同特徵的比較

點畫	同治前半期	同治後半期
	〈鮑照飛白書勢銘〉（同治 5 年）	〈事文類聚〉（同治 12 年）
橫畫		
豎畫		
左撇		

鈎	子	字	制	勁	子	事	翔	倒
浮鵝鈎	此	絶	勢	龍	虎	龍	龜	
轉折	勁	精	崩	錦	翔	白		
右豎畫的收筆	瑶	垂			仙	因	齒	垂
「龍鳥飛白虎」形	龍	鳥	飛		龍	鳥	飛	
	虎	白			虎	白		

【表3】莫友芝的咸豐年間小楷以及同治前半期・同治後半期及光緒期中張裕釗小楷的點畫・結構的同特徵的比較

點　畫	左　撇	鈎	轉　折	結　構	方　向		浮鵝鈎
莫友芝咸豐8年	行	時	馬	莫友芝咸豐8年	友	把	
莫友芝咸豐9年	僧	子	覺	莫友芝咸豐9年	不	兒	
張①同治2年	居	子	為	張①同治2年	不	也	
張②同治2年	天	子	為	張②同治2年	友	巴	
張③同治3年	庭	子	為	張③同治3年	子	記	

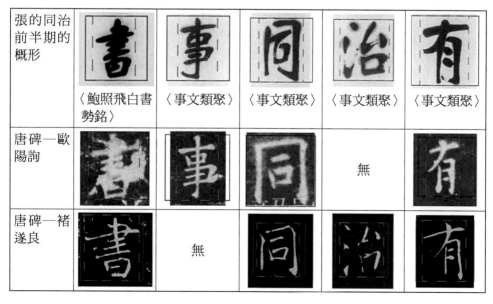

張④ 同治4年	屈	村	為	張④ 同治4年	大	耗
張⑤ 同治7年	大	于	為	張⑤ 同治7年	不	見
張⑥ 同治11年	不	㝠	為	張⑥ 同治11年	士	兄
張⑦ 同治11年	戶	㝠	馬	張⑦ 同治11年	一	已
張⑧ 光緒元年	光	寄	鳳	張⑧ 光緒元年	妥	沈
張⑨ 光緒6年	燗	寺	為	張⑨ 光緒6年	大	觀
張⑩ 光緒7年	者	㾓	為	張⑩ 光緒7年	者	毘

【表4】中字書作中從梁碑的影響

張的同治 前半期的 概形	書 〈鮑照飛白書 勢銘〉	事 〈事文類聚〉	同 〈事文類聚〉	治 〈事文類聚〉	有 〈事文類聚〉
唐碑—歐 陽詢	書	事	同	無	有
唐碑—褚 遂良	書	無	同	治	有

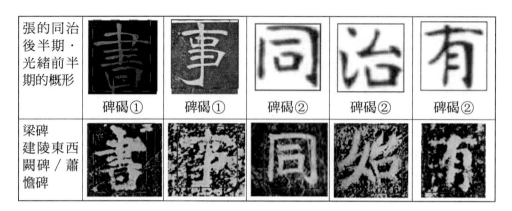

張的同治後半期・光緒前半期的概形	碑碣①	碑碣①	碑碣②	碑碣②	碑碣②
梁碑 建陵東西闕碑／蕭憺碑					

【表5】梁碑結構法的影響（1）右捺筆與其它部份的幅度

唐碑 歐陽詢／褚遂良	大	太	文	父	之	之	效	斁
梁太祖文皇帝神道石柱題字					無		無	
梁安成康王蕭秀碑碑額			無					
梁安成康王蕭秀碑碑陰	無						無	
梁碑蕭憺碑碑額	無		無					
梁碑蕭憺碑	無		無					
梁吳平忠侯蕭景神道石柱題字鏡射	無		無					
梁臨川靖惠王蕭宏神道石柱題字	無		無					

梁南康簡王蕭績神道石柱題字	無	無	![之]	![故]
碑碣①	大	文	之	政
碑碣②	大	文	之	徵
碑碣③	大	文	之	故
碑碣④	大	文	之	故
碑碣⑤	天	文	之	故
碑碣⑥	大	文	之	沒
題字②	校	史	無	無

【表6】梁碑結構法的影響（2）浮鵝鈎中橫畫斜度

黃線、藍色的橫線所交叉的角度

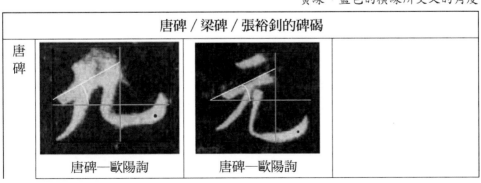

唐碑／梁碑／張裕釗的碑碣		
唐碑	唐碑—歐陽詢	唐碑—歐陽詢	

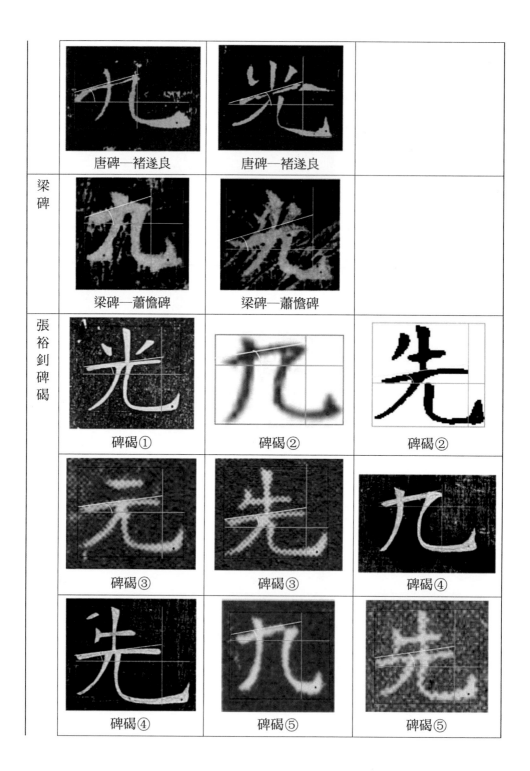

	唐碑—褚遂良	唐碑—褚遂良	
梁碑	梁碑—蕭憺碑	梁碑—蕭憺碑	
張裕釗碑碣	碑碣①	碑碣②	碑碣②
	碑碣③	碑碣③	碑碣④
	碑碣④	碑碣⑤	碑碣⑤

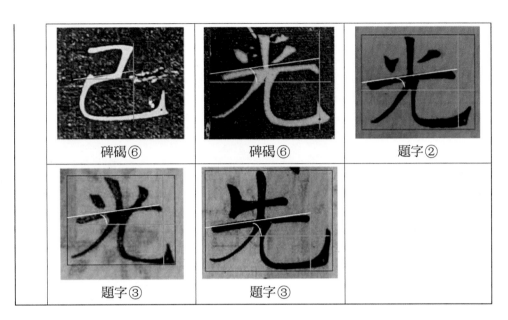

碑碣⑥	碑碣⑥	題字②
題字③	題字③	

【表 7】梁碑結構法的影響（3）其它的橫畫斜度

黃線、藍色的橫線所交叉的角度

唐碑／梁碑 張裕釗的碑碣	有「車」的橫畫斜度	有「戈」橫畫斜度
唐碑 歐陽詢		
唐碑 褚遂良		
梁碑 蕭憺碑		

張裕釗碑碣①		無
張裕釗碑碣②		
張裕釗碑碣③	無	
張裕釗碑碣④		
張裕釗碑碣⑤		
張裕釗碑碣⑥	無	

【表 8】同治前半期的大楷・後半期的中楷中張裕釗同特徵的比較

張裕釗的碑碣	鈎		浮鵝鈎	
同治前半期的大楷〈鮑照飛白書勢銘〉	奇	子	危	匏
這個時期的中楷—碑碣①	事	等	院	光
這個時期的中楷—碑碣②	乎	子	親	孔
這個時期的中楷—碑碣③	子	乎	既	尤
這個時期的中楷—碑碣④	擊	子	先	克
這個時期的中楷—碑碣⑤	乎	子	也	既
這個時期的中楷—碑碣⑥	寸	子	光	也

【表 9】獨自的特徵（1）右捺筆

唐碑—歐／褚	以	流	不	甚	食
梁碑	以		不	具	
同治前半期〈鮑照飛白書勢銘〉	似	波	豪	珠	尺

這個時期的碑碣①	以	資			
這個時期的碑碣②	流 / 孫	源 / 縣	縣 / 原	其 / 眛	榮 / 食
這個時期的碑碣③	系				
這個時期的碑碣④	乘 / 業	縣 / 業	縣 / 不	以	遂
這個時期的碑碣⑤	下	謀			
這個時期的碑碣⑥	潔	其	不	遂	
這個時期的題字①	賓				

【表10】獨自的特徵（2）直畫的強調

唐碑—歐／褚	踰			前	
梁碑			前	前	剃

同治前半期〈鮑照飛白書勢銘〉	箭			
此時期的碑碣①	修			
此時期的碑碣②	候	窬		
此時期的碑碣③	瘉	喻		
此時期的碑碣④	舟	船	前	
此時期的碑碣⑤	脩			
此時期的碑碣⑥	諭	前	踚	蜆

【表11】獨自的特徵（2）直畫的強調

唐碑—歐／褚	在	在	梁碑	挺
同治前半期「鮑照飛白書勢銘」	無			
此時期的碑碣②	在	無	此時期的碑碣⑤	柱
此時期的碑碣④	巡	逆	此時期的碑碣⑥	在

【表 12】獨自的特徵（3）從點到橫畫的變化

唐碑— 歐／褚			梁碑— 蕭憺碑		
同治前半期〈鮑照飛白書勢銘〉					
此時期的碑碣②					
此時期的碑碣③					
此時期的碑碣④					
此時期的碑碣⑤					
此時期的碑碣⑥					

圖版出處

【圖1】莫友芝贈與張裕釗的書作（同治9年推定）

　　莫友芝〈楷書七言詩〉（2017年7月15日閱覽）

　　http://book.kongfz.com/75119/566652570/

【圖2】〈梁太祖文皇帝（蕭順之）　梁建陵東西闕〉

　　神田喜一郎、田中親美監修《書道全集》，第五冊，中國5，南北朝I（平凡社，1980年），36～37頁。

【圖3】梁貝義淵〈梁安成康王　蕭秀東西碑〉碑額

　　神田喜一郎、田中親美監修《書道全集》，第五冊，中國5，南北朝I（平凡社，1980年），38～39頁。

【圖4】梁貝義淵〈梁安成康王　蕭秀東西碑〉碑陰

　　神田喜一郎、田中親美監修《書道全集》，第五冊，中國5，南北朝I（平凡社，1980年），40～41頁。

【圖5】梁貝義淵〈梁始興忠武王蕭憺碑〉碑額

　　神田喜一郎、田中親美監修《書道全集》，第五冊，中國5，南北朝I（平凡社，1980年），42～43頁。

【圖6】梁貝義淵〈梁始興忠武王蕭憺碑〉碑陽

　　《書跡名品叢刊　梁貝義淵　蕭憺碑》田近憲三藏本（二玄社，1988年11月）

【圖7】〈梁吳平忠侯　蕭景神道石柱題額〉

　　神田喜一郎、田中親美監修《書道全集》，第五冊，中國5，南北朝I（平凡社，1980年），50～51頁。

【圖8】〈梁臨川惠王　蕭宏神道二石柱題額〉

　　神田喜一郎、田中親美監修《書道全集》，第五冊，中國5，南北朝I（平凡社，1980年），52～53頁。

【圖9】〈梁南康簡王　蕭績神道二石柱題額〉

　　神田喜一郎、田中親美監修《書道全集》，第五冊，中國5，南北朝I（平凡社，1980年），54～55頁。

【圖10】〈梁瘞鶴碑〉

　　神田喜一郎、田中親美監修《書道全集》，第五冊，中國5，南北朝I（平凡社，1980年），22～23頁。

【圖11】大字作品：張裕釗贈李鴻章的書作（同治 11 年推定）

　　序章揭注 75，陳氏著，197 頁。

【圖12】大字作品：張裕釗〈事文類聚〉（同治 12 年）

　　書象會發行《第四十回書象展記念——張廉卿・宮島詠士・上條信山作品集》（2001 年 7 月 6 日），26～27 頁。

【圖13】中字作品：張裕釗〈代湘鄉曾相國重脩金山江天寺記〉（同治 10 年）

　　張裕釗〈代湘鄉曾相國重脩金山江天寺記〉拓本，中國個人藏。

【圖14】中字作品：張裕釗〈吳徵君墓誌銘〉（同治 12 年左右推定）

　　趙金敏〈張裕釗書《吳徵君墓誌銘》〉（《收藏家》第 4 期，北京市文物局，1994 年）、27～29 頁。

【圖15】中字作品：張裕釗〈吳母馬太淑人祔葬誌〉（光緒元年推定）

　　序章揭注 119，張裕釗・宮島詠士師弟書法展覽實行委員會編，48 頁。

【圖16】中字作品：張裕釗〈吳蘭軒墓表〉（光緒 4 年）

　　張裕釗〈吳蘭軒墓表〉拓本。管見中國・日本個人藏二冊留存。

【圖17】中字作品：張裕釗〈金陵曾文正公祠修葺記〉（光緒 7 年）

　　序章揭注 61，魚住氏著，30 頁。

【圖18】中字作品：張裕釗〈屈子祠堂後碑〉（光緒 7 年推定）

　　張裕釗〈屈子祠堂後碑〉拓本。中國個人藏。

【圖19】中字作品：張裕釗《舒藝室隨筆六卷》題字（同治 13 年）

　　同治十三年冬十月金陵冶城賓館刊　張裕釗署首《舒藝室隨筆六卷》。哈佛燕京圖書館藏。

【圖20】中字作品：張裕釗《史記》題字（光緒 2 年）

　　歸震川評點本　方望溪評點坿後　光緒二年正月武昌張氏校刊「史記」。南京圖書館藏。

【圖21】中字作品：張裕釗《汪梅村先生集》題字（光緒 7 年）

　　光緒七年刊「汪梅村先生集」。中國國家圖書館藏。

【圖22】小字作品：張裕釗給鐵巖的書簡（光緒元年）

　　序章揭注 61，魚住氏著，164、30 頁。

【圖23】小字作品：張裕釗跋清徐沛齋〈臨趙孟頫《道德經》〉（光緒 7 年）

　　右瞿忠謀〈從《評跋萃刊》看晚清書家對趙體書法的反思性評價〉（《書法》2012 年第 11 期，2012 年 11 月），96 頁。

【圖 24】小字作品：張裕釗給徐宗亮的 2 通書簡（同治 10 年～同治 12 年 2
　　　　月推定）（傍線筆者）

　　《蔣元卿舊藏晚清和近代名人手札》（安徽省安慶市圖書館古籍部藏）

【圖 25】小字作品：張裕釗給富升的書簡（光緒 6 年推定）左

　　國立故宮博物院　書畫典藏資料檢索系統／購書 934（2017 年 7 月 15 日閱
　　覽）https://painting.npm.gov.tw/Painting_Page.aspx?dep=P&PaintingId=34926

表圖版出處

【表 1】同治前半期〈鮑照飛白書勢銘〉・後半期〈贈李鴻章書作〉中張裕釗大
　　　　楷的相異點、同治後半期大楷〈贈李鴻章書作〉・中楷〈代湘鄉曾相國
　　　　重脩金山江天寺記〉中張裕釗的書作的共同點的比較

1. 張裕釗〈鮑照飛白書勢銘〉（同治 5 年）

　　劉再蘇《名人楹聯真蹟大全・附屏條堂幅》第 6 冊（世界書局，1925 年
　　再版）。劉再蘇《名人楹聯墨蹟大觀》（湖北美術出版社，1998 年 3 月），
　　344～345 頁。

2. 張裕釗〈贈李鴻章書作〉（同治 11 年）

　　前揭圖 11。

3. 張裕釗〈代湘鄉曾相國重脩金山江天寺記〉（同治 10 年）

　　前揭圖 13。

【表 2】同治前半期〈鮑照飛白書勢銘〉・後半期〈事文類聚〉中張裕釗大楷的
同特徵的比較

1. 張裕釗〈鮑照飛白書勢銘〉

　　劉再蘇《名人楹聯真蹟大全・附屏條堂幅》第 6 冊（世界書局，1925 年
　　再版）。劉再蘇《名人楹聯墨蹟大觀》（湖北美術出版社，1998 年 3 月），
　　344～345 頁。

2. 張裕釗〈事文類聚〉

　　前揭圖 12。

【表 3】莫友芝的咸豐年間小楷以及同治前半期・同治後半期及光緒期中張裕
　　　　釗小楷的點畫・結構的同特徵的比較

1. 莫友芝〈送九黻弟之湖南縣丞四首〉（咸豐 8 年）

　　王紅光主編《貴州省博物館館藏精選──莫友芝書法篆刻作品集》（廣西
　　師範大學出版社，2014 年 12 月），82～83 頁。

2. 莫友芝〈和陶詩〉卷（咸點 9 年）

王紅光主編《貴州省博物館館藏精選——莫友芝書法篆刻作品集》（廣西師範大學出版社、2014 年 12 月），72～75 頁。

3. 張裕釗〈劉府君墓誌銘〉（同治 2 年推定）

張裕釗〈劉府君墓誌銘〉，浙江圖書館古籍部藏。書號：D605176、通號：XZ13717。

4. 張裕釗給曾國藩的書簡（同治 2 年推定）

《陶風樓藏名賢手札》宣紙影印初版（江蘇省立國學圖書館出版，1930 年，南京圖書館藏）。

5. 張裕釗給曾國藩的書簡（同治 2 年推定）

《陶風樓藏名賢手札》宣紙影印初版（江蘇省立國學圖書館出版，1930 年，南京圖書館藏）。

6. 張裕釗給徐宗亮（椒岑）的書簡（同治 4 年推定）

《蔣元卿舊藏晚清和近代名人手札》（安徽省安慶市圖書館古籍部藏）

7. 張裕釗給曾國藩的書簡（同治 7 年推定）

張裕釗〈致曾國藩〉、陶湘《昭代名人尺牘小傳續集》卷 18，26 頁（文海出版社，1980 年），總 1327～1328 頁。

8. 張裕釗給徐宗亮（椒岑）的書簡（同治 11 年推定）

前揭圖 24。

9. 張裕釗給徐宗亮（椒岑）的書簡（同治 11 年推定）

前揭圖 24。

10. 張裕釗給鐵巖的書簡（光緒元年）

前揭圖 22。

11. 張裕釗給富升的書簡（光緒 6 年推定）

前揭圖 25。

12. 張裕釗的跋清徐沛齋〈臨趙孟頫《道德經》〉（光緒 7 年）

瞿忠謀〈從《評跋萃刊》看晚清書家對趙體書法的反思性評價〉《書法》2012 年第 11 期（2012 年 11 月），96 頁。

【表 4】中字書作中從梁碑的影響

【表 5】梁碑結構法的影響（1）右捺筆與其它部份的幅度

【表 6】梁碑結構法的影響（2）浮鵝鉤中橫畫斜度

【表 7】梁碑結構法的影響（3）其它的橫畫斜度

【表 8】同治前半期的大楷・後半期的中楷中張裕釗同特徵的比較

【表 9】獨自的特徵（1）右捺筆

【表 10】獨自的特徵（2）直畫的強調

【表 11】獨自的特徵（2）直畫的強調

【表 12】獨自的特徵（3）從點到橫畫的變化

1. 唐碑—歐陽詢

   歐陽詢《原色法帖選 40：九成宮醴泉銘》（李鴻裔本，三井聽冰閣藏）（二玄社，1991 年 3 月）

2. 唐碑—褚遂良

   褚遂良《宋拓雁塔聖教序》（東京國立博物館藏）（三省堂出版株式會社，1946 年 2 月）

3. 梁太祖文皇帝神道石柱題字

4. 梁安成康王蕭秀碑碑額

5. 梁安成康王蕭秀碑碑陰

6. 梁碑蕭憺碑碑額

7. 梁碑蕭憺碑

8. 梁吳平忠侯蕭景神道石柱題字（鏡射）

9. 梁臨川靖惠王蕭宏神道石柱題字

10. 梁南康簡王蕭績神道石柱題字

    前揭圖 2～圖 10

11. 同治前半期的大楷〈鮑照飛白書勢銘〉

    劉再蘇《名人楹聯真蹟大全・附屏條堂幅》第 6 冊（世界書局，1925 年再版）。劉再蘇《名人楹聯墨蹟大觀》（湖北美術出版社，1998 年 3 月），344～345 頁。

12. 這個時期的中楷—碑碣①②③④⑤⑥

    前揭圖 13～圖 18

13. 這個時期的中楷—題字①②③

    前揭圖 19～圖 21

第四章　光緒中期以後張裕釗的書法

序

　　張裕釗進入光緒中期（光緒 9 年～20 年）以後，自己的書法可以說是更為發展。這期間，張裕釗身為保定蓮池書院（光緒 9 年～14 年、1883～1888年）‧武昌江漢書院（光緒 15 年～17 年、1889～1891 年）‧襄陽鹿門書院（光緒 17 年～18 年、1891～1892 年）山長（相當於今天的大學校長），與這個時期的文人交流雖有被注目，然而關於他的書法是如何展開的，仍有許多議論，而前人的研究有必要再進行檢討。

　　迄今的前人研究，魚住和晃一貫地認為光緒中期是最重要的時期[註1]。近年，陳啟壯發現張裕釗早年期新資料的同時，也集中研究著光緒中期以後的作品[註2]。

　　光緒中期以後殘留著張裕釗非常多的書作品。本章特別要檢討的書作，將根據前人研究的成果再加以考察，並注目於有紀年的作品，以及年代可推定的書作進行研究。

　　前人研究中，以下指出關於光緒中期的作品的位置與評價。首先關於大字書作〈箴言（崔瑗座右銘）〉，魚住和晃敘述著「晚年となった裕釗が一字一字

〔註 1〕魚住和晃《張裕釗書作集》（和泉書院，1980 年 1 月）。魚住和晃《張廉卿〈悲憤と憂傷の書人〉》（柳原書局，1993 年 7 月）。魚住和晃《張廉卿の書法と碑學》（研文書局，2002 年 6 月）。
〔註 2〕陳啟壯《碑骨帖姿——張裕釗書道研究》（吉林文史出版社，2016 年 6 月）。

の結体に微妙な変化をもたせ、彼の書芸が、いよいよ佳境に入ったかを思わせる。謹厳な楷書からやや逸脱して、書を楽しむ。書体からいえば行書に入るわけであるが、筆法が篆隷の法、つまり彼のいう古法によっており、すべての画が等圧に引かれているため楷書のように見える。（晚年張裕釗一字一字的結體中帶來微妙的變化，他的書藝也漸漸進入佳境吧。從謹嚴的楷書到些許逸脫，沉浸於書法當中。從書體來說，並非進入行書，而是筆法用篆隸之法，亦即他所說的古法，全部的筆畫進行等壓而可見如同楷書般。）」〔註3〕，魚住氏認為〈箴言（崔瑗座右銘）〉於張裕釗的晚年作品為佳品。

　　接著，關於中字書作的代表作〈重脩南宮縣學記〉。魚住氏比較兩個版本，對於中華民國 7 年（1918）所刊行的一般的版本，線較為細，可感受到纖弱之感。對於裕釗來說可說是佳品。然而，於此之後，魚住氏於昭和 53 年（1978）之秋獲得良拓，有了新的看法，指出線條比初見的版本更為豐碩，一字一字中感受到精彩的程度〔註4〕。陳啟壯也稱〈重脩南宮縣學記〉為他的代名詞，是最好的書作。關於書風，細而有力，恐怕是從杜甫的詩「書貴瘦硬方通神」得到的啟發，此外另一方面，同時代的袁昶（1846～1900，字爽秋，清朝官僚）的紀錄也指出受到〈禮器碑〉的臨書影響吧〔註5〕。

　　〈重脩南宮縣學記〉的其它，〈李剛介公殉難碑記〉年代推定中，是最多異議提起的碑碣書作。魚住氏、陳氏兩者皆注目於此碑的石印本，魚住氏如以下敘述。

　　　　北碑に根幹をおいて唐碑の整斉さを加え、碑文としてふさわしい書風を造形し、さらに各点画の書法には、篆隷から学びとったところの直と曲が、きわめて自然な形で複合されている。碑学の大成者としての裕釗独歩の楷書の世界を思わせる。わずか四十四歳にして、彼の書法が既に完成期に至っていたことを、ものがたるものである。〔註6〕

　　以北碑根幹中加上唐碑的整齊度，身為碑文以相對應的書風造形之，再者各點畫的書法中，從篆隸學習各處所的直與曲線，複合成十分

〔註3〕魚住和晃《張裕釗書作集》〈張裕釗略年譜〉，169 頁。
〔註4〕魚住和晃《張裕釗書作集》〈張裕釗略年譜〉，168 頁。
〔註5〕陳啟壯《碑骨帖姿——張裕釗書道研究》，216～217 頁。
〔註6〕魚住和晃《張裕釗書作集》〈張裕釗略年譜〉，167～168 頁。

自然的形狀。身為碑學的大成者的裕釗，可說是獨步的楷書的世界。

才四十四歲，他的書法就已經到達完成期。

張裕釗 44 歲時，指的是同治 6 年，於這個〈李剛介公殉難碑記〉中，魚住氏指出他的書法已經進入完成期。

另一方面，陳啟壯先生推定本作的揮毫為同治 6 年，方筆多，可見北碑的樣子。然而，這個「外方內圓」筆法的特徵業已形成，碑的感覺濃厚，帖意雖減少，敘述著已形成自己樣貌的風格〔註7〕。魚住、陳兩先生皆認為是同治 6 年所揮毫的見解，此點的再檢討，為本章的第二節進行〔註8〕。

其它，關於宮島藏〈千字文〉（蓮池書院期推定），上條信山對於其書風，敘述著「北碑が巧みに調和され、楷書ながら筆意に微妙な行意があることに気づく。まさしく、張裕釗書法の極致を示す作といっても過言ではなく、書道史上を飾る神品である。〔註9〕（北碑巧妙地調和，雖是楷書，然筆意中增加了一些行意。便是顯示張裕釗書法的極致之作，也不算過言，裝飾於書道史上的神品。）」此外，魚住氏說明書風以唐風為基調，盡力於整齊之形體〔註10〕。

根據這些前人研究，於大字書作中，從謹嚴的楷書到稍微脫逸，指出進入行書的另一方面，敘述著筆法使用篆隸之法。此外，中字書作則是以北碑為根幹，加上唐碑的整齊度的說法。然而，這些見解各自與張裕釗書作品的實例，皆無做綿密的檢證，因此有再考的餘地。

此外，這個時期中，前人述及張裕釗受到〈張猛龍碑〉〈弔比干文〉的影響。首先，楊祖武先生將張裕釗的書風分成 9 種（書跡名+說）其中一個說法為「張猛龍說、弔比干說、齊碑說」。李健先生（清道人之侄）、丁文雋先生、李紫屏先生說張裕釗的書風受到〈弔比干文〉的影響〔註11〕。此外，陳啟壯說「這以後許多年間，張公研究，臨寫大量的魏碑石刻，尤其用功於《張

〔註7〕陳啟壯《碑骨帖姿——張裕釗書道研究》，145 頁・190～191 頁。

〔註8〕參照〈本章／第二節 從同治後半期・光緒前半期的書法變遷／一、張裕釗的書作／2. 碑碣書作／（2）〈李剛介公殉難碑記〉（石印・湖北本）（光緒9～14年推定）〉。

〔註9〕上條信山著《宮島詠士舊藏 張廉卿千字文解說》（同朋社，昭和 58 年 7 月，1983 年），25 頁。

〔註10〕魚住和晃《張裕釗書作集》〈張裕釗略年譜〉，166～167 頁。

〔註11〕楊祖武主編《張裕釗書法藝術》〈張裕釗書藝成就及分期〉，21 頁。

猛龍》、《弔比干》、《高貞碑》等碑，收穫頗豐。」〔註12〕再者，張天弓先生認為「關於張裕釗取法魏碑，研究者有《張猛龍碑》或《弔比干文》的爭議，筆者以為都有取法，從裝飾性看，恐怕取法後者多一點。」〔註13〕然而，三者皆言及〈張猛龍說〉、〈弔比干文說〉，詳細的書風檢證並未施行的狀況。

因此本章聚焦考察於光緒中期以後，張裕釗是跟怎樣的文人進行交流，關於其書法是如何發展的，前人研究可得知的臨書對象的問題也包含著考察。推測張裕釗與莫繩孫（1844～1919，莫友芝的二子，字仲武）有所交流，透過莫友芝（1811～1871，字子偲，自號邵亭，晚清金石學家、目錄版本學家、書法家）過眼〈弔比干文〉，檢證其可能性。從鄭孝胥（1860～1938，號海藏，清末官僚、滿州國政治家、書家）、沈曾植（1850～1922，字子培，晚號寐叟，書法家‧史學家）、袁昶（1846～1900，字爽秋，清朝官員。）等與張裕釗有所交流的文人們的紀錄，更加證明張裕釗的書作是根據〈弔比干文〉為基礎的。從中得知張裕釗獨自發展的書法，更明朗化其書跡的書風比較。

第一節　張裕釗〈弔比干文〉的學習以及翻刻情報的交流

本節首先從光緒中期沈曾植、袁昶、鄭孝胥的交流紀錄，檢證張裕釗學習〈弔比干文〉（圖 1）的紀錄。接著再檢討張裕釗於咸豐年間與莫友芝的交友經過。然後注目於與莫繩孫的交往，分析關於〈弔比干文〉的翻刻情報，以及與張裕釗的交流經緯。

一、與袁昶、沈曾植、鄭孝胥交流的〈弔比干文〉的學習紀錄

（一）光緒中期中與袁昶、沈曾植的交流

光緒中期袁昶的日記、沈曾植的年譜中，兩者直接與張裕釗交流的狀況，對於張的學書心得有所記載著。

〔註12〕陳啟壯《碑骨帖姿——張裕釗書道研究》，〈碑骨帖姿　自成一脈——淺析張裕釗書法與魏碑的關係〉，144 頁。

〔註13〕張天弓〈簡論張裕釗的文士魏碑楷書〉，《張裕釗卷》（張裕釗書法文化博物館，書法報社出版，2020 年 1 月），77 頁。

首先，袁昶直接與張裕釗面對面的紀錄，有光緒 11 年（1885）7 月・8 月、光緒 14 年（1888）7 月。

袁昶日記，光緒 11 年 7 月 5 日

> 武昌張廉卿先生裕釗自樊輿來，送其二子鄉試。枉過瀬齋，談久之去。〔註14〕

袁昶日記，光緒 11 年 7 月 29 日

> 招張廉卿山長、洪右臣給諫、蕙卿、定夔、子培、季直小集。

〔註15〕

袁昶日記，光緒 11 年 8 月

> 張廉卿先生名裕釗，武昌人。道光末考國子監學，錄考官為曾文正公。文正得其卷，出語人曰：「曾子固復出矣。」後廉翁治古文甚勤，依文正於江南節署，雅為公所器厚。

> 廉翁口不臧否人物、不談時事，有先輩風度。今日枉過村舍，忽慨然言之，所言極中時病，非書生迂闊語也。〔註16〕

袁昶日記，光緒 14 年 7 月

> 晤張廉卿山長，云明年將移主鄂中江漢書院，動南歸之興矣。

〔註17〕

從以上可得知，袁昶評價張裕釗的性格，也把握著其行跡。

此外，袁昶對於張裕釗的書法，有以下的記載。

袁昶日記，光緒 11 年 11 月

> 聞張廉翁每晨早起，臨〈禮器碑〉一通，率反覆有字而後易紙。不輕為人作八分，然大楷由是日進，瘦勁有力，何猿叟後不易得也。

> 能深入篆籀法，然後工作隸，能精通隸勢，然後工作大楷。能下筆深於楷，則然後可縱筆為行草。古人學藝事，釐然有次敍，絕不相亂。此取法上乘乃得中乘之訣也。〔註18〕

〔註14〕許全勝撰《沈曾植年譜長編》（中華書局，2007 年 8 月），64 頁。
〔註15〕許全勝撰《沈曾植年譜長編》，63 頁。
〔註16〕袁昶著、孫之梅整理《袁昶日記（中）》（鳳凰出版社，2018 年 6 月），638～639 頁。
〔註17〕袁昶著、孫之梅整理《袁昶日記（中）》，750 頁。
〔註18〕袁昶著、孫之梅整理《袁昶日記（中）》，645 頁。

袁昶日記，光緒 12 年 8 月

> 張廉卿先生書來，論古人作隸以拙勝，今人以巧敗。即推之萬事萬物皆然。〔註19〕

袁昶日記，光緒 14 年 8 月

> 詣廉翁，叩筆法。廉翁論包安吳言執筆名指力與大指相敵，乃有佳書。（中略）頃為子培述此語，子培復釋之云「（中略）廉翁本意殆欲以至樸寓其至巧也。藝非天機精者，不能入神，故如是夫。」（中略）良以專精真行，或可運篆勢分韻草情融裁變化其中，以自成一家之氣格。（中略）送張廉老行，九十月之交，將歸鄂中矣。〔註20〕

袁昶日記，光緒 14 年 9 月

> 細玩廉翁行楷間架結構，有因方為主，遇圓成璧之妙。〔註21〕

根據這些紀錄，光緒 11 年 7 月到 8 月之間，另外光緒 14 年 8 月中，袁昶常與張裕釗會面，論及書法相關的話語。

於此之後，除了袁昶，沈曾植與張裕釗也有所交流，這記載如以下所列。

袁昶日記，光緒 11 年 8 月 20 日

> 送廉卿先生出都，赴保定蓮池書院。（中略）子培前日與廉翁論執筆須練名指之力，與食指、中指相抵，功候殊不易到。〔註22〕

沈曾植年譜，《恪守盧日錄》，光緒 14 年 8 月 10 日

> 濂老往過。〔註23〕

沈曾植年譜，《恪守盧日錄》，光緒 14 年 8 月 11 日

> 飯後訪濂老，久談。〔註24〕

根據以上的記載，光緒 11 年 8 月張裕釗與沈曾植談論執筆的要點，於光緒 14 年 8 月的面談記錄也留存著。此外，張裕釗贈與沈曾植的書作也保存著，其落款書寫著「子培仁兄詧書。廉卿弟張裕釗。」（圖2）。

袁昶的日記，張裕釗臨寫〈弔比干文〉的紀錄，以下可列舉。

〔註19〕袁昶著、孫之梅整理《袁昶日記（中）》，662 頁。
〔註20〕袁昶著、孫之梅整理《袁昶日記（中）》，754～756 頁。
〔註21〕袁昶著、孫之梅整理《袁昶日記（中）》，760 頁。
〔註22〕許全勝撰《沈曾植年譜長編》，64 頁。
〔註23〕許全勝撰《沈曾植年譜長編》，96 頁。
〔註24〕許全勝撰《沈曾植年譜長編》，96 頁。

袁昶日記，光緒 21 年（1895）正月

　　山長張廉卿（裕釗）、武昌人。臨〈弔比干文〉、〈禮器碑〉五十年，
　　得其骨格。（乙未正月、光緒 11 年）〔註25〕

　　根據這些記述，張裕釗可以說長時間浸潤在〈弔比干文〉、〈禮器碑〉體會其骨格。從這件事也可以說〈弔比干文〉身為北魏的楷書，其特別重視之。

（二）光緒中期中與鄭孝胥的交流

　　鄭孝胥的日記裡，沈曾植與袁昶、張謇（1853～1926，字季直，張裕釗弟子）為仲介，鄭孝胥與張裕釗間接的交流狀況，如以下記述可窺知。

　　鄭孝胥日記，光緒 11 年 12 月 6 日

　　　　午後，季直來。邀赴廣和居，袁爽秋、沈子培之約。〔註26〕

　　鄭孝胥日記，光緒 12 年正月 24 日

　　　　午後，季直同沈子培來，傍晚去。〔註27〕

　　鄭孝胥日記，光緒 12 年 4 月 26 日

　　　　三逢文藝閣，云季直已往保定張廉卿處。〔註28〕

　　鄭孝胥日記，光緒 15 年 3 月 1 日

　　　　步琉璃廠，同詣季直，遇武昌張道銘，廉卿之子。〔註29〕

　　根據以上，鄭孝胥日記中，言及張裕釗的記載中，可見季直（張謇）的姓名。鄭孝胥對於張裕釗的情報，是透過張謇的仲介可得知。如同前述，光緒 11 年 8 月，光緒 14 年 8 月間張裕釗與沈曾植會面，此外張裕釗、沈曾植、鄭孝胥三人關於書法的交流，如以下的記述。

　　鄭孝胥日記，光緒 16 年閏 2 月 21 日

　　　　共子培談久之，觀張廉卿楷字。余近始悟作字貴鋪毫，於爛漫用意，
　　　　而後能自成面目。張有大名，所書甚工，而絕不用此法，心不信之，
　　　　究不能難也。〔註30〕

〔註25〕袁昶著、孫之梅整理《袁昶日記（下）》，「記生平師友行誼」，1119 頁。

〔註26〕勞祖德整理，中國國家博物館編《鄭孝胥日記（全五冊）》（中華書局，2016 年
　　　　4 月），84 頁。

〔註27〕勞祖德整理，中國國家博物館編《鄭孝胥日記（全五冊）》，第 1 冊，106 頁。

〔註28〕勞祖德整理，中國國家博物館編《鄭孝胥日記（全五冊）》，106 頁。

〔註29〕勞祖德整理，中國國家博物館編《鄭孝胥日記（全五冊）》，138 頁。

〔註30〕許全勝撰《沈曾植年譜長編》，120 頁。勞祖德整理，中國國家博物館編《鄭
　　　　孝胥日記（全五冊）》，第 1 冊，171 頁。

　　根據以上所示，可窺見沈曾植與鄭孝胥，相互交換著關於張裕釗的楷書技法。此外，根據光緒 17 年（1891）6 月 27 日的日記，「劉子貞示張廉卿字」〔註31〕可知道鄭孝胥過眼著張裕釗的書法。

　　另一方面，張裕釗書法中存有宣統 2 年（1910 年）鄭孝胥的題跋，可以確認張裕釗曾臨書過〈弔比干文〉。鄭孝胥與張裕釗也曾言及〈弔比干文〉的版本。

　　　書各有態，要以味饒於勢為佳。廉卿先生筆筆取勢，微有張脈僨與
　　　之憾，然其高出流俗遠矣。宣統二年七月壽彤屬，孝胥題。

　　　廉卿先生盛稱〈弔比干文〉。世無原拓，張謂即翻刻者，亦佳又喜。
　　　日本製筆以為得古法，日筆麓獷近於各省狼毫水筆。庚戌七夕孝胥。

　　　（圖 3）

　　宣統二年庚戌指的是 1910 年，指的是張裕釗光緒 20 年（1894）逝世後 6 年。根據以上記載，兩人曾言及〈弔比干文〉，可以知道張裕釗得知〈弔比干文〉是翻刻的拓本，亦曾評價過此碑。

　　那麼，張裕釗對於〈弔比干文〉的翻刻情報，是如何得知的呢，以下將進行考察。

二、莫友芝、莫繩孫〈弔比干文〉的翻刻情報的交流

　　上項明朗化了張裕釗曾過眼〈弔比干文〉的經緯，本項首先檢討咸豐年間張裕釗與莫友芝的交流，得知〈弔比干文〉的翻刻情報。此外考察光緒中期關於與莫友芝兒子莫繩孫的交流。

（一）咸豐年間與莫友芝的交流

　　以下，檢討關於莫友芝的收藏品〈弔比干文〉。首先，莫友芝的《金石筆識》的〈魏孝文帝弔比干文〉中有以下的敘述。

　　　嘉、道以來，相習尚元魏人碑版。此石朝廷著作，書手尤極一時能
　　　事，□精誼當冠一代，老輩以元祐重刻，不甚重之，非鑑之真者。
　　　每經比干廟，此石獨精采動人，徘徊不忍舍去。咸豐庚申初秋，手
　　　拓此紙，辛酉初夏，乃翦貼於湖北撫署多桂園，書示繩兒。（咸豐 11
　　　年初夏）〔註32〕

〔註31〕勞祖德整理，中國國家博物館編《鄭孝胥日記（全五冊）》，第 1 冊，214 頁。
〔註32〕莫友芝著、張劍校點《宋元舊本書經眼錄・郘亭書畫經眼錄》（中華書局出版，2008 年 1 月），附錄二《金石筆識》〈魏孝文帝弔比干文〉，176 頁。

　　撫署指的是巡撫的衙門，元祐年（1086～1094）則指的是宋哲宗的年號。根據莫友芝的紀錄，於宋代重建的碑仍存在著，然卻不受到重視。此外，他收藏著〈弔比干文〉，並於咸豐 11 年（1861）初夏（6 月）出示給湖北巡撫的衙門中的兒子莫繩孫。

　　同時間，莫友芝與張裕釗初次面對面為咸豐 11 年的 6 月。莫友芝的日記中咸豐 11 年 6 月 22 日有「午晤張廉卿於丹初許」，丹初指的是閻敬銘（1817～1892 年，字丹初，清末官僚。），閻敬銘在當時是湖北按察使〔註33〕（清朝管轄省的司法、治安、監察），可知三人皆在湖北的衙門相遇。

　　隔天同年 6 月 23 日的日記中有「廉卿相訪」，推測關心著書作品和碑帖的張裕釗前往莫友芝處訪問，因而也過眼莫友芝的收藏品。接著，同年 6 月 24 日「晨謁宮保別。（中略）梅岑、廉卿、桐雲諸君子並來相送。（中略）與廉卿並屬口候滌老，未及作書。〔註34〕」咸豐 11 年 6 月下旬莫友芝與張裕釗有幾次的會面記錄。根據以上，咸豐 11 年 6 月莫友芝的《金石筆識》內容與莫友芝日記相對照，推測張裕釗從莫友芝那得到了〈弔比干文〉的情報。

　　此外，伏見沖敬關於〈弔比干文〉的著錄，揭載著宋的歐陽棐編的《集古錄目》，十分詳細的紀錄可見最早為宋的趙明誠《金石錄》（卷 2），而《寶刻叢編》（卷 6）衛州的條目也記載著此碑，而晚清關於言及〈弔比干文〉的只有莫友芝的《金石筆識》〔註35〕。

〔註33〕湖北按察使
　　　　閻敬銘：咸豐 11 年～同治 1 年（清代職官年表，第 3 冊，2165～2166 頁）
　　　　清代職官資料庫（2021 年 5 月 3 日檢索）
　　　　https://newarchive.ihp.sinica.edu.tw/officerc/officerkm2?.d3fd00779AC00001000
　　　　0000000A0000000100000010^00000A0011004287
〔註34〕莫友芝著、張劍整理《莫友芝日記》（鳳凰書局，2016 年 4 月）。張劍、張燕嬰整理《莫友芝全集（全 12 冊）》（中華書局，2017 年），第六冊部亭日記。
　　　　咸豐 11 年 6 月 22 日、同年 6 月 23 日、同年 6 月 24 日（39 頁）。
　　　　再加上，咸豐 11 月亦有兩人面對面的紀錄。
　　　　同年 11 月 4 日「張廉卿裕釗至。（中略）晚訪廉卿。」（62 頁）、同年 11 月 7 日「訪張廉卿。」（63 頁）、同年 11 月 9 日「廉卿、子白晚相過。」（63 頁）、同年 11 月 11 日「過少荃、尚齋、子白、廉卿談。」（63 頁）、同年 11 月 18 日「訪廉卿。」（63 頁）、同年 11 月 19 日「過廉卿談。」（63 頁）、同年 11 月 21 日「走幕府賀至，與廉、白縱談。」（64 頁）、同年 11 月 22 日「廉卿言明日當歸省。」（65 頁）
〔註35〕伏見沖敬〈北魏·孝文帝弔比干文〉（《書品》186 號，東洋書道協会，1967 年），2～4 頁。

再加上，貴州省圖書館所藏的莫友芝於同治 10 年（1871）臨書的 3 張〈弔比干文〉〔註36〕，據此對於莫友芝的書學，〈弔比干文〉可以說是重要的作用。

根據以上，推測張裕釗於咸豐 11 年 6 月左右從莫友芝那得到〈弔比干文〉的翻刻情報。

（二）光緒中期與莫繩孫的交流

同治 10 年（1871）9 月，莫友芝雖已逝世，張裕釗仍保持與莫友芝的兒子莫繩孫有所交流，張裕釗寫給莫繩孫的書作也留存著（圖4）。

光緒 7 年末，張裕釗辭去江寧鳳池書院，轉向保定蓮池書院任職時期的狀況，張裕釗寫給莫繩孫的書簡中，以下敘述著。

> 弟兩載以來，吳楚往還，至於三反，馳驅奔走，殆無虛日，即尊處亦未及一通問訊，深用歉然。頃承合肥相國暨張振帥招主直隸蓮池講席，不日便擬取道海上坿輪船北征。（3 月 7 日）（圖 5）

由此可知，張裕釗受到合肥相國（李鴻章）與張振帥（張樹聲）的邀請，成為直隸的蓮池書院講席。實際上成為蓮池書院的講席年代為光緒 9 年（1883），因此這個書簡推測為光緒 8 年或 9 年左右所書寫的。

另一方面，張裕釗和莫友芝、莫繩孫、黎庶昌（1837～1898，字蒓齋，曾國藩的四大門徒之一人）於光緒中期為親密的關係。他們相互的親族關係，可從黎庶昌寫給莫繩孫的書信中窺見。內容如以下所述。

> 仲武賢侄足下：尊處與張導岷聯姻事業經定議，前將來函寄與廉翁閱看，並屬其於金陵等處就近託一熟人為媒，以後一切下聘及兩家有應商之話均可由此人轉達。〔註37〕

張導岷指的是張裕釗的長子張沆。根據這個內容，黎庶昌稱莫繩孫為「賢侄」，此外關於莫繩孫的二女莫德弟，與張沆的長子張孝沐的婚約，黎庶昌、莫繩孫與張裕釗三人透過仲介媒妁之言相談之事，可以被知道。此外根據《莫繩孫年譜簡編》，這個婚約可以說是光緒 17 年（1891）所決定的〔註38〕。

〔註36〕莫友芝墨蹟一卷，清同治 10 年，索書號：08230，題名「莫友芝先生墨蹟」，內頁題名「徵君公摹魏孝文弔比干文三紙一開」。貴州省圖書館藏。

〔註37〕黎庶昌著、黎鐸・龍先緒校正《黎庶昌全集（1～8 冊）》（上海古籍出版社，2015 年 11 月），第 8 冊〈黎庶昌遺札：致莫繩孫八〉，695 頁。

〔註38〕莫友芝著、張劍撰《莫友芝年譜長編》（中華書局出版社，2008 年 11 月）〈譜後・莫繩孫年譜簡編〉、「二女德弟已許張導岷之長子」，557 頁。

此外，另一封書簡，由張裕釗寫給莫繩孫的書簡，如以下的敘述。

> 仲武姻世兄足下，送上《毛太史記》式部，一以奉詒足下，一以贈
> 高君，即請轉至。（中略）。裕釗頓首。（圖6）

由於聯姻的關係，張裕釗稱莫繩孫為「姻世兄」。基於親族的關係，可以知道他們之間親密的關係聯繫。

另一方面，莫繩孫對於張裕釗晚年在西安的情報，以及關於張裕釗作品的收藏，在光緒18～20年（1892～1894年）的日記當中也有記載。「張導岷住西安省草廠巷口路北」「張廉翁主襄陽鹿門書院」「張廉卿行書硃格大屏四幅」「張廉卿行書四幅」「張廉卿行書高麗紙屏四幅」「張廉卿單款紅堂聯」「張廉卿酌理富才八字聯」「張廉卿七字高麗紙雙行聯」等可以得知，到晚年莫繩孫與張裕釗的交流仍然持續著。（圖7）

以上，從所引用的記述，張裕釗在前往蓮池書院時，與莫友芝的兒子莫繩孫相互成為親族，而張裕釗與莫繩孫的交誼，可以知道到張裕釗晚年任職於鹿門書院時還持續著。

綜合以上的記述，張裕釗得到〈弔比干文〉的翻刻情報，從莫友芝來的可能性很高，而與莫繩孫的交流在那之後也持續著，而光緒中期以後張裕釗改重視〈弔比干文〉的可能性也很高。在這樣的前提之下，張裕釗的書法啟發袁昶、沈曾植、鄭孝胥等的後進，可以說根源的由來，是來自於莫友芝的吧。

第二節　從同治後半期・光緒前半期的書作品變遷

本節介紹有紀年以及年代可推定的光緒中期中張裕釗書作，分為大字書作、碑碣書作、其它三個種類，並推定關於從同治後半期、光緒前半期的書作品變遷。

一、張裕釗的書作

（一）大字書作

大字書作中，有紀年的書作為齊令辰藏〈齊公祠楹聯〉（光緒12年）、〈箴言〉（光緒17年）、〈節東都賦・西京賦〉（江漢書院時期，光緒15～17年）三作。

齊令辰藏〈齊公祠楹聯〉是張裕釗為了齊令辰（生卒年不詳，字稷亭，清朝官僚，蓮池書院的弟子）的宗族，撰寫「中書奏事。秘監政聲。譜牒未淪。

宗族至今被光寵。李相高門。孫公甲弟。祠堂有頌。鼎鍾長與儷珮鐫。（光緒丙戌（1886）五月裕釗敬書）」句，是為祠堂的聯句。原本為硃砂所揮毫的祠堂聯（圖8），而後齊令辰將張裕釗4件書作出版（圖9）之際，此見書作安排於第二冊出版（圖10）。〔註39〕此年，張裕釗主講於保定蓮池書院。

〈箴言〉是張裕釗為了蓮池書院的門人劉若曾（生卒年不詳，字仲魯），揮毫〈崔瑗座右銘〉的一節。〈座右銘〉是崔瑗（77～142，字子玉，中國後漢的官僚）所撰寫的文章，古來，是書家們時常揮毫的文章。根據落款，「中魯仁弟以屏幅索書，且屬書箴言，為錄崔瑗座右銘・士孫瑞漢鏡銘，既用勗之，又以嘉其志也。光緒辛卯中冬，張裕釗並識。」（圖11），光緒辛卯為光緒17年（1891），此年張裕釗主講襄陽的鹿門書院。

〈節東都賦・西京賦〉是班固（32～92，字孟堅。中國東漢初期的歷史家・文學者）的〈東都賦〉以及張衡（78～139，字平子。中國東漢的政治家）的〈西京賦〉的一節所選的。根據落款，「廉卿又書於江漢。」（圖12）可知是在江漢書院主講時所揮毫的書作。

（二）中字書作（碑碣書作）

碑碣的書作中，〈重脩南宮縣學記〉（光緒12年）（圖13）以及其它〈蒯德模神道碑〉、〈李剛介公殉難碑記〉（石印本・湖北博物館本）、〈賀蘇生夫婦雙壽序〉可確認，然而創作年代皆有異議，於此，將以創作年代為中心進行檢討。

1.〈蒯德模神道碑〉（光緒13年推定）

張裕釗身為李鴻章的代筆者，書寫了〈蒯德模神道碑〉，關於張裕釗與李鴻章交往的經緯，於曾國藩幕府中相識之事，可從張裕釗《濂亭文集》中的〈送合肥李相國督師秦中序〉中可知。「同治七年，合肥相國李公既定河北，承命以湖廣總督還鎮武昌。明年冬，復詔公督師滇、黔。〔註40〕」同治7～8年（1868～1869），張裕釗於曾國藩的幕府與湖廣總督李鴻章相識，成為相互尊重的朋友。可知同治期開始二人交友持續。

關於〈蒯德模神道碑〉，魚住氏於《濂亭遺文》中收錄著同碑可確認，此

〔註39〕詳細拙論《張裕釗書法研究》（國立臺灣藝術大學書畫藝術學系碩士班，2016年6月）〈第三節　張裕釗書法對中國的影響／一、蓮池弟子／（一）、齊令辰〉，210～212頁。

〔註40〕張裕釗著、王達敏校點《張裕釗詩文集》〈送合肥李相國督師秦中序〉、《濂亭文集》卷2、47～48頁。

作為蓮池書作品〔註41〕。此外，陳啟壯先生認為此為光緒13年（1887）所書，蒯德模逝世後10年1887年張裕釗受到李鴻章的委囑所書寫記載的。然而，此根據皆未述及〔註42〕。為此，以下想試著考察〈蒯德模神道碑〉的創作經緯。

　　蒯德模（1816～1877），字子範，晚號蔗園老人，安徽合肥的出身。同治13年（1874）張裕釗為了蒯德模之壽，贈與了〈壽蒯子範觀察（德模）〉〔註43〕可知從以前就為知己。根據〈蒯德模神道碑〉，「賜進士出身，誥授光祿大夫欽差大臣太子太傅，文華殿大學士直隸總督一等肅毅伯加騎都尉世職，李鴻章譔并書。」直隸總督李鴻章的任職期間從同治9年到光緒27年之間〔註44〕。另一方面，張裕釗逝世為清光緒20年（1894年），可知〈蒯德模神道碑〉的創作年代為同治9年到光緒20年間。

　　接著，考察張裕釗《濂亭遺文》所收錄的〈誥授中議大夫三品銜補用夔州府知府蒯公神道碑（代合肥李相國）〉內容，如下所示。

> 公諱德模，字子範。其卒以光緒三年九月二十一日、春秋六十有二。以□年□月□日葬於某所之原〔註45〕，淑人李氏祔。其季翰林院檢討光典，具述遺烈，屬馮編修煦志其墓，又請為神道碑於鴻章。（中略）公棄我去，奄忽十霜。〔註46〕

〔註41〕魚住和晃《張廉卿の書法と碑學》，153頁。
〔註42〕陳啟壯《碑骨帖姿──張裕釗書道研究》〈書以功深能跋扈──張裕釗書風流變之探討／三、晚年時期書風流變之探討（光緒九年（1883）～光緒二十年（1894））〉，219頁。
〔註43〕張裕釗著、王達敏校點《張裕釗詩文集》，「壽蒯子範觀察（德模）」，294頁。甲戌年（同治13年、1874）所書寫的記錄參照290頁。
〔註44〕清代職官資料庫─職官名稱：文華殿大學士（2021年4月閱覽）
　　　　同治13年～光緒27年，《清代職官年表》，第1冊，9～11，16～132頁。
　　　　https://newarchive.ihp.sinica.edu.tw/officerc/officerkm2?.c5820D00010000A0010000^010000000000010000000010100782004178
　　　　清代職官資料庫─職官名稱：直隸總督（2021年4月閱覽）
　　　　同治9年～光緒8年，《清代職官年表》，第2冊，1481～1487頁。
　　　　光緒9年～光緒10年，《清代職官年表》，第2冊，1487～1488頁。
　　　　光緒10年～光緒21年，《清代職官年表》，第2冊，1488～1494頁。
　　　　光緒26年～光緒27年，《清代職官年表》，第2冊，1497～1498頁。
　　　　https://newarchive.ihp.sinica.edu.tw/officerc/officerkm2?.bafd002870D01011000000008000000000100000010^0000A0000000420c
〔註45〕拓本中「某所之原」處變成「□」。
〔註46〕張裕釗著、王達敏校點《張裕釗詩文集》〈誥授中議大夫三品銜補用夔州府知府蒯公神道碑（代合肥李相國）〉，《濂亭遺文》卷4，261～264頁。

　　從以上的內容可知，此文章為從光緒 3 年（1877）10 年後光緒 13 年（1887）所書寫的。

　　另一方面，關於代筆的經緯，從張裕釗與李鴻章相互贈書簡中可窺見，李鴻章寫給張裕釗的書信如以下。

　　　同邑蒯禮卿檢討奉其先德子範太守事狀來云，將為神道之碑，乞撰
　　　文並書。○○筆墨荒落，無以應其意，援蘇子瞻代張樂全撰趙叔平
　　　碑故事，借重大筆以信將來。（圖 15）

　　關於蒯德模之子蒯光典（1857～1910，字禮卿，號季述，安徽合肥的出身）的撰文、書丹的委託，李鴻章感到自身能力不足，委託給張裕釗。張裕釗寫給李鴻章的書信中，為以下敘述。

　　　承命代撰〈蒯公范太守墓碑〉，自惟譾劣，何以任此。惟念子範太守
　　　政績炳著，卓然可傳，而裕釗與蒯氏，復辱有再世之好，況又重以
　　　夫子之命，義不敢辭，謹竭駑頑，勉為纂就，繕呈鈞覽。〔註47〕

　　張裕釗被李鴻章命令要書寫〈蒯德模神道碑〉。再者，張裕釗寫給蒯光典的書寫亦述及「頃奉手翰，猥以代撰尊公碑銘，遠勞致謝。〔註48〕」

　　從以上所述，晚清政府中對於張裕釗的文學或書法造詣極深，受到李鴻章的認可，李鴻章請張裕釗代筆給與〈蒯德模神道碑〉碑文及書丹的機會，此為光緒 13 年（1887）所書之事進而明朗化。

　　2.〈李剛介公殉難碑記〉（石印本・湖北博物館本）（光緒 9～14 年推定）

　　〈李剛介公殉難碑記〉由上海文明書局所出版的石印本（以下略稱為「石印本」）（圖 16）與湖北省博物館（以下略稱為「湖北本」）（圖 17）的收藏品可被認為是相異的兩本原件。此點最初指出的是魚住和晃先生。魚住氏敘述「「李公碑記」は現在その真筆原本が、湖北省博物館に蔵されていることが近年明らかとなった。（〈李公碑記〉現在其真筆原件，近年得知藏於湖北省博物館）」〔註49〕，此外，劉正成先生也有以下的敘述。

〔註47〕張裕釗給李鴻章的書簡。〈復李中堂〉第 2 期、11～12 頁。李松榮〈張裕釗書
　　　　牘輯補──《中國學報》上的《張廉卿先生論文書牘摘鈔》〉，《古典文獻研究》
　　　　2009 年 00 期，538 頁。
〔註48〕張裕釗給蒯禮卿的書簡。〈復蒯禮卿〉第 3 期，3～4 頁。李松榮〈張裕釗書牘
　　　　輯補──《中國學報》，538 頁。
〔註49〕魚住和晃《張廉卿の書法と碑學》〈第二章 張裕釗における書法形成、三 張
　　　　裕釗書法の特質と形成過程〉，159 頁。

其傳本今見有二：一為宣統三年文明書局石印本，冊首署「張裕釗
撰並書丹」，民國間屢有重版，一為湖北省博物館藏墨蹟本，裝池成
冊，凡十九頁，冊首署「張裕釗撰並書」〔註50〕

據此，為何書寫 2 冊，雖為不明，然內容相異的地方可舉出幾處。湖北
本與石印本的內容相比較後，關於張裕釗的官名，湖北本書寫「徵仕郎」，石
印本表記為空白「□□郎」。此外，湖北本書寫著「書」字，石印本寫著「書
丹」（表1），由於石印本書寫著「書丹」，推測此版本應為要刻於石碑上的
版本。

關於湖北本的創作年代，劉正成認為是同治 6 年（1867）〔註51〕，相較於
此，關於石印本的製作年代，整理前人研究有同治 5 年（1866）、同治 6 年
（1867）之說。同治 5 年（張 44 歲）的說法楊祖武先生述及「自同治五年，
張裕釗四十四歲時所書的第一塊碑刻『李剛介公殉難碑記』面世後，他的書
法風格已經形成。〔註52〕」然並未顯示根據。

另一方面，同治 6 年（張 45 歲）的說法有魚住和晃先生（1980 年發表）、
劉正成先生（2012 年發表）、陳啟壯先生（2016 年發表）。魚住氏是「私は裕
釗の書法が確立されたのは、つまり彼が古法の真理を悟ったのは、彼の代
表的な楷書作「李剛介公殉難碑記」が、彼四十四歲のときに書かれている
ことから推して、彼が內閣中書を勤めていた時代、つまり四十歲前後では
ないかと思う。（我認為張裕釗書法確立，亦即他悟出古法的真理為他的代
表楷書作〈李剛介公殉難碑記〉，是他四十四歲時所書寫的，他在勤務於內
閣中書的時代，也就是四十歲前後。）」〔註53〕張裕釗〈李剛介公殉難碑記〉
的書丹為同治 6 年，他 44 歲（實際上張 45 歲，日本與中國的年齡計算方式
的差異）的揮毫。根據劉正成先生所述「碑記的書寫時間，應定於同治六年
較妥。」〔註54〕。根據陳啟壯先生所述「張裕釗書法最早成名之作『李剛介
公殉難碑記』於同治六年（1867）所寫，張裕釗時年 45 歲。」接著，「直至
張公第一塊書法碑刻《李公碑》在其 44 歲時面世，其書法風格已為之大變，

〔註50〕劉正成主編《中國書法全集 73 楊峴・張裕釗・徐三庚・楊守敬卷》（榮寶齋，
　　　　2012 年 12 月），246 頁。
〔註51〕劉正成主編《中國書法全集 73 楊峴・張裕釗・徐三庚・楊守敬卷》，246 頁。
〔註52〕楊祖武主編《張裕釗書法藝術》，17 頁。
〔註53〕魚住和晃《張裕釗書作集》〈二　張裕釗の書、(2) 張裕釗の書道理念〉，164 頁。
〔註54〕劉正成主編《中國書法全集 73 楊峴・張裕釗・徐三庚・楊守敬卷》，246 頁。

令人耳目一新，震動了當時書壇。〔註55〕」陳啟壯先生指出這個書作為同治 6 年，張裕釗 45 歲時所書。

關於石印本，魚住和晃先生舉出同治 6 年（1980 年發表）〔註56〕、光緒 4、5 年左右（1993 年發表）〔註57〕、蓮池書院時代（光緒 9 年～13 年）（2002 年發表）〔註58〕創作年代的後補，如此整理下來，前人研究有著同治 5 年（1866）·同治 6 年（1867）·光緒 4、5 年（1878、1879）左右·光緒 9 年～13 年（1883～1887），可說是尚未有定說，因此〈李剛介公殉難碑記〉的創作年代有必要再進行檢討。

首先，檢討關於〈李剛介公殉難碑記〉的創作經緯。發端是道銜湖北升用知府·荊門直隸州知州李榗殉難，其兒子委託張裕釗替其父親書寫殉難碑。張裕釗《濂亭文集》的〈贈道銜湖北升用知府荊門直隸知州李剛介公殉難碑記〉中，述及「五年，其孤鹽提舉銜，湖北候補通判，襲雲騎蔚雯，走書裕釗，請為公殉難之碑，將之於富池口。〔註59〕」從此事來看，李榗的兒子李雯寫給張裕釗的書簡中，可知同治 5 年（1866）張裕釗受到李雯的請託，為其父李榗書寫殉難碑，勒石，並立於武昌府的富池計畫。

此外《鐘祥縣志》卷 1〈大事記〉中，「同治六年，知縣孫福海聘武昌舉人張裕釗會同邑人續修縣志。〔註60〕」可知張裕釗受到鍾祥知縣孫福海的招聘，於同治 6 年編集《鍾祥縣志》。

〔註55〕陳啟壯《碑骨帖姿──張裕釗書道研究》〈書以功深能跋扈──張裕釗書風流變之探討／一、早年時期書風流變之探討（同治六年（含）以前）〉，189 頁。〈碑骨帖姿　自成一脈──淺析張裕釗書法與魏碑的關係〉，144～145 頁。

〔註56〕魚住和晃《張裕釗書作集》。「私は裕釗の書法が確立されたのは、つまり彼が古法の真理を悟ったのは、彼の代表的な楷書作「李剛介公殉難碑」が、彼四十四歳のときに書かれていることから推して、彼が內閣中書を勤めていた時代、つまり四十歳前後ではないかと思う。」（164 頁）、「「李剛介公殉難碑」は同治六年（一八六七）、裕釗四十四歳の揮毫になる。」（167～168 頁）。

〔註57〕魚住和晃《張廉卿〈悲憤と憂傷の書人〉》〈三　張廉卿「李剛介公殉難碑記」の制作年代について／五　結び〉，126～127 頁「石印本「李剛介公殉難碑記」制作は張裕釗が鳳池書院に在住した光緒四、五年頃に為されたであり、保定には彼がそれを携行し、そして光緒十四年に保定を去るが、その間、いつかそれが彼の手から離れたとするのが私の推論である。」

〔註58〕魚住和晃《張廉卿の書法と碑學》，157 頁。

〔註59〕張裕釗著、王達敏校點《張裕釗詩文集》〈贈道銜湖北升用知府荊門直隸州知州李剛介公殉難碑記〉、《濂亭文集》卷 5，101～102 頁。

〔註60〕《鍾祥縣志》卷 1〈大事記〉。

　　此外，張裕釗《濂亭文集》的〈贈道銜湖北升用知府荊門直隸州知州李剛介公殉難碑記〉中，記載著「裕釗往歲至鍾祥，距公死難之歲，十有四年矣。〔註61〕」再者，關於李剛介的歿年，碑文中記載著「與所部八百人皆鬥死，咸豐三年九月十日也。〔註62〕」咸豐3年（1853）逝世，14年後的同治6年（1867）前去鍾祥。於此值得注目的是「往歲」為過去之年之意思，〈李剛介公殉難碑記〉碑文的撰文、書丹受到委託的是同治7年（1868）以後的立場所書寫的。

　　再加上，〈李剛介公殉難碑記〉碑文記載著「安徽鳳陽府知府常熟楊沂孫篆額」根據楊沂孫的年譜，〈咏春府君行述〉中同治4年（1865）8月「抵鳳陽府任。〔註63〕」同治10年（1871）8月記載著「楊沂孫至合肥，受安徽巡撫英翰聘修纂省志。〔註64〕」楊沂孫勤務安徽省鳳陽府的知府期間，為同治4年（1865）8月到10年（1871）8月期間。張裕釗以同治7年（1868）以後的立場記載，因此可推測〈李剛介公殉難碑記〉楊沂孫的篆額是同治7年（1868）至10年（1871）8月所書寫的。

　　然而，兩件皆無「楊沂孫篆額」，管見楊沂孫的真筆是否有留存實為不明。因此，想從石印本的題跋來進行檢證。戊申（1908）9月由金匱（今的江蘇）廉泉（1868～1931）題跋，桐城的吳芝瑛（1868～1934）所書寫的內容，如以下所述。

> 昨得劉仲魯大理都門寄示石印。張濂亭先生所書〈李剛介公殉難碑記〉。展閱數反，欣賞無已。來函稱此為張先生主講蓮池書院時所書。係當日書丹底本，曩在保定時得之，收藏逾廿年。庚子，京師之劫，腐中百物蕩盡，而此歸然殆有神靈呵護。又謂先生書石刻存於世者，在南有〈江天閣記〉，〈曾文正公祠修葺記〉、在北有〈南宮縣學碑記〉。而南宮碑乃晚年書，刻工亦肥瘦得中，獨此碑記未見搨本。（圖18）

〔註61〕 張裕釗著、王達敏校點《張裕釗詩文集》〈贈道銜湖北升用知府荊門直隸州知州李剛介公殉難碑記〉，《濂亭文集》卷5，101～102頁。

〔註62〕 張裕釗著、王達敏校點《張裕釗詩文集》〈贈道銜湖北升用知府荊門直隸州知州李剛介公殉難碑記〉，《濂亭文集》卷5，101～102頁。

〔註63〕 張劍著、梅新林‧陳玉蘭主編《清代楊沂孫家族研究》（中國社會科學出版社，2010年9月），199～200頁。

〔註64〕 張劍著、梅新林‧陳玉蘭主編《清代楊沂孫家族研究》，205頁。

根據廉泉，可知石印本的書作品為張裕釗於蓮池書院主講時所書，為蓮池的弟子劉仲魯的舊藏。

根據以上的考察，可明朗化湖北本與石印本為相異的真筆本。推測石印本原為打算刻在石碑上的真筆本。此外，從「楊沂孫篆額」的內容可推察為同治7年到10年8月間所書寫的，然而楊沂孫的篆額現存不明。另一方面，從石印本中廉泉的跋文來看，此書作品為張裕釗蓮池書院時代的書，可知為蓮池弟子劉仲魯的舊藏。

湖北本比石印本早先書寫，而關於石印本，筆者支持魚住氏於 2002 年發表的蓮池書院時期所書寫的說法。

3.〈賀蘇生夫婦雙壽序〉（光緒 19～20 年推定）

晚年的張裕釗為了賀濤雙親，書寫了〈賀蘇生夫婦雙壽序〉。這個作品最初於楊祖武先生所主編的《張裕釗書法藝術》中所揭載〔註65〕，光緒 20 年（1894 年，張裕釗 72 歲）的書作，拓本近年於中國被發現（圖 19）。

賀培新〈書濂亭先生書撰曾大父母壽序石刻拓本後〉中，有以下敘述。

> 濂亭先生以一代文宗兼擅書法，鎔鑄漢魏周秦，以自成體勢。論者謂集北碑之大成，殆猶不足以賅之。昔先大父嘗及門矣，考文之餘，閑亦相與論書，故能深識先生為書之秘。（中略）此書為先生絕筆，觀先大父唁張導岷一書可見。今以石刻拓本流傳於世，並附先大父所為壽序書札各一篇於後，以資考覽。（中略）民國三十年一月。〔註66〕

賀培新（1903～1952）為賀濤的兒子，字孔才，號天游。身為張裕釗的弟子為人所知。文章中言及的書指的是〈賀蘇生夫婦雙壽序〉，亡父（賀濤）弔念張導岷指的是以下的〈唁張導岷〉。

賀濤〈唁張導岷〉（甲午）

> 年逾七旬從數千里外，自撰文辭，親書之屏以壽吾父母，恩施尤厚，計書屏時去易簀不遠，文與書皆絕筆。固由先生愛我之深，不自惜

〔註65〕楊祖武主編《張裕釗書法藝術》〈附錄一：自二十年代以來出版印刷之張氏碑帖、連屏及拓片〉（1997 年發表），161 頁。

〔註66〕賀培新著、王達敏・王九一・王一村整理〈書濂亭先生書撰曾大父母壽序石刻拓本後〉《賀培新集（上）・天游室文》（鳳凰出版社，2016 年 9 月），114頁。

　　心力，亦天鑑我向道之誠，使于先生絕筆時獲此巨制，以榮其親，

以誇族姻僚友，以示子孫而為傳世之寶也。〔註67〕

　　根據以上記載，絕筆之書為〈賀蘇生夫婦雙壽序〉，可推定為張裕釗於 71
歲（光緒 19 年，1983 年）到 72 歲（光緒 20 年，1984 年）左右所書寫的。

（三）其它

　　身為這個時期的書作，其它尚可舉出齊令辰藏〈杜甫詩帖〉（圖 20）、宮
島藏〈千字文〉（圖 21）、張孝栘藏〈千字文〉（圖 22）。3 冊皆為張裕釗的弟
子所藏，可說是張裕釗於蓮池書院時代（光緒 9 年～14 年）所揮毫的書作。

　　首先，齊令辰藏〈杜甫詩帖〉的跋（圖 20）中有「張廉卿先生書。書院僮
焚字紙，肄業生見之則尋師筆蹟。令辰撿得此帖，時在甲申，今歲戊申以編于
石印末冊之首。」甲申指的是光緒 10 年（1884 年），戊申指的是光緒 34 年
（1908 年）。此冊為光緒 10 年拾起，因此推定為蓮池書院時代（光緒 9～10
年間）的書作。

　　此外，張裕釗的〈千字文〉中，管見所見有 5 種（〈小楷千字文〉、〈石刻
本千字文〉、〈景嘉題簽本千字文〉、〈宮島本千字文〉、〈張孝栘本千字文〉）。這
些的比較檢討，上條氏的《宮島詠士舊藏　張廉卿千字文解說》〔註68〕中，將
〈小楷千字文〉、〈石刻本千字文〉、〈景嘉題簽本千字文〉、〈宮島本千字文〉為
中心進行檢討，此外，拙論〔註 69〕中亦檢討了〈小楷千字文〉、〈宮島本千字
文〉、〈張孝栘本千字文〉。

　　於此，想考察宮島藏〈千字文〉及張孝栘藏〈千字文〉的創作年代。關於
限定在這兩件作品考察的理由，由於兩件作品皆為張裕釗弟子宮島及其孫子
張孝栘所藏，作品創作之時的態度十分謹慎之故。此外，張裕釗於早年也創作
了〈千字文〉（第一章檢討），對於張裕釗來說也是主要的題材。

　　關於宮島藏〈千字文〉，根據上條氏的說法，可以知道恐怕是現存唯一的
真筆〔註70〕。張孝栘所藏的〈千字文〉為石印本，弟子張謇（1853～1926）

〔註67〕賀濤〈唁張導岷〉（甲午）。

〔註68〕上條信山著《宮島詠士舊藏　張廉卿千字文解說》，〈四　宮島本張廉卿千字文
　　　　／（2）宮島本千字文與三個千字文異本〉，23～25 頁。

〔註69〕詳細拙論《張裕釗書法研究》，〈第四章　張裕釗書法之研究／第二節　張裕
　　　　釗書寫內容與〈千字文〉／二、〈千字文〉三本比較兼談其異體字使用〉，112
　　　　～121 頁。

〔註70〕上條信山著《宮島詠士舊藏　張廉卿千字文解說》，24 頁。

的題跋（圖 23）中「此冊乃在保定為蓮池院長時所作。（中略）宣統紀元三月中旬，通州張謇敬題。」可知為蓮池書院期間所書寫的作品。宮島藏的〈千字文〉創作年代雖為不詳，然有晚年的特徵宿墨可見，此外與張孝杉藏的〈千字文〉書風、形式相似的地方多可見，因此亦可推定為蓮池書院期間所書寫的。

二、從同治後半期‧光緒前半期的書作品的變遷

本項想明朗化同治後半期‧光緒前半期（以下簡略為「同治後‧光緒前」）到光緒中期的書風變化。到前章為止考察的同治後半期的大楷書作品有〈贈李鴻章書作〉（同治 11 年）、〈事文類聚〉（同治 12 年）。〈贈李鴻章書作〉與中字楷書〈代湘鄉曾相國重脩金山江天寺記〉（同治 10 年）相通的書風，〈事文類聚〉則與張裕釗同治前半期的〈鮑照飛白書勢銘〉大楷書作品相通，而相較於此，中楷則是以梁碑碑額的楷書樣式接近正方形的概形，關於橫畫的斜度也是接近梁碑的表現，斜度淺所帶來的安定感之書法呈現。

進入光緒中期，張裕釗成為保定蓮池書院、武昌江漢書院、襄陽鹿門書院的院長時期，大楷書作、中楷書作（碑碣書作、其它）的特徵中，鈎顯示為同樣形狀的傾向。此外，中楷書作的「豎畫、橫畫中線的粗度」、「間隔的廣度」也是受到北魏〈弔比干文〉的楷書樣式的影響顯著。

（一）大字書作

首先，大字書作的檢討中，取出 5 個用筆的觀點（①鈎、②「戈」形、③「水」傍、④「亅」形、⑤「衣」「木」傍）。①鈎中，注目在同治後半期的書風時，「明」、「朔」的長度很短小，相對地光緒中期的「事」、「勿」、「乎」字的長度就很長。此外，舉出其它的例子，同治後半期的「壽」、「倒」的鈎長度伸展著，相對地光緒中期的「有」、「虎」、「門」鈎畫內側呈弧形，外側則呈現尖狀的三角形（表 1①）。

接著，②「戈」形方面，同治後‧光緒前字例沒有，因此舉同治前半期的例子。注目在同治前半期的「武」字，鈎的停止部分或收筆處，可窺見帶有丸狀的樣子，而光緒中期的「武」、「箴」、「盛」字收筆處可見尖銳凸出的樣子（表 1②）。

注目在③「水」傍的第 3 畫。同治後半期的「治」字起筆與送筆之間，送筆與末筆之間的距離短，有著圓潤筆法。相較於光緒中期的「淪」、「後」、

「滌」,「水」傍的第 3 畫起筆到送筆之間意圖做出銳角狀,送筆也很長,形成尖起的三角形(表 2③)。

關於④「亅」形,注目在同治後半期的「良」。直畫變細並呈現圓點狀,向右呈現銳角,可見收筆停止的樣子,觀看光緒中期的「長」、「既」字,從直畫到鈎的角度更加形成銳角,接點的頭很細,可見呈現銳角的樣子(表 2④)。

注目在⑤「衣」、「木」傍的 3、4 畫,同治後半期的「桃」、「裕」中點畫都各自獨立,然而光緒中期的卻是連續著書寫,從第 3 畫到第 4 畫的接點強壓著停止後向右上書寫(表 2⑤)。

(二)中字書作(碑碣書作・其它)

在此,從同治後・光緒前到光緒中期中,中楷書作(碑碣書作(1)~(6)、一般書作(1)~(3))之鈎的六種變化(①鈎、②「戈」形、③「水」傍、④「亅」形、⑤「心」形、⑥「阝」形)。

①鈎,注目在同治後・光緒前的「有」字。鈎的內側與直畫垂直,然光緒中期的鈎的內側則呈弧形狀(表 3)。

②「戈」形也同樣地第 2 畫呈現小鈎,末筆向上,光緒中期則作出強而有力的三角形形狀,末筆向右上方向(表 4)。

注目在③「水」傍的第 3 畫,同治後・光緒前從起筆到末筆平穩地書寫小小的,然而光緒中期在停止的部分做出銳角,到收筆為止皆意圖地寫成像三角形之樣(表 5)。

關於④「亅」形,同治後・光緒前從停止往上的部分較為細,內側作出銳角樣,相對來說光緒中期從停止到往上之際,外側作銳角,則內側則作弧形貌(表 6)。

關於⑤「心」形,同治後・光緒前的第 2 畫的鈎內側呈現接近直角,光緒中期則鈎處像山一樣,兩側呈弧形(表 7)。

關於⑥「阝」形,同治後・光緒前的第 2 畫中,收筆的鈎之粗度與送筆處沒有變化,然而光緒中期收筆的鈎強而有力地押住,內側呈圓弧形(表 8)。

1. 豎畫・橫畫中線的粗度

接著,注目豎畫、橫畫中線的粗度這一個觀點。以下,具備直畫、橫畫的文字,另外同治後・光緒前以及光緒中期的時期,重複可見的文字「書」、「事」、「道」、「月」、「張」等字進行考察。這些文字選擇的理由是橫畫與豎畫的粗度對比中,可以顯示出這個時期的特徵。

　　首先，關於「書」的字例，注目於下部的「曰」部分。同治後・光緒前中，第1畫的直畫或第3畫的橫畫幾乎是同樣的粗度。相較於光緒中期中，第1畫的豎畫以較為細的線條書寫，第3畫的橫線則是以粗線條書寫。

　　看「事」的字例，同治後・光緒前中，豎畫和橫畫的線幾乎以同樣的粗度書寫。相較於此，光緒中期的直畫以細畫書寫，橫畫則從上的第1畫、第5畫以粗的線條書寫著，橫畫的2、3、4、6畫則以細的線條書寫著。

　　「道」、「頓」的字例也同樣地，同治後・光緒前中，右側的豎畫以粗的線條書寫著，其它則幾乎都以細線條書寫著。另一方面，光緒中期中外接四角形所包圍的左端、上端、下端都以細線條書寫著，右端跟四角形的內部橫線則以粗線條書寫著。

　　「作」、「候」、「張」的字例中，同治後・光緒前中的線條粗度一致，光緒中期中豎畫比橫畫還要粗的傾向。「月」的字例中，同治後・光緒前中，各畫的粗度一致，相較於光緒中期中，左撇較細，其它的線條則以粗線條書寫著（表9）。

　　根據以上，光緒中期線的粗度中，內部所包圍的短橫線有較為粗的法則性，對比細長所書寫的筆畫，視覺上較有立體感的作品。相較於此，同治後・光緒前中張裕釗的書法中，線的粗度均一，有著視覺上為平面、變化少的感覺。

2. 間隔的廣度

　　注目於左側的「言」部分。同治後・光緒前中，各橫畫間具備著相同的廣度，光緒中期中，「言」的第2、3畫的間隔廣度與其它的廣度有所差異。第2畫的橫度短小書寫著，第2、3畫的間隔則作出狹窄的空間，此外，「口」的部分以廣闊的空間書寫著。（表10）

　　此外，關於具有「貝」部的文字也是，同治後・光緒前中豎畫、橫畫的線條粗度幾乎一致，各橫線的廣度也呈現平均狀態。相較於此，光緒中期中豎畫以細線條書寫著，橫畫以粗線條書寫著。而橫畫從上面第1、2畫之間以廣闊的空間書寫著，而第2、3、4畫之間則作出狹小的空間（表11）。

3. 外方內圓

　　同治後・光緒前中，轉折的外方與內圓作出的並不是很明確。相較於此，光緒中期後，外方的部分更加呈現出銳利的圭角，內圓的部分圓滑帶有丸狀的圓弧。因此，進入光緒中期後，「外方內圓」更加鮮明，這個特徵即成為定調（表12）。

　　從以上觀點，大字書作、中字書作（碑碣書作・其它）中，從用筆的觀點來看，可說是鉤的變化顯著。大字、中字的作品共通點，可舉出鉤的部分強而有力，此外「豎畫、橫畫中線的粗度」、「間隔的廣度」可見變化，與同治後・光緒前的平面的書風相異，可感受到立體感。這些鉤與線的粗度、間隔的廣度變化，可以說是援用〈弔比干文〉的楷書樣式。以下，根據此點欲作檢討。

第三節　〈弔比干文〉的書風影響

　　根據前人研究，張裕釗的大楷作品從嚴謹的楷書，漸漸脫離成為行書，關於筆法則言及篆隸之法。關於中楷書作，張裕釗的書作品是以北碑為根幹，這之中再加上唐碑的整齊，然而筆者認為是受到北魏的〈弔比干文〉的楷書樣式影響。

　　本節中，將前一節所分析的張裕釗的大楷書作、中楷書作，於同治後・光緒前到光緒中期變化的部分，具體為北魏〈弔比干文〉的影響進行檢證。此外，與前人研究所言及的北魏〈張猛龍碑〉進行比較，想確認筆法、字體中受到北魏〈弔比干文〉的影響可能性較為高。

　　以下，畫入有效的輔助線顯示張裕釗的作品圖版。圖版是以大楷書作（1）～（3）、碑碣書作（1）～（5）、其它（1）～（3）的順序揭載。皆以鉤的6種變化（①鉤、②「戈」形、③「水」傍、④「亅」形、⑤「心」形、⑥「阝」形）抽出，注目於其形狀或筆法。

　　首先，關於①鉤中，北魏〈張猛龍碑〉中，豎畫的內側與鉤幾乎都呈直角之貌，北魏〈弔比干文〉或張裕釗於豎畫停止的部分，皆以強而有力的線條呈現，內側圓潤，作出鉤畫。然而張裕釗的大楷書作可窺見以長鉤方式顯示著（表13①）。

　　關於②「戈」形，於北魏〈張猛龍碑〉中，第2畫以小鉤畫書寫著。相較於此，北魏〈弔比干文〉與張裕釗的第 2 畫的鉤畫中，以如同山的形狀書寫著，角度尖尖的於兩側強調呈現弧形（表13②）。

　　關於③「水」傍，北魏〈張猛龍碑〉中起筆以鈍角作出，並以小鉤呈現著。而北魏〈弔比干文〉與張裕釗的第 3 畫起筆以如同三角形的形狀做出，可看出強調的樣子（表13③）。

關於④「亅」形，北魏〈張猛龍碑〉中，鉤的停止部分小小地鉤起，而北魏〈弔比干文〉和張裕釗的則內部作出圓潤貌，向右上的方向。此外，外側的角度呈現尖銳樣貌，這個部分也強調著（表14④）。

關於⑤「心」形，北魏〈張猛龍碑〉中的第 2 畫鉤處以小小的筆畫勾勒出，而北魏〈弔比干文〉和張裕釗的第 2 畫的鉤處向上方的方向鉤出，兩側呈圓弧山形的方式呈現著（表14⑤）。

⑥「阝」形，北魏〈張猛龍碑〉第 2 畫的鉤處向左方向移動，鉤的外側呈圓弧狀。而北魏〈弔比干文〉和張裕釗的第 2 畫的鉤處向左，外側則呈尖銳狀（表14⑥）。

第四節　同治後半・光緒前半期的共通點

本節，考察從前的同治後・光緒前的中楷①～⑥，與本文章的主題光緒中期以後（1）～（8）的書法共通點。

同樣為以前的書風點畫中，「撇捺」、「豎畫的強調」可舉出。舉出「撇畫」的例子，之前時代的「資」、「以」、「流」、「源」、「系」、「乘」、「縣」、「下」、「謀」、「潔」、「某」也同樣地，這個時代的「縣」、「傑」、「乘」、「皤」的撇，左撇、右撇對稱的組合可以被窺見（表15①）。

「豎畫的強調」例子，前時代的「修」、「候」、「癒」、「喻」、「舟」、「船」、「諭」、「前」以及這個時代的「脩」、「候」、「俞」、「候」、「諭」、「條」、「攸」等可被舉例，上下延長之事可被看見（表15②）。此外，前時代與同樣在「在」、「巡」、「逆」的左撇與彎曲的部分，這個時代也以直線的豎畫書寫著。另外，這個時代的「患」、「舟」、「舸」、「畫」、「敵」字，原本應為書寫兩個點畫的部分，張裕釗的場合可見書寫成直線的豎畫（表15③）。

這些點畫可以說是繼承之前的特徵，「撇」向左右延長、「豎畫的強調」而上下延長形成開放的結構。與前時代相比，受到〈弔比干文〉影響的光緒中期以後的書法，包含著立體感與其上、下、左、右延長的開放感，可見張裕釗的創意吧。

第五節　宿墨的運用

張裕釗晚年的書作品可見墨汁與清水滲出效果散見。關於宿墨的運用，張

裕釗的弟子張謇與宮島詠士（1867～1943）敘述著，張孝杉藏〈千字文〉中張
謇的題跋有以下的記載。

> 此冊乃在保定為蓮池院長時所作，墨外輒有微潘。蓋師平日每晨，
> 必以宿墨稿紙，作字數百紙，無際行，或且及覆書之。紙背盡黑。
> （宣統紀元（1909）3 月中旬）（圖 8）〔註71〕

根據以上記載，張謇言及墨與水的滲墨殘留之事，並觸及到以宿墨揮毫書
法之事。

另一方面，根據宮島詠士的清國留學，明治 20 年（1887）4 月的渡清到
同 27 年（1894）（日本到達為 10 月）為止，途中的明治 24 年 11 月到同 25 年
10 月為止的歸省，可知道涉足長達 7 年多的時間〔註72〕。這期間可說是張裕
釗於蓮池書院到逝世前。宮島的證言所結而成的《詠翁道話》中「蔡之卒夫、
投甲呼舞、蔡之婦女、迎門咲語、招時蔡人と楷書、方二寸大の文字。……そ
の時の墨池は先生数十年間愛用のもので、墨汁と真綿とが全く融和して飴
のようになっていた。墨池で筆毫にふっくらと墨を含ませて後、軽く筆端を
清水に浸して書かれるのであったが、その姿勢、執筆、運筆の自然さにただ
ただ感に打たれた。前記の二十文字を書かれるのに約二十分間を要した。
（昭和 18 年（1943）4 月 10 日～19 日記）」（圖 9），此為張裕釗書作品的一
個特徵，可舉出墨汁與清水融合的效果。

以上，從弟子張謇與宮島詠士的記述，蓮池書院期到張裕釗書作品的特徵
是以宿墨的使用與清水相融合的技法，黑色實畫的部分與淡淡的滲透的部分
組合，可以說是立體感的表現。

小　結

本文章注目在光緒中期的張裕釗跟哪些文人交流，關於他的書法是如何
發展的進行了考察。

張裕釗與莫友芝交流之際，推測過眼了北魏〈弔比干文〉。袁昶、沈曾植
身為張裕釗的後輩，張裕釗書法的概念影響了袁昶、沈曾植。袁昶的日記中，
敘述了張裕釗曾臨過〈弔比干文〉。實際上，張裕釗在保定的蓮池書院任職期

〔註71〕張裕釗《千字文》（張以南・張謇題，張孝杉藏）
〔註72〕大澤義寬〈張廉卿・宮島詠士の書表現上における工夫〉（《渠荷的歷「宮島詠
　　　　士書法展」》書法文化交流會，1987 年 7 月），34 頁。

間，與鄭孝胥交往，曾論及關於莫友芝的收藏，從此事可窺見特別是中楷作品有著〈弔比干文〉的特徵，此成為定調。

光緒中期的張裕釗書作品殘留著〈弔比干文〉的特徵，鈎處呈現三角形的形狀，此影響顯著。此外，關於線的粗度，豎畫比橫畫來得粗，線的粗細差別相異，視覺上可感受到立體感的書法。相較於此，同治後半期‧光緒前半期中張裕釗的書作品的「線的粗度」與「間隔的廣度」皆均一，可感受到平面而少變化。

再者，轉折的外側角度接近於直角，可見內側圓轉的表現，此為張裕釗的特徵，意即「外方內圓」的特徵鮮明。此時期中這個特徵洗練、完成。再加上這個時期使用宿墨與清水的技法，開發了立體感的表現。

張裕釗的書法創造了當時沒有的作風，此為承繼了〈弔比干文〉的書，也創出了上、下、左、右點畫延長的開放感，可說是古老的書法與自身的創意融合的書風。

圖　表

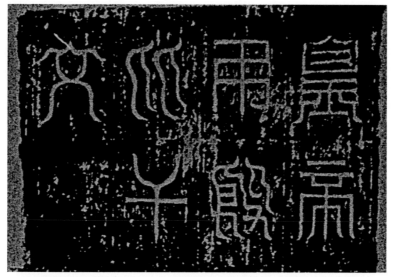

碑額

碑文

【圖 1】北魏〈弔比干文〉

故為有鳳而臭有翔翔乎杳冥之上

鯤鳳皇上擊九千夫蕃籬之鷃豈能與

故絕雲霓負蒼天興之料天地之高

戎鯤臭朝發於崐尺澤之鯢豈能與

崘之墟暴鬐於碣之量江海之大哉

石暮宿於孟諸夫

于培仁兄督書

廬卿弟張裕釗

【圖 2】張裕釗〈贈沈曾植書〉

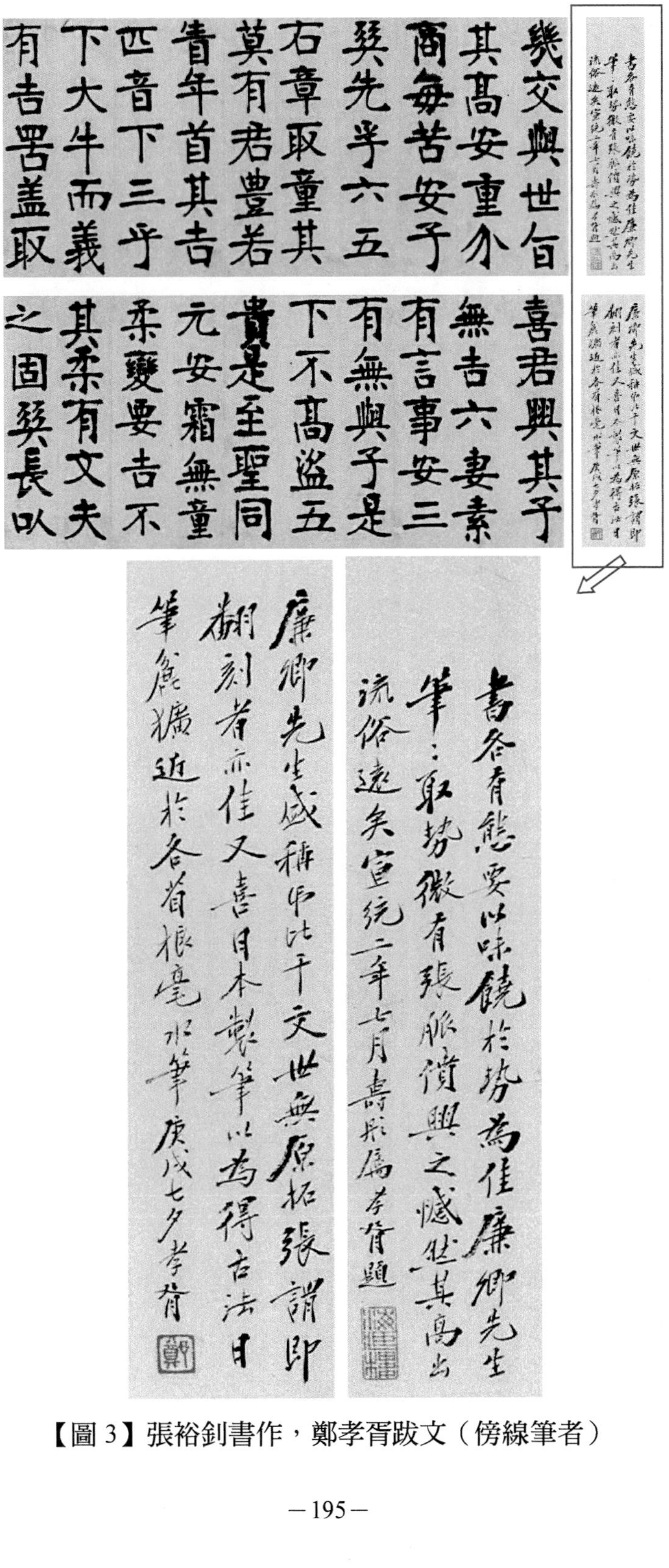

【圖 3】張裕釗書作，鄭孝胥跋文（傍線筆者）

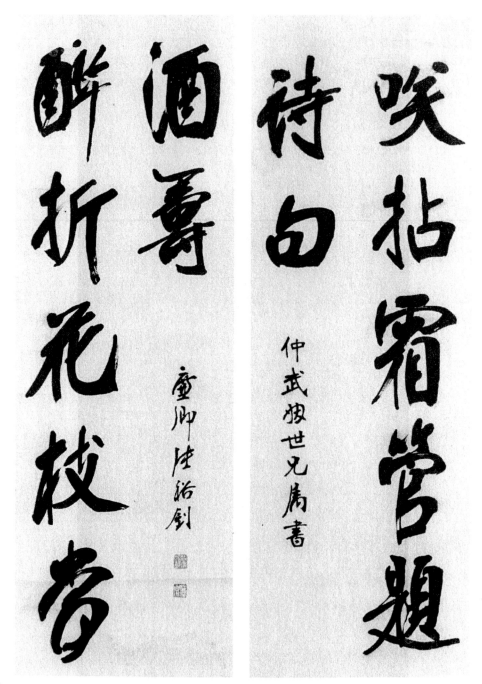

【圖4】張裕釗給莫繩孫的贈書作

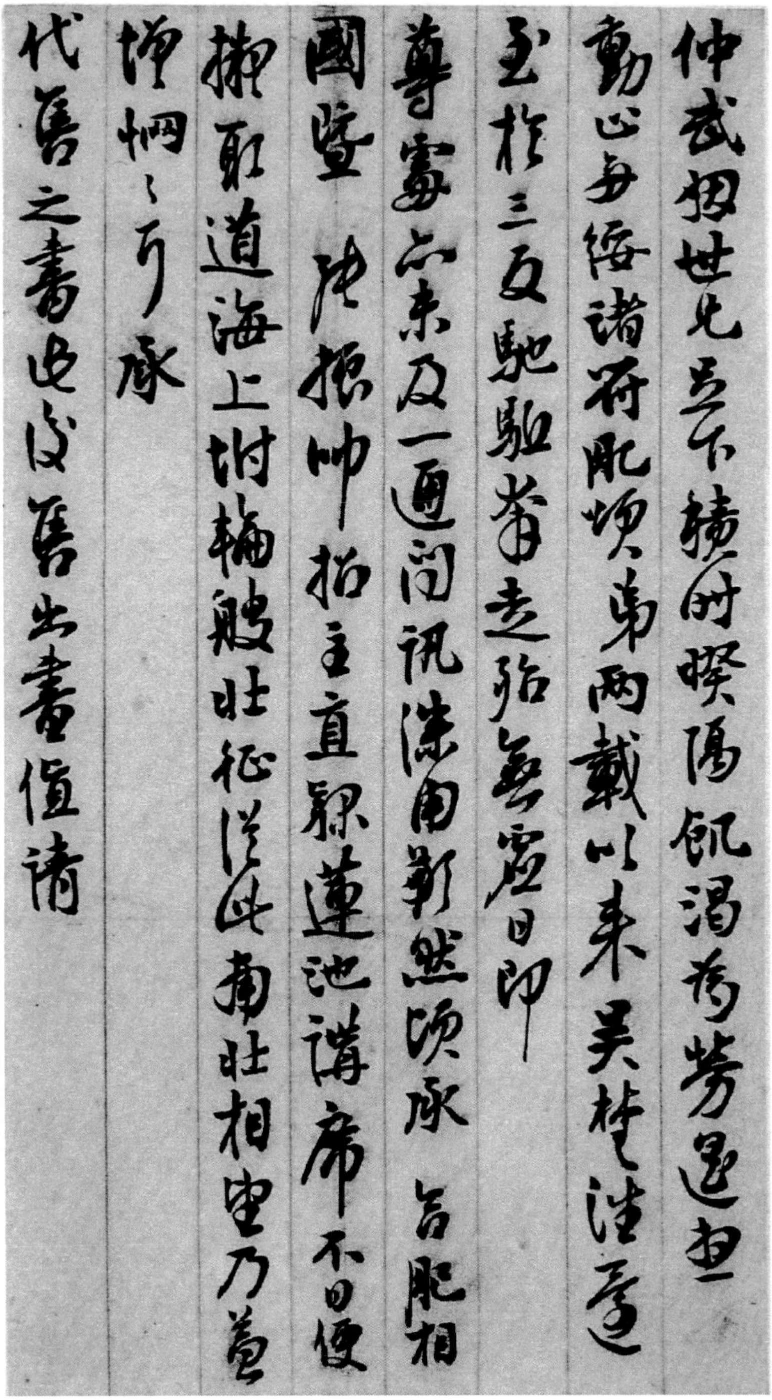

【圖5】張裕釗給莫繩孫的書簡

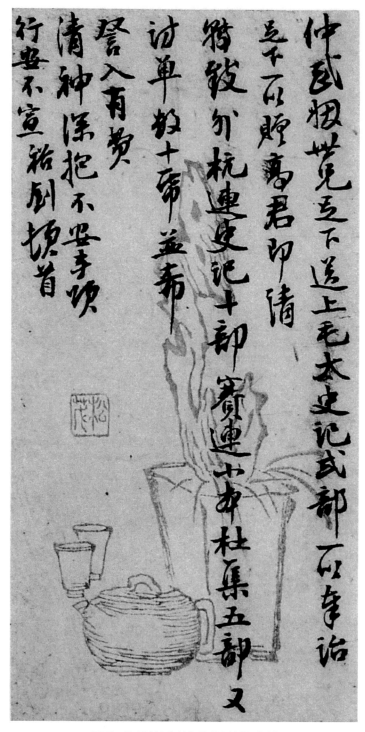

【圖 6】張裕釗給莫繩孫的書簡

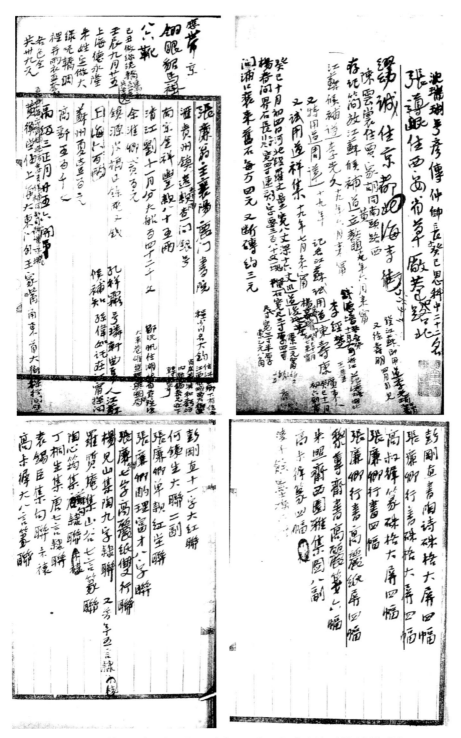

【圖7】莫繩孫日記（壬辰十月至甲午九月）（傍線筆者）

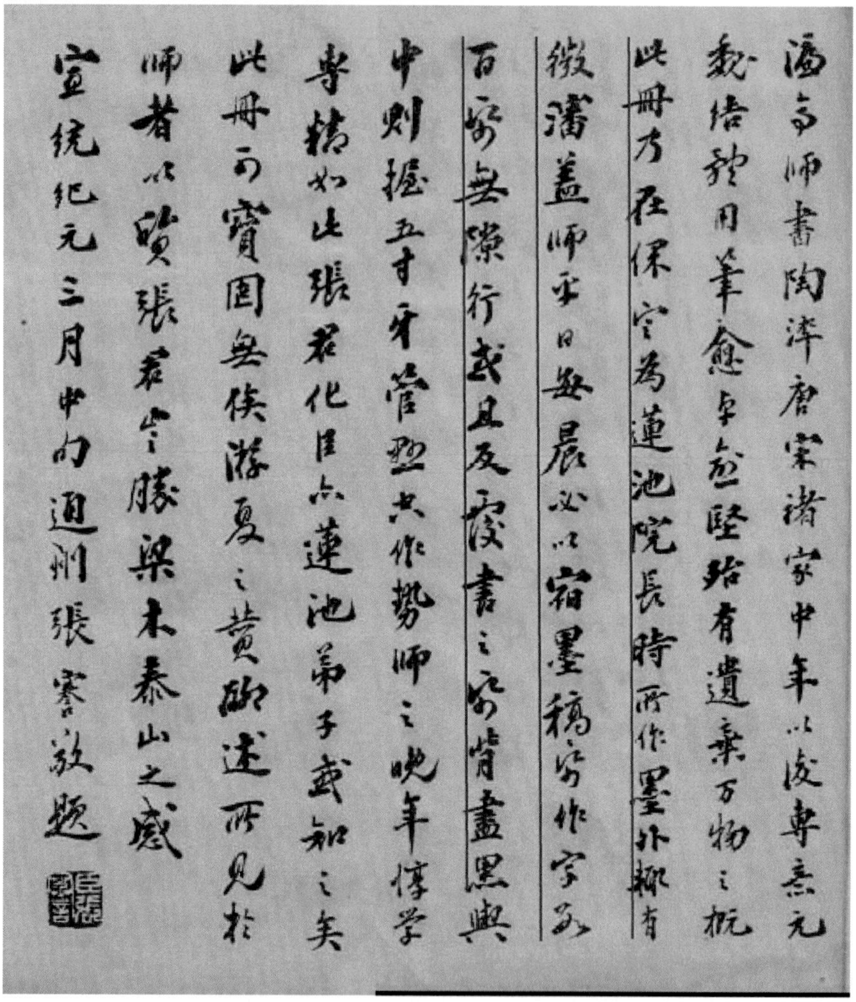

滬上師書陶澤唐棠諸家中年以後專意元

敦結發用筆愈率愈堅踔有遺棄万物之概有

此冊方在保定為蓮池院長時所作墨外瑣有

微潘盖師平日每晨必以宿墨稿寫作字必

百家無濾行武且反復書之寫肯盡墨興

中則握五寸管縶尖作勢師之晚年修學

專精如此張君化且点蓮池弟子武知之矣

此冊可寶固無俟游夏之賛勔述所見於

師者以賢張君雪縢梁木泰山之感

宣統紀元三月中旬迪州張謇敬題

【圖8】張孝杸藏，張裕釗〈千字文〉張謇的題跋（傍線筆者）

【圖9】張裕釗執筆示範帖

【表1】從同治後半・光緒前半期到光緒中期大楷書作的變遷

①鈎				
同治後半・光緒前半期		光緒中期		
（1）贈李鴻章書作（同治11年）	（2）〈事文類聚〉（同治12年）	（1）齊令辰藏〈齊公祠楹聯〉（光緒12年）	（2）〈箴言〉（光緒17年）	（3）〈節東都賦・西京賦〉（江漢書院時期、光緒15～17年）

②「戈」形				
同治前半期		光緒中期		
（1）張裕釗〈飛白書勢銘〉（同治5年）		（1）齊令辰藏〈齊公祠楹聯〉（光緒12年）	（2）〈箴言〉（光緒17年）	（3）〈節東都賦・西京賦〉（江漢書院時期、光緒15～17年）

【表2】從同治後半・光緒前半期到光緒中期大楷書作的變遷

③「水」傍				
同治後半期		光緒中期		
（2）〈事文類聚〉（同治12年）		（1）齊令辰藏〈齊公祠楹聯〉（光緒12年）	（2）〈箴言〉（光緒17年）	（3）〈節東都賦・西京賦〉（江漢書院時期、光緒15～17年）

④「乚」形			
同治後半期		光緒中期	
（2）〈事文類聚〉（同治 12 年）	（1）齊令辰藏〈齊公祠楹聯〉（光緒 12 年）	（2）〈箴言〉（光緒 17 年）	（3）〈節東都賦・西京賦〉（江漢書院時期、光緒 15〜17 年）
⑤「衣」「木」傍			
同治後半期		光緒中期	
（1）贈李鴻章書作（同治 11 年）	（2）〈事文類聚〉（同治 12 年）	（2）〈箴言〉（光緒 17 年）	（3）〈節東都賦・西京賦〉（江漢書院時期、光緒 15〜17 年）

【表3】從同治後半・光緒前半期到光緒中期中楷書作的變遷

①鈎		
同治後半・光緒前半期		光緒中期
（1）〈代湘鄉曾相國重脩金山江天寺記〉（同治 10 年）		（1）〈重脩南宮縣學記〉（光緒 12 年）
（2）〈吳徵君墓誌銘〉（同治 12 年）		（2）〈蒯德模神道碑〉（光緒 13 年推定）
（3）〈吳母馬太淑人祔葬誌〉（光緒元年）		（3）石印本〈李剛介公殉難碑記〉（光緒 9 年〜14 年推定）
（4）〈吳廷香墓表〉（光緒 4 年）		（4）湖北博物館本〈李剛介記〉（光緒 9〜14 年推定）

（5）〈金陵曾文正公祠堂修葺記〉（光緒7年）		（5）〈賀蘇生夫婦雙壽序〉（光緒19年推定）	
（6）〈屈子祠堂後碑〉（光緒7年推定）			
（1）《舒藝室隨筆六卷》（同治13年）	無	（1）齊令辰藏〈杜甫詩帖〉（蓮池書院期推定、光緒9年～14年）	
（2）《史記》（光緒2年）		（2）宮島藏〈千字文〉（蓮池書院期推定、光緒9年～14年）	
（3）《汪梅村先生集》（光緒7年）	無	（3）張孝栘藏〈千字文〉（蓮池書院期推定、光緒9年～14年）	

【表4】從同治後半‧光緒前半期到光緒中期中楷書作的變遷

②「戈」形			
同治後半‧光緒前半期			光緒中期
（1）〈代湘鄉曾相國重脩金山江天寺記〉（同治10年）	無	（1）〈重脩南宮縣學記〉（光緒12年）	
（2）〈吳徵君墓誌銘〉（同治12年）		（2）〈蒯德模神道碑〉（光緒13年推定）	
（3）〈吳母馬太淑人祔葬誌〉（光緒元年）		（3）石印本〈李剛介公殉難碑記〉（光緒9年～14年推定）	
（4）〈吳廷香墓表〉（光緒4年）		（4）湖北博物館本〈李剛介公殉難碑記〉（光緒9年～14年推定）	

（5）〈金陵曾文正公祠堂修葺記〉（光緒7年）		（5）〈賀蘇生夫婦雙壽序〉（光緒19年推定）	
（6）〈屈子祠堂後碑〉（光緒7年推定）			
（1）《舒藝室隨筆六卷》（同治13年）		（1）齊令辰藏〈杜甫詩帖〉（蓮池書院期推定、光緒9年～14年）	
（2）《史記》（光緒2年）		（2）宮島藏〈千字文〉（蓮池書院期推定、光緒9年～14年）	
（3）《汪梅村先生集》（光緒7年）	無	（3）張孝栘藏〈千字文〉（蓮池書院期推定、光緒9年～14年）	

【表5】從同治後半・光緒前半期到光緒中期中楷書作的變遷

③「水」傍			
同治後半・光緒前半期			光緒中期
（1）〈代湘鄉曾相國重脩金山江天寺記〉（同治10年）		（1）〈重脩南宮縣學記〉（光緒12年）	
（2）〈吳徵君墓誌銘〉（同治12年）		（2）〈蒯德模神道碑〉（光緒13年推定）	
（3）〈吳母馬太淑人祔葬誌〉（光緒元年）		（3）石印本〈李剛介公殉難碑記〉（光緒9年～14年推定）	
（4）〈吳廷香墓表〉（光緒4年付）		（4）湖北博物館本〈李剛介公殉難碑記〉（光緒9年～14年推定）	

（5）〈金陵曾文正公祠堂修葺記〉（光緒7年付）		（5）〈賀蘇生夫婦雙壽序〉（光緒19年推定）	
（6）〈屈子祠堂後碑〉（光緒7年推定）			
（1）《舒藝室隨筆六卷》（同治13年）		（1）齊令辰藏〈杜甫詩帖〉（光緒10年、蓮池書院期推定、光緒9年～14年）	
（2）《史記》（光緒2年）		（2）宮島藏〈千字文〉（蓮池書院期推定、光緒9年～14年）	
（3）《汪梅村先生集》（光緒7年）		（3）張孝杉藏〈千字文〉（蓮池書院期推定、光緒9年～14年）	

【表6】從同治後半・光緒前半期到光緒中期中楷書作的變遷

④「乚」形			
同治後半・光緒前半期			光緒中期
（1）〈代湘鄉曾相國重脩金山江天寺記〉（同治10年）		（1）〈重脩南宮縣學記〉（光緒12年）	
（2）〈吳徵君墓誌銘〉（同治12年）		（2）〈蒯德模神道碑〉（光緒13年推定）	
（3）〈吳母馬太淑人祔葬誌〉（光緒元年）		（3）石印本〈李剛介公殉難碑記〉（光緒9年～14年推定）	
（4）〈吳廷香墓表〉（光緒4年）		（4）湖北博物館本〈李剛介公殉難碑記〉（光緒9年～14年推定）	
（5）〈金陵曾文正公祠堂修葺記〉（光緒7年）		（5）〈賀蘇生夫婦雙壽序〉（光緒19年推定）	

（6）〈屈子祠堂後碑〉（光緒 7 年推定）				
（1）《舒藝室隨筆六卷》（同治 13 年）			（1）齊令辰藏〈杜甫詩帖〉（蓮池書院期推定、光緒 9 年～14 年）	
（2）《史記》（光緒 2 年）			（2）宮島藏〈千字文〉（蓮池書院期推定、光緒 9 年～14 年）	
（3）《汪梅村先生集》（光緒 7 年）	無		（3）張孝杼藏〈千字文〉（蓮池書院期推定、光緒 9 年～14 年）	

【表 7】從同治後半・光緒前半期到光緒中期中楷書作的變遷

⑤「心」形				
同治後半・光緒前半期			光緒中期	
（1）〈代湘鄉曾相國重脩金山江天寺記〉（同治 10 年）			（1）〈重脩南宮縣學記〉（光緒 12 年）	
（2）〈吳徵君墓誌銘〉（同治 12 年）			（2）〈蒯德模神道碑〉（光緒 13 年推定）	
（3）〈吳母馬太淑人祔葬誌〉（光緒元年）			（3）石印本〈李剛介公殉難碑記〉（光緒 9 年～14 年推定）	
（4）〈吳廷香墓表〉（光緒 4 年）			（4）湖北博物館本〈李剛介公殉難碑記〉（光緒 9 年～14 年推定）	
（5）〈金陵曾文正公祠堂修葺記〉（光緒 7 年）			（5）〈賀蘇生夫婦雙壽序〉（光緒 19 年推定）	
（6）〈屈子祠堂後碑〉（光緒 7 年推定）				

（1）《舒藝室隨筆六卷》（同治 13 年）	無		（1）齊令辰藏〈杜甫詩帖〉（蓮池書院期推定、光緒 9 年～14 年）	志
（2）《史記》（光緒 2 年）	無		（2）宮島藏〈千字文〉（蓮池書院期推定、光緒 9 年～14 年）	忘
（3）《汪梅村先生集》（光緒 7 年）	無		（3）張孝杉藏〈千字文〉（蓮池書院期推定、光緒 9 年～14 年）	悲

【表 8】從同治後半・光緒前半期到光緒中期中楷書作的變遷

⑥「阝」形				
同治後半・光緒前半期			光緒中期	
（1）〈代湘鄉曾相國重脩金山江天寺記〉（同治 10 年）	都		（1）〈重脩南宮縣學記〉（光緒 12 年）	鄑
（2）〈吳徵君墓誌銘〉（同治 12 年）	鄉		（2）〈蒯德模神道碑〉（光緒 13 年推定）	鄉
（3）〈吳母馬太淑人祔葬誌〉（光緒元年）	邓		（3）石印本〈李剛介公殉難碑記〉（光緒 9 年～14 年推定）	邮
（4）〈吳廷香墓表〉（光緒 4 年）	邦		（4）湖北博物館本〈李剛介公殉難碑記〉（光緒 9 年～14 年推定）	邮
（5）〈金陵曾文正公祠堂修葺記〉（光緒 7 年）	部		（5）〈賀蘇生夫婦雙壽序〉（光緒 19 年推定）	無
（6）〈屈子祠堂後碑〉（光緒 7 年推定）	君			
（1）《舒藝室隨筆六卷》（同治 13 年）	無		（1）齊令辰藏〈杜甫詩帖〉（蓮池書院期推定、光緒 9 年～14 年）	廊

（2）《史記》（光緒2年）	無	（2）宮島藏〈千字文〉（蓮池書院期推定、光緒9年～14年）	都
（3）《汪梅村先生集》（光緒7年）	無	（3）張孝杉藏〈千字文〉（蓮池書院期推定、光緒9年～14年）	都

【表9】從同治後半・光緒前半期到光緒中期中楷書作的變遷

線的粗度		豎畫比橫畫較粗 「豎畫」「橫畫」線的粗度差相異	
同治後半・光緒前半期		光緒中期	
（1）〈代湘鄉曾相國重脩金山江天寺記〉（同治10年）	書	（1）〈重脩南宮縣學記〉（光緒12年）	書
（2）〈吳徵君墓誌銘〉（同治12年）	事	（2）〈蒯德模神道碑〉（光緒13年推定）	事
（3）〈吳母馬太淑人祔葬誌〉（光緒元年）	作	（3）石印本〈李剛介公殉難碑記〉（光緒9年～14年推定）	侯
（4）〈吳廷香墓表〉（光緒4年）	道	（4）湖北博物館本〈李剛介公殉難碑記〉（光緒9年～14年推定）	道
（5）〈金陵曾文正公祠堂修葺記〉（光緒7年）	書	（5）〈賀蘇生夫婦雙壽序〉（光緒19年推定）	頓
（6）〈屈子祠堂後碑〉（光緒7年推定）	書		
（1）《舒藝室隨筆六卷》（同治13年）	月	（1）齊令辰藏〈杜甫詩帖〉（蓮池書院期推定、光緒9年～14年）	月
（2）《史記》（光緒2年）	張	（2）宮島藏〈千字文〉（蓮池書院期推定、光緒9年～14年）	張

（3）《汪梅村先生集》（光緒 7 年）	無	（3）張孝杕藏〈千字文〉（蓮池書院期推定、光緒 9 年～14 年）	

【表 10】從同治後半・光緒前半期到光緒中期中楷書作的變遷

間隔的廣度：「言」部			
同治後半・光緒前半期		光緒中期	
（1）〈代湘鄉曾相國重脩金山江天寺記〉（同治 10 年）	詰	（1）〈重脩南宮縣學記〉（光緒 12 年）	誤
（2）〈吳徵君墓誌銘〉（同治 12 年）	謂	（2）〈蒯德模神道碑〉（光緒 13 年推定）	諸
（3）〈吳母馬太淑人祔葬誌〉（光緒元年）	諸	（3）石印本〈李剛介公殉難碑記〉（光緒 9 年～14 年推定）	諭
（4）〈吳廷香墓表〉（光緒 4 年）	詔	（4）湖北博物館本〈李剛介公殉難碑記〉（光緒 9 年～14 年推定）	請
（5）〈金陵曾文正公祠堂修葺記〉（光緒 7 年）	諸	（5）〈賀蘇生夫婦雙壽序〉（光緒 19 年推定）	講
（6）〈屈子祠堂後碑〉（光緒 7 年推定）	誠		
（1）《舒藝室隨筆六卷》（同治 13 年）	無	（1）齊令辰藏〈杜甫詩帖〉（蓮池書院期推定、光緒 9 年～14 年）	詩
（2）《史記》（光緒 2 年）	記	（2）宮島藏〈千字文〉（蓮池書院期推定、光緒 9 年～14 年）	誅
（3）《汪梅村先生集》（光緒 7 年）	無	（3）張孝杕藏〈千字文〉（蓮池書院期推定、光緒 9 年～14 年）	說

【表11】從同治後半・光緒前半期到光緒中期中楷書作的變遷

間隔的廣度：「貝」部		
同治後半・光緒前半期		光緒中期
（1）〈代湘鄉曾相國重脩金山江天寺記〉（同治10年）		（1）〈重脩南宮縣學記〉（光緒12年）
（2）〈吳徵君墓誌銘〉（同治12年）		（2）〈蒯德模神道碑〉（光緒13年推定）
（3）〈吳母馬太淑人祔葬誌〉（光緒元年）		（3）石印本〈李剛介公殉難碑記〉（光緒9年〜14年推定）
（4）〈吳廷香墓表〉（光緒4年）		（4）湖北博物館本〈李剛介公殉難碑記〉（光緒9年〜14年推定）
（5）〈金陵曾文正公祠堂修葺記〉（光緒7年）		（5）〈賀蘇生夫婦雙壽序〉（光緒19年推定）
（6）〈屈子祠堂後碑〉（光緒7年推定）		
（1）《舒藝室隨筆六卷》（同治13年）		（1）齊令辰藏〈杜甫詩帖〉（蓮池書院期推定、光緒9年〜14年）
（2）《史記》（光緒2年）	無	（2）宮島藏〈千字文〉（蓮池書院期推定、光緒9年〜14年）
（3）《汪梅村先生集》（光緒7年）	無	（3）張孝杉藏〈千字文〉（蓮池書院期推定、光緒9年〜14年）

【表 12】從同治後半・光緒前半期到光緒中期中楷書作的變遷

外方內圓			
同治後半・光緒前半期		光緒中期	
（1）〈代湘鄉曾相國重脩金山江天寺記〉（同治 10 年）		（1）〈重脩南宮縣學記〉（光緒 12 年）	
（2）〈吳徵君墓誌銘〉（同治 12 年）		（2）〈蒯德模神道碑〉（光緒 13 年推定）	
（3）〈吳母馬太淑人祔葬誌〉（光緒元年）		（3）石印本〈李剛介公殉難碑記〉（光緒 9 年～14 年推定）	
（4）〈吳廷香墓表〉（光緒 4 年）		（4）湖北博物館本〈李剛介公殉難碑記〉（光緒 9 年～14 年推定）	
（5）〈金陵曾文正公祠堂修葺記〉（光緒 7 年）		（5）〈賀蘇生夫婦雙壽序〉（光緒 19 年推定）	
（6）〈屈子祠堂後碑〉（光緒 7 年推定）			
（1）《舒藝室隨筆六卷》（同治 13 年）		（1）齊令辰藏〈杜甫詩帖〉（蓮池書院期推定、光緒 9 年～14 年）	
（2）《史記》（光緒 2 年）		（2）宮島藏〈千字文〉（蓮池書院期推定、光緒 9 年～14 年）	
（3）《汪梅村先生集》（光緒 7 年）	無	（3）張孝杉藏〈千字文〉（蓮池書院期推定、光緒 9 年～14 年）	

【表 13】〈弔比干文〉特徵的影響：鈎

大楷書作 中楷書作	①鈎	②「戈」形	③「水」傍
北魏〈張猛龍碑〉			
北魏〈弔比干文〉			
（1）齊令辰藏〈齊公祠楹聯〉（光緒12年）			
（2）〈箴言〉（光緒17年）			
（3）〈節東都賦·西京賦〉（江漢書院時期、光緒15～17年）			
（1）〈重脩南宮縣學記〉（光緒12年）			
（2）〈蒯德模神道碑〉（光緒13年推定）			
（3）石印本〈李剛介公殉難碑記〉（蓮池書院時期推定、光緒9年～14年）			
（4）湖北博物館本〈李剛介公殉難碑記〉（蓮池書院時期推定、光緒9年～14年）			

（5）〈賀蘇生夫婦雙壽序〉（光緒 19～20 年推定）	釗封	成歲	澓池
（1）齊令辰藏〈杜甫詩帖〉（蓮池書院期推定、光緒 9 年～14 年）	子為	我識	涇流
（2）宮島藏〈千字文〉（蓮池書院期推定、光緒 9 年～14 年）	學為	盛職	得澄
（3）張孝栘藏〈千字文〉（蓮池書院期推定、光緒 9 年～14 年）	宇列	籛成	潛海

【表 14】〈弔比干文〉特徵的影響：鈎

大楷書作 中楷書作	④「乚」形	⑤「心」形	⑥「阝」形
北魏〈張猛龍碑〉	長民	心德	郡即
北魏〈弔比干文〉	以朗	怒息	廊即
（1）齊令辰藏〈齊公祠楹聯〉（光緒 12 年）	長	祕	無
（2）〈籛言〉（光緒 17 年）	長	心	郵
（3）〈節東都賦・西京賦〉（江漢書院時期、光緒 15～17 年）	阮	心	無
（1）〈重脩南宮縣學記〉（光緒 12 年）	能民	志心	郡邦

（2）〈蒯德模神道碑〉（光緒13年推定）	民長	慈惠	郡鄉
（3）石印本〈李剛介公殉難碑記〉（蓮池書院時期推定、光緒9年～14年）	餘以人	悲忠	郭鄰
（4）湖北博物館本〈李剛介公殉難碑記〉（蓮池書院時期推定、光緒9年～14年）	長以	悲忠	郎鄰
（5）〈賀蘇生夫婦雙壽序〉（光緒19～20年推定）	張頓	忘愚	鄉郵
（1）齊令辰藏〈杜甫詩帖〉（蓮池書院期推定、光緒9年～14年）	痕食	愁悲	郭邱
（2）宮島藏〈千字文〉（蓮池書院期推定、光緒9年～14年）	良張	悲念	廊都
（3）張孝杉藏〈千字文〉（蓮池書院期推定、光緒9年～14年）	張展	悲必	廊都

【表15】同治後半期・光緒前半期、光緒中期以降中楷張裕釗同特徵比較

張裕釗的碑碣	①撇捺	②長豎畫	③豎畫的強調
同治後半期中楷—碑碣①〈代湘鄉曾相國重脩金山江天寺記〉（同治10年）	以人資	脩	

同治後半期中楷—碑碣②〈吳徵君墓誌銘〉（同治 12 年）	流 源	俟 窬	在
光緒前半期中楷—碑碣③〈吳母馬太淑人祔葬誌〉（光緒元年）	系	窬 喻	
光緒前半期中楷—碑碣④〈吳廷香墓表〉（光緒 4 年）	乘 縣	舟 船	逆 巡
光緒前半期中楷—碑碣⑤〈金陵曾文正公祠堂修葺記〉（光緒 7 年）	下 謀	侑	在
光緒前半期中楷—碑碣⑥〈屈子祠堂後碑〉（光緒 7 年推定）	潔 其	諭 前	在
光緒中期以降中楷—（1）〈重脩南宮縣學記〉（光緒 12 年）	縣 傑	脩 俟	患
光緒中期以降中楷—（2）〈蒯德模神道碑〉（光緒 13 年推定）	傑 乘	侑 俞	舟 阿
光緒中期以降中楷—（3）石印本〈李剛介公殉難碑記〉（蓮池書院時期推定、光緒 9 年～14 年）	乘	俟 諭	舟
光緒中期以降中楷—（4）湖北博物館本〈李剛介公殉難碑記〉（蓮池書院時期推定、光緒 9 年～14 年）	乘	俟 諭	

光緒中期以降中楷—（5）〈賀蘇生夫婦雙壽序〉（光緒19～20年推定）		
光緒中期以降中楷—（6）齊令辰藏〈杜甫詩帖〉（蓮池書院期推定、光緒9年～14年）		
光緒中期以降中楷—（7）宮島藏〈千字文〉（蓮池書院期推定、光緒9年～14年）		
光緒中期以降中楷—（8）張孝杉藏〈千字文〉（蓮池書院期推定、光緒9年～14年）		

圖版出處

【圖1】北魏〈弔比干文〉

伏見沖敬〈北魏・孝文帝弔比干文〉（《書品》186號，東洋書道協會，1967年）。

【圖2】張裕釗〈贈沈曾植書〉

明清名家書法大成編纂委員會《明清名家書法大成 第六卷 清代書法四》（上海書畫出版社、1994年），編號：16。《中國美術全集 書法篆刻編 6清代書法》（上海書畫出版社，1993年），176頁。

【圖3】張裕釗書作，鄭孝胥跋文（傍線筆者）

2015年12月8日北京保利十周年秋季拍賣。

【圖4】張裕釗給莫繩孫的贈書作

陳啟壯《碑骨帖姿——張裕釗書道研究》（吉林文史出版社，2016年6月），55頁。

【圖5】張裕釗給莫繩孫的書簡

張裕釗專題〈張裕釗作品選〉《中國書法》第6期（2001年）、18～19頁。

名家手稿欣賞〈張裕釗致仲武函（局部）〉（《書友》第250期、2009年10

月），封底頁。《張裕釗集》,〈致仲武姻世兄〉,湖北省博物館藏、25〜26
頁。

【圖6】張裕釗給莫繩孫的書簡

張裕釗書法文化博物館書法報社組編《荊楚墨象・張裕釗卷》,〈致仲武姻
世兄〉,湖北省博物館藏,27 頁。

【圖7】莫繩孫日記（壬辰十月至甲午九月）（傍線筆者）

《獨山莫氏遺稿不分卷十三冊／清莫繩孫撰《日記四冊》》〈手記　壬辰十
月至甲午九月〉台灣,國家圖書館藏,古籍與特藏文獻資源,書號:15360-
005。

【圖8】張孝栘藏,張裕釗〈千字文〉張謇的題跋（傍線筆者）

張孝栘舊藏《千字文》（出版情報無）、日本個人藏。

【圖9】張裕釗執筆示範帖

張裕釗執筆示範帖《書論第 23 號（特集：宮島詠士）》（書論研究會,1984
年 11 月）,127 頁。

表圖版的出處

【表1】從同治後半・光緒前半期到光緒中期大楷書作的變遷

【表2】從同治後半・光緒前半期到光緒中期大楷書作的變遷

 1. 同治前半期：第三章圖 8

 2. 同治後半・光緒前半期：第三章圖 11、圖 12

 3. 光緒中期：前揭圖 9、圖 10、圖 11

【表3】從同治後半・光緒前半期到光緒中期中楷書作的變遷

【表4】從同治後半・光緒前半期到光緒中期中楷書作的變遷

【表5】從同治後半・光緒前半期到光緒中期中楷書作的變遷

【表6】從同治後半・光緒前半期到光緒中期中楷書作的變遷

【表7】從同治後半・光緒前半期到光緒中期中楷書作的變遷

【表8】從同治後半・光緒前半期到光緒中期中楷書作的變遷

【表9】從同治後半・光緒前半期到光緒中期中楷書作的變遷
「豎畫・橫畫中線的粗度」

【表10】從同治後半・光緒前半期到光緒中期中楷書作的變遷
「間隔的廣度」

【表 11】從同治後半‧光緒前半期到光緒中期中楷書作的變遷
「間隔的廣度」

【表 12】從同治後半‧光緒前半期到光緒中期中楷書作的變遷
「外方內圓」

 1. 同治後半‧光緒前半期：第三章圖 13～圖 21

 2. 光緒中期以降：前揭圖 12、圖 13、圖 15、圖 16、圖 18～圖 21

【表 13】〈弔比干文〉特徵的影響：鈎

【表 14】〈弔比干文〉特徵的影響：鈎

【表 15】同治後半期‧光緒中期以降中楷張裕釗的同特徵比較

 1. 同治後半‧光緒前半期：第三章圖 13～圖 21

 2. 光緒中期以降：前揭圖 12、圖 13、圖 15、圖 16、圖 18～圖 21

終　章

第一節　各章的研究成果與整理

　　本論從晚清官僚文化的視點檢討了張裕釗的書法。關於從張裕釗現存的墨跡、碑文書法、文獻資料，張裕釗的經歷、書作以時期別（咸豐年間、同治前半期、同治後半期‧光緒前半期、光緒中期以後的 4 期）分類，綜合性地考察了幕府與書院中與張裕釗的交流，以及關於書法風格的變遷。

　　從 4 章進行檢討的結果，以下以章單位試著整理，此外，基於研究結果，想先回答問題提起。

　　首先，第一章於咸豐期，指出張裕釗的書法從傳統的帖學導入。例如於胡林翼幕府中，寫給曾國藩的書簡可看出主要以唐碑、二王為傳統的學書方法為基準的風格。此外，寫給范志熙的書簡則可看出王羲之、米芾的風格。

　　第二章注目於同治前半期，述及於曾國藩幕府中與莫友芝的交流，對張裕釗的書學產生影響。張裕釗於同治 5 年 9 月所書寫的〈鮑照飛白書勢銘〉為明確的「隸楷相參」風格。其點畫的撇與鈎、浮鵝鈎伸展非常，暢達的開放感是從來的書法家所未有的。

　　此外，於張裕釗的小字書法，進入同治期後受到曾國藩的影響，小行書字形上左撇為直線，顯示方筆的起筆與收筆有停止的現象；小行楷書為自由的文字結體，以方筆書寫的樣貌。急速地失去倣書的姿態，被判斷為受到從曾國藩、莫友芝的影響。

　　第三章注目於張裕釗的中楷書作的展開。於曾國藩幕府中，與莫友芝相遇，由於進行了訪碑活動（梁碑）使得張裕釗書的觀念產生了改變。特別是中楷，梁碑碑額的楷書樣式接近正方形的概形、撇與其它部分的幅度沒有差異、有浮鵝鈎的橫畫斜度，其它的橫畫斜度與梁碑接近的特徵，推測這些都是受到梁碑的影響。這時期的張裕釗，持續著具有開放感的鈎、浮鵝鈎的特徵，採取莫友芝訪碑文化（梁碑）進而有的保有安定感的概形、弧度，融合雙方的動靜，也具備著獨創性，此為前人所未言及的梁碑的影響，於張裕釗的書法展開上，具有重要的位置。

　　第四章中，張裕釗書法給予袁昶、沈曾植影響。張裕釗於保定蓮池書院期間與鄭孝胥相交，論及關於莫有芝的收藏品〈弔比干文〉。中楷的作品中，開始有三角形鈎的〈弔比干文〉的特徵，其受容顯著。此外，相較於豎畫，橫畫較粗的特徵，視覺上可感受到立體感的書法。此外，這時期中可知張裕釗的特徵「外方內圓」鮮明，洗練而完成此特徵。張裕釗的書法為當時未有的獨創性，可說是由於是點畫中上・下・左・右延長的開放感，與〈弔比干文〉的立體感融合，所實現的特徵。

　　此外，各時期的官僚胡林翼・汪士鐸・曾國藩（胡林翼幕府，咸豐年間）、何璟・莫友芝（曾國藩幕府，同治前半期）、莫友芝（曾國藩幕府，同治後半期・光緒前半期）、莫繩孫・袁昶・沈曾植・鄭孝胥（光緒中期以降）可窺見從交友日記及書簡等的資料。

　　這些官僚們收藏著碑版拓本，與他們交流的過程中形成張裕釗的書法，並有所展開。前階段（咸豐年間，同治前半期）從官僚們的書風直接影響，張裕釗書法的表現可見新的變化。後階段（同治後半期・光緒前半期、光緒中期）可確認為關於官僚的訪碑（梁碑）活動與收藏品〈弔比干文〉的影響，實現線的粗度與宿墨運用的技法，開發了立體感的表現。據此，定調了其獨自的書風。

　　前人研究未言及的晚清官僚文化的視點中，張裕釗書法的形成與展開而檢討的結果，可以提示幕府這個交流場的重要性。官僚們以碑帖相互交流雖為時代的特徵，張裕釗攝取了他們所藏的各種碑帖，創造了獨自的特徵。特別是從隸書的筆法或結構開創了楷書的新表現，從晚期〈弔比干文〉所得到的「外方內圓」展開，由於與官僚莫友芝等的交流，進而達到此目的。解明了他們的書法或書法觀、收藏品為重要的作用，為本論文的意義所在。

第二節　今後的課題

　　基於本論的檢討結果，最後，想敘述關於今後的課題，為以下三點。

一、年代、真偽未解明的張裕釗書作

　　關於張裕釗現存的書作，例如宮島家收藏的書作集中於晚年，於真偽上信賴度高。根據魚住和晃先生的研究，進入 1990 年代，從宮島家全面性的資料提供給魚住氏〔註1〕。此外，近年陳啟壯先生身為中國張裕釗書法研究會會長，盡全力收集張裕釗的書作，於中國張裕釗早年期的書作也陸續被發現。在中國的民間，張裕釗的書作品最多收藏的，可以說是陳啟壯先生吧〔註2〕。未來將活用這些資料，關於張裕釗的研究之前進，是有其必要性的。

　　筆者的博士論文中，根據階段性可窺見張裕釗的書法認識，然而張裕釗的書作干支未計入的仍眾多，執筆年代的推定中，包含真偽問題，也被要求要作慎重的檢討。

　　博士論文中，序章所整理的關於無紀年大字書作（對聯、條幅、條屏、臨書作品）、中字書作（碑碣作品、一般作品）、小字書作（書簡、著作手稿、跋文・批語）有舉出一些新看法，但仍有數點問題點殘留。例如雖考察了第三章中現存的張裕釗碑文書法，然〈張樹珊墓誌銘〉、〈黃孺人墓誌銘〉、〈張公蔭穀墓碑〉三個碑碣作品年代有著不同說法，執筆年代仍未解明的狀態。這些作品群，有著有紀年作品，作為可確認的基準作做為檢證，此外關於從張裕釗生涯有關的文獻等，進行嚴密地檢討，年代與真偽的明朗化有其必要性。

二、莫友芝的生涯及其書學

　　張裕釗的書法，不僅是從莫友芝的隸書啟發而來的「隸楷相參」的表現性，應尚有從莫友芝的生涯與書學投影出的結果。此根源的部分能夠把握住時，終究能體會出其理念。然而，兩者的交流活動於書法中雖為重要，然而關於莫友芝全面性的本質應尚存在。若能結合莫友芝的書學思想與書法來看，張裕釗的書法所呈現的貢獻，應能更加地理解。

〔註1〕魚住和晃《張廉卿の書法と碑学》（研文書局，2002 年 6 月）。〈後記〉，315 頁。
〔註2〕陳啟壯《碑骨帖姿──張裕釗書道研究》（吉林文史出版社，2016 年 6 月），
　　　　張書範〈序言〉，2 頁。

　　確實，莫友芝熱衷於訪碑活動與金石的研究，提及莫友芝或張裕釗的書學思想時，應為相通的。有關於莫友芝的研究，於序章雖有提起，然關於其書法觀仍未詳細地全面性被檢討。因此，有許多資料等待被發現，研究者今後關於此點應多加些議論。

三、張裕釗書法的影響

　　於日本，受到張裕釗書法的「外方內圓」樣式的影響有宮島詠士、上條信山，設立了善隣書院與書象會，其書法影響廣泛，更有「信山流」繼續承繼。於中國，根據地域（以河北省與湖北省為大宗）有數個張裕釗書法的流派存在著。李喜泰（河北省邯鄲市）・熊基權（河北省石家莊市）身為第三代門人，從第一代到第三代的書法進行了考察〔註3〕。若舉出這些人物，第一代的門人有張謇（1853～1926）、范當世（1854～1904）、查燕緒（1843～1917）、馬其昶（1855～1930）、另有胡宗照（1884～1942）、王洪鈞（約 1864～1929）等人。第二代弟子有胡宗照的門人孫文錦、周培福、王洪鈞的門人盧相之（約 1893～1956）、李鶴亭（1904～1976）等人。第三代的門人，於現在書壇活躍著的，有李鶴亭的弟子李守誠，尚有王樂同、張書範、田人、董毓明、熊基權等可以舉出。如此的狀況來看，中國尚存在著幾個流派，然而各自是怎麼樣的系統，仍是個疑問。這些有著未解明的問題，如此要考察的話，勢必要透過現地的調查。

　　筆者的博士論文的序章、第一章、第四章中，亦有稍微接觸了張裕釗的門人張謇、張孝栘、齊令辰、賀濤、賀培新，再加上關於張裕釗同時期人物康有為、袁昶、沈曾植、鄭孝胥。我想，他們皆受到張裕釗的書法影響，今後應發現更多的新資料，並有著進行檢證的必要性。

〔註 3〕李喜泰〈池中綠滿魚留子 庭下陰多燕引雛—張裕釗書法藝術流派管窺〉。董毓明編《第五屆全國張裕釗流派書法展作品集》（內部資料，2011 年 7 月），249～253 頁。

　　　　熊基權〈張裕釗研究之四 燕趙大地的張裕釗盛流〉《熊基權書作詩文集》（下）理論卷、詩聯卷、附卷（花山文藝出版社，2005 年 7 月），22～24 頁。

【表】於本論中研究成果的整理

	小字楷書　唐楷	小字行書　與范鳴珂·范鳴龢交遊　王羲之·米芾集字的倣書	大字行楷書	中字楷書　碑文·題字
咸豐年間　胡林翼幕府	｜　胡林翼·汪士鐸的館閣體　｜	｜		
同治前半期　曾國藩幕府、武昌勺庭書院	莫友芝的小楷	曾國藩的行書	莫友芝的隸書	
同治後半期·光緒前半期　鄂城書局、鹽局、金陵鳳池書院	莫友芝的小行楷書		莫友芝的隸書　與莫友芝〈梁碑碑額〉的訪碑活動	與莫友芝〈梁碑碑額〉的訪碑活動
光緒中期　保定蓮池書院、武昌江漢書院、襄陽鹿門書院	莫友芝的小行楷書		莫友芝·莫繩孫　北魏〈弔比干文〉的收藏	莫友芝·莫繩孫　北魏〈弔比干文〉的收藏

參考文獻

一、古籍法帖

1. （清）張善準《張廉卿先生家譜》（臺灣國家圖書館，清咸豐 10 年，（1860）年、手抄本）

2. （清）《蔣元卿舊藏晚清和近代名人手札》（安徽省安慶市圖書館古籍部藏）

3. （清）張裕釗《張廉卿先生楷書千字文》（無出版頁）

4. （清）張裕釗〈吳蘭軒墓表〉拓本（中國‧日本個人藏二冊）

5. （清）張裕釗〈張裕釗致蔣光焴書札〉（38 通）、〈張裕釗劉府君墓誌銘〉（1 通）（浙江圖書館藏）

6. （清）張裕釗校刊、歸有光‧方苞評點《史記》（南京圖書館藏）

7. （清）張裕釗《張裕釗帖》第一冊（齊令辰出版，日本個人藏）

8. （清）張裕釗《張裕釗帖》第四冊（齊令辰出版，日本個人藏）

9. （清）張裕釗〈賀蘇生夫婦雙壽序〉拓本（中國個人藏）

10. （清）張裕釗《張廉卿書千字文》（民國 3 年（1914）7 月，初版）

11. （清）張裕釗《張廉卿書千字文楷書》（文明書局，1935 年 3 月，第 9 版）

12. （清）張裕釗《千字文》（張以南‧張謇題、張孝杉藏，奧付なし）

13. （清）《陶風樓藏名賢手札》（江蘇省立國學圖書館出版，1930 年、初版、南京圖書館藏）

14. （清）《張廉卿書箴言（崔瑗座右銘）》（文明書局，民國 26 年（1937）4月、第 13 版。）

15. （清）張裕釗《張廉卿書李剛介公殉難碑》（文明書局，1911 年 3 月，初版）

16. （清）張裕釗《張廉卿書李剛介公殉難碑》（文明書局，1941 年 3 月，第 17 版）石印本的題跋

17. （清）張裕釗《張廉卿書箴言》（文明書局，宣統 3 年（1911）7 月出版）

18. （清）張裕釗《張裕釗先生論學手札》（九思堂書局，民國石印）

19. （清）《張氏宗譜》卷 47（敦義堂）

20. （清）鍾桐山修・柯逢時纂《中國地方志集成 33・湖北府縣志輯 光緒武昌縣志》卷 15（江蘇古籍出版社、清光緒 11 年（1885）刻本影印）

21. （清）范志熙《退思存稿（退思詩存）》（武昌范氏木犀香館刻本、清光緒 14 年（1888）年、中國國家圖書館藏）

22. （清）范志熙〈鄂城喜晤張廉卿旋復別去〉（《范月槎詩文稿》抄本、南京圖書館藏）

23. （清）汪士鐸〈四君子詠〉（《梅村賸稿》丙 11 汪賸下（《金陵叢書》，刻本，南京圖書館藏）

24. （清）汪士鐸《悔翁筆記（悔翁詩鈔）》（刻本，南京圖書館藏，上元吳氏銅鼓軒重雕民國廿四年十月版歸燕京大學圖書館補刊印行，中國書局 1985 年再版）

25. （清）汪士鐸《汪梅村先生集殘帙》（抄本、南京圖書館藏）

26. （清）汪士鐸《汪子語錄》（稿本，南京圖書館藏）

27. （清）汪士鐸《梅村賸稿》丙二十汪賸下〈勺庭〉（南京圖書館藏）

28. （清）汪士鐸〈屈子祠堂後碑〉（《汪梅村先生集》卷 6，《近代中國史料叢刊》第 13 輯，文海出版社，1966 年）

29. （清）汪士鐸《汪梅村先生集》（光緒 7 年，中國國家圖書館藏）

30. （清）曾國藩著、唐浩明責任編輯《曾國藩全集》（岳麓書社，1994 年第一版、2011 年 9 月）

31. （清）莫友芝〈莫氏遺書不分卷〉（《邵亭遺詩》，登錄號：索 15024 貴州省圖書館藏）

32. （清）莫友芝〈莫友芝先生墨蹟〉（清同治 10 年，內頁題名〈微君公摹魏孝文吊比干文三紙一開〉，貴州省圖書館藏、索書號：08230）

33. （清）莫友芝著・張劍，張燕嬰整理《莫友芝全集（全 12 冊）》（中華書局、2017 年）

34. （清）莫友芝著・張劍整理《莫友芝日記》（鳳凰書局、2016 年 4 月）

35. （清）莫友芝著、張劍・陶文鵬・梁光華編輯校點《莫友芝詩文集》（人民文學出版社，2009 年 1 月）

36. （清）莫友芝著《邵亭詩鈔》（張劍・陶文鵬・梁光華編輯校點《莫友芝詩文集》卷 4，人民文學出版社，2013 年 11 月）

37. （清）莫繩孫《獨山莫氏遺稿不分卷十三冊 / 清莫繩孫撰《日記四冊》》〈手記　壬辰十月至甲午九月〉（臺灣，國家圖書館藏，古籍與特藏文獻資源，書號：15360-005）

38. （清）黎庶昌〈莫徵君別傳〉（《拙尊園叢稿》卷 4，《續修四庫全書》、上海古籍出版社，2002 年）

39. （清）黎庶昌著、黎鐸・龍先緒校正《黎庶昌全集（1～8 冊）》（上海古籍出版社，2015 年 11 月）

40. （清）薛福成〈敘曾文正公幕府賓僚〉（《庸庵文編》卷 4，近代中國史料叢刊第 95 輯，文海出版社）

41. （清）張鳴珂《寒松閣談藝瑣錄》卷 5（《清代傳記叢刊》，明文書局，1985 年）

42. （清）張文虎《舒藝室隨筆》（金陵冶城賓館刊，1874 年，哈佛燕京圖書館藏）

43. （清）賀濤〈唁張導岷〉（甲午（1894 年），出版社不詳）

44. （清）李鴻章《李文忠公尺牘》第 32 冊（商務印書館，1916 年 10 月）

45. （清）李鴻章楷書《蒯公神道碑帖》（上海文明書局，中華民國 5 年（1916）11 月初版，13 年（1924）4 月再版）

46. （清）《陶風樓藏名賢手札》（江蘇省立國學圖書館出版，1930 年，南京圖書館藏）

47. （清）康有為《廣藝舟雙楫》卷 4，餘論第 19（上海書畫出版社、1981 年）

48. （清）鄭孝胥著、鄭謙歸納《海藏書法抉微》（崔爾平編《明清書法論文選（下）》上海書畫出版社，1994 年）

49. （清）鄭孝胥著、上海書店出版社編輯《張文虎日記》（上海書店出版社，2009 年 7 月）

50. （清）鄭孝胥著、勞祖德整理，中國國家博物館編《鄭孝胥日記（全五冊）》
（中華書局，2016 年 4 月）

51. （清）賀培新著《賀培新集（上）・天游室文》（鳳凰出版社，2016 年 9 月）

52. （清）賀培新〈書濂亭先生書撰曾大父母壽序石刻拓本後〉（王達敏・王九
一・王一村整理《賀培新集》，鳳凰出版社，2016 年）

53. 趙爾巽主纂〈張裕釗〉《清史稿》卷 486，列傳 273，文苑 3（中華書局，
1977 年）

二、專論・圖錄

1. 劉再蘇《名人楹聯真蹟大全・附屏條堂幅》第 6 冊（世界書局，1925 年
再版）

2. 張蔭麟、李鼎芳〈曾國藩與其幕府人物〉《大公報・史地周刊》（1935 年
5 月 24 日）

3. 神田喜一郎〈中國書道史 14 清二〉（下中邦彥編集《書道全集》第 24 卷，
平凡社，1961 年）

4. 服部竹風〈張廉卿とその書〉（《心畫 張廉卿號》第 15 卷第 4 號，書道
心畫院、1962 年 4 月）

5. 沈雲龍主編《桐城吳先生（汝綸）尺牘》（《近代中國史料叢刊》第 37 輯，
文海出版社，1966 年 10 月）

6. 伏見沖敬〈北魏・孝文帝弔比干文〉《書品》186 號（東洋書道協會，1967
年）

7. 繆全吉〈曾國藩幕府盛況與晚清地方權力之變化〉《中國近代現代史論》
第 5 編（中山學術文化集刊、1969 年）

8. 富永覺《素描—人と畫と—》（清泉社，1969 年 12 月）

9. 郭立志撰《桐城吳先生（汝綸）年譜》雍睦堂叢書本（《近代中國史料叢
刊》第 73 輯、文海出版社、1972 年）

10. 張裕釗撰《張廉卿先生詩文手稿》（《近代中國史料叢刊續編》第 10 輯，
文海出版社，1974 年）

11. 魚住和晃《張裕釗書作集》（和泉書院，1980 年 1 月）

12. 神田喜一郎〈中國書道史 5 南北朝 I〉（下中邦彥編集《書道全集》第 5
卷，平凡社，1980 年）

13. 張裕釗〈致曾國藩〉,陶湘《昭代名人尺牘小傳續集》卷 18(文海出版社,1980 年)

14. 張雙錫〈莫友芝的書法藝術〉《貴州文史叢刊》1982 年第 4 期,(貴州省文史研究館,1982 年)

15. 上條信山〈解說〉,張裕釗《宮島詠士舊藏 張廉卿千字文》(同朋舍,1983年 7 月)

16. 張裕釗執筆示範帖《書論第 23 號(特集:宮島詠士)》(書論研究會,1984年 11 月)

17. 張廉卿著、王雙啟・杉村邦彦・魚住和晃編《張廉卿先生論學手札(覆刻版)》(張裕釗宮島詠士師弟書法展覽實行委員會,1984 年)

18. 張裕釗・宮島詠士師弟書法展覽實行委員會編《張裕釗・宮島詠士師弟書法展覽圖錄》(張裕釗・宮島詠士師弟書法展覽實行委員會,1984 年)

19. 李鼎芳編《曾國藩及其幕府人物》(岳麓書社,1985 年)

20. 黎鐸〈黎庶昌年譜〉(《遵義文史資料 第九輯(關於遵義人物 1)》遵義市政協文史資料研究會、1986 年 7 月)

21. 杉村邦彦〈張廉卿の傳記と書法〉(《渠荷的歷〈宮島詠士書法展〉》書法文化交流會,1987 年 7 月)

22. 大澤義寬〈張廉卿・宮島詠士の書表現上における工夫〉(《渠荷的歷〈宮島詠士書法展〉》書法文化交流會,1987 年 7 月)

23. 魚住和晃〈張廉卿・宮島詠士書法研究回想記〉(《渠荷的歷〈宮島詠士書法展〉》書法文化交流會,1987 年 7 月)

24.〈莫友芝致小宋書信〉(王迪諏、嚴寶善編《清代名人信稿 附小傳》浙江古籍出版社,1987 年 12 月)

25. 聞鈞天《張裕釗年譜及書文探討》(湖北美術出版社,1988 年 6 月)

26.《書跡名品叢刊 梁貝義淵 蕭憺碑》田近憲三藏本(二玄社,1988 年 11月)

27. 黃萬機《黎庶昌評傳》(貴州人民出版社,1989 年 5 月)

28. 杜春和、耿來金編《胡林翼未刊往來函稿》(岳麓書社,1989 年 7 月)

29. 幸必澤〈黎庶昌的文化外交和文史研究業績〉(《貴州文史叢刊》貴州省文史研究館,1990 年 3 月)

30. 太平天國歷史博物館編《曾國藩等往來信稿真蹟》（河北人民出版社，1990 年 12 月）

31. 裴漢剛主編《莫友芝研究文集》（貴州人民出版社，1991 年 6 月）

32. 謝以蓉主編《遵義文史資料（內部資料）第二十輯》（《遵義文史資料》編輯部，1991 年 6 月）

33. 文物編輯委員會編《書法叢刊》第 28 輯（文物出版社，1991 年 12 月）

34. 黎庶昌國際學術研討會組織委員會編《貴州文史叢刊（黎庶昌專輯）》（1992 年第 3 期，總第 46 期，貴州省文史研究館）

35. 黃萬機《莫友芝評傳》（貴州人民出版社，1992 年 9 月）

36. 魚住和晃《張廉卿〈悲憤と憂傷の書人〉》（柳原書局，1993 年 7 月）

37. 李世模〈黎庶昌政治思想傾向辨析——兼與黃萬機先生商榷〉（《貴州師範大學學報　社會科學版》1993 年第 2 期，總第 75 期）

38. 杉村邦彥著《書苑彷徨　第三集》（二玄社，1993 年）

39. 丁有國主編、張雪華‧胡念徵副主編《張裕釗〔論學手札〕助讀》（湖北美術出版社，1994 年 9 月）

40. 朱東安《曾國藩幕府研究》（四川人民出版社，1994 年 12 月）

41. 西里喜行〈黎庶昌の對日外交論策とその周辺：琉球問題‧朝鮮問題をめぐって〉（《東洋史研究》第 53 期，東洋史研究會，1994 年）

42. 劉錦〈莫友芝書法成就淺識〉（《書法叢刊》1994 年第 1 期，文物出版社，1994 年）

43. 徐建融《清代書畫鑑定與藝術市場》（上海書店出版社，1996 年 10 月）

44. 徐惠文編集《莫友芝年譜》（獨山縣政協文史資料委員會，1996 年）

45. 杉村邦彥〈張裕釗的傳記與書法〉（《書法之友》第 5 期，1996 年）

46. 楊祖武主編《張裕釗書法藝術》（華夏出版社，1997 年 5 月）

47. 黎庶昌〈莫徵君別傳〉（《拙尊園叢稿‧外編》卷 4，《續修四庫全書》集部，第 1561 冊，上海古籍出版社，1997 年）

48. 劉再蘇《名人楹聯墨蹟大觀》（湖北美術出版社，1998 年 3 月）

49. 唐浩明編《胡林翼集》（岳麓書社、1999 年 5 月）

50. 張裕釗撰《張濂卿先生詩文稿不分卷三冊》（臺灣國家圖書館藏，號碼：13456。國家圖書館特藏組編《國家圖書館善本書志初稿‧集部》國家圖書館出版，1999 年 6 月參照）

51. 尚小明《學人游幕與清代學術》（社會科學文獻出版社，1999 年 10 月）

52. 石田肇〈《拙尊園存書目》翻印—黎庶昌の藏書目錄—〉（《群馬大學教育學部紀要　人文・社會科學編》第 49 卷，群馬大學教育學部，2000 年）

53. 石田肇〈黎庶昌の藏書—《拙尊園存書目》について—〉（《汲古》第 38 號、古典研究會，2000 年 12 月）

54. 張裕釗專題〈張裕釗作品選〉（《中國書法》第 6 期，2001 年）

55. 《第四十回書象展記念——張廉卿・宮島詠士・上條信山作品集》（書象會、2001 年 7 月 6 日）

56. 葉賢恩《張裕釗傳》（中國三峽出版社、2001 年 12 月）

57. 陳捷〈貴州省における日本關係典籍について—黎庶昌の古典籍蒐集およびその舊藏書の行方を中心として—〉（《中國に傳存の日本關係典籍と文化財》國際日本文化研究センター，2002 年）

58. 李志茗《晚清四大幕府》（上海人民出版社，2002 年 1 月）

59. 魚住和晃《張廉卿の書法と碑學》（研文出版，2002 年 6 月）

60. 凌林煌《曾國藩幕賓探究》（上、下）（文史哲出版社，2002 年 8 月）

61. 吳汝綸撰、施培毅・徐壽凱校點《吳汝綸全集》（黃山書社，2002 年 9 月）

62. 朱東安《曾國藩集團與晚清政局》（華文出版社，2003 年 1 月）

63. 郭堂貴〈莫友芝書法與碑學〉（《貴州文史叢刊》2004 年第 3 期，貴州省文史研究館）

64. 湛有恆主編《張裕釗國際學術研討會文集》（接力出版社，2004 年 3 月）

65. 湛有恆主編、丁有國注評《濂亭遺詩注評》（接力出版社，2004 年 3 月）

66. 薛雅文《莫友芝版本目錄學研究》（花木蘭文化工作坊，2005 年 12 月）

67. 尚小明《清代士人游幕表》（中華書局，2005 年）

68. 江貽隆、鄒子榮〈胡林翼、張裕釗、江有蘭等致徐椒岑書〉（《安徽史學》2005 年第 4 期、安徽省社會科學院）

69. 楊艷・李仕波〈試論黎庶昌的文化外交〉《六盤水師範高等專科學校學報》第 19 卷第 1 期，六盤水師範高等專科學校編輯部，2007 年 2 月）

70. 張裕釗著、王達敏校點《張裕釗詩文集》（上海古籍出版社，2007 年 10 月）

71. 劉恒〈第三章　碑學的完善與發展〉《中國書法史（清代卷）》（江蘇教育出版社、2007 年 9 月）

72. 許全勝撰《沈曾植年譜長編》光緒 16 年庚寅（1890）閏 2 月 21 日。（中華書局、2007 年 8 月）

73. 莫友芝著‧張劍撰《莫友芝年譜長編》（中華書局，2008 年 11 月）

74. 王寶平〈日本國會圖書館藏黎庶昌遺札〉（《文獻》2008 年第 3 期）

75. 柳春蕊〈蓮池書院與以吳汝綸為中心的古文圈子的形成〉（《東方論壇》2008 年第 1 期、青島大學東方論壇雜誌社）

76. 王曉鐘〈鄂博館藏明清鄂籍名人書家概述〉（書法叢刊編輯部《書法叢刊（湖北省博物館藏品專輯）》第 5 期，總第 105 期，文物出版社，2008 年 9 月）

77. 李志茗〈傳統與現代之間：晚清幕府制度之演進〉（《學術月刊》第 40 卷 9 號、2008 年）

78. 李志茗〈眾流之匯：曾國藩幕府盛況探源〉（《歷史教學問題》，2008 年 4 期）

79. 名家手稿欣賞〈張裕釗致仲武函（局部）〉（《書友》第 250 期，2009 年 10 月）

80. 菅野智明《近代中國の書文化》（筑波大學出版會，2009 年 10 月）

81. 杉村邦彥〈《張廉卿先生論學手札》解題〉（《書學叢考》，研文出版，2009 年 4 月）

82. 靳志朋〈蓮池書院與晚清直隸文化〉《燕山大學學報（哲學社會科學版）》第 10 卷第 1 期（燕山大學，2009 年 3 月）

83. 北京師範大學主編《清代名人書札》（北京師範大學出版社，2009 年 1 月）

84. 李松榮〈張裕釗書牘輯補—《中國學報》上的《張廉卿先生論文書牘摘鈔》〉，《古典文獻研究》（2009 年 00 期）

85. 田野上人編集《張裕釗書法研究論文集》（華夏文藝出版社，1989 年 5 月初版，2010 年 12 月）

86. 張劍著、梅新林‧陳玉蘭主編《清代楊沂孫家族研究》（中國社會科學出版社，2010 年 9 月）

87. 胡林翼《讀史兵略》（中央編譯出版社，2010 年 7 月）

88. 丁有國《張裕釗詩文《濂亭文集》注釋》（中國民航出版社，2010 年 5 月）

89. 翰海拍賣會：《翰海 2010 春季拍賣會—法書楹聯》（翰海拍賣有限公司、2010 年 6 月）

90. 石田肇〈黎庶昌をめぐる人々〉《中國近現代文化研究》第 11 號，中國 近現代文化研究會，2010 年 3 月）

91. 張濤〈論曾國藩對吳汝綸的影響——以用人思想為例〉（《湖南人文科技 學院學報》，2011 年第 6 期，湖南人文科技學院）

92. 黃海龍〈吳汝綸受曾國藩影響之探析〉（《傳奇、傳記文學選刊》安徽省文 學藝術界聯合會，2011 年 9 月）

93. 張小莊〈袁昶《毗邪臺山散人日記》中的書法史料整理與研究〉（《書法叢 刊》第 5 期，文物出版社，2011 年 9 月）

94. 梁光華〈莫友芝曾國藩交往述論〉（《貴州大學學報 社會科學版》、第 29 卷第 4 期、2011 年 7 月）

95. 華佳強〈莫友芝題跋文集中所見書學思想研究〉（《神州》第 24 期，中國 通俗文藝研究會，2011 年）

96. 吳鵬〈莫友芝：晚清碑學的一個面向〉（《中國書法》2011 年第 4 期，中 國書法家協會）

97. 張劍・易聞曉主編《莫友芝文學及文獻學研究》（中國社會科學出版社， 2012 年 3 月）

98. 隋邦平〈治學游藝書學融通——莫友芝書法研究〉（《遵義師範學院學報》 第 14 卷第 3 期，遵義師範學院，2012 年 6 月）

99. 吳鵬〈貴州省博物館藏莫友芝題跋雜稿考釋〉，（《文獻》，2012 年第 3 期）

100. 瞿忠謀〈從《評跋萃刊》看晚清書家對趙體書法的反思性評價〉（《書法》 2012 年第 11 期）

101. 張小莊〈張裕釗書法評傳〉（陳傳席主編《中國書法全集》73 清代編・張 裕釗楊峴徐三庚楊守敬卷，榮寶齋，2012 年 12 月）

102. 孫瑩瑩〈上海圖書館藏《張廉卿雜文》考論〉（《書目季刊》46 卷 3 期， 2012 年 12 月）

103. 況周頤《蕙風簃二筆》卷 1（廣西師範大學出版社，2012 年 12 月）

104. 張小莊《清代筆記、日記中的書法史料整理研究 上下冊》（中國美術學院 出版社，2012 年）

105. 陳烈主編《小莽蒼蒼齋藏清代學者書札》上中下（人民文學出版社，2013 年 7 月）

106. 張廉卿著、丁有國注釋《張廉卿詩文注釋》（復旦大學，2013 年 8 月）

107. 黃萬機《黎庶昌評傳》(《黃萬機全集之二》中華巢經文化事業有限公司，2013 年 10 月)

108. 黃萬機《莫友芝評傳》(《黃萬機全集之一》中華巢經文化事業有限公司，2013 年 10 月)

109. 曾光光、唐靈〈吳汝綸與曾國藩關係辨析〉(《蘭臺世界》，2014 年第 6 期，蘭臺世界雜誌社)

110. 呂順長〈吳汝綸日本教育視察の筆談記錄（譯注）〉(《四天王寺大學紀要》第 57 號，2014 年 3 月)

111. 葛明義編《莫友芝書法集》(貴州人民出版社，2014 年 7 月)

112. 隋邦平〈莫友芝京城書法交游考〉(《文藝研究》2014 年第 9 期 (總第 465 期、中國藝術研究院)

113. 白謙慎〈晚期官僚の応酬書法〉(《中國近現代文化研究》第 15 號，中國近現代文化研究會，2014 年 3 月)

114. 張靖銘・李景燕〈張裕釗曾祖題匾書法及相關文史考略〉(《鄂州大學學報》第 21 卷第 4 期、2014 年 4 月)

115. 陳奕君〈張裕釗書《鮑照飛白書勢銘》及其相關問題〉(《文化南宮》秋冬合卷，2014 年)

116. 王紅光主編《莫友芝書法篆刻作品集》(廣西師範大學出版社，2014 年 12 月)

117. 葉瑩瑩《張裕釗年譜長編》(河南人民出版社，2014 年 12 月)

118. 李志茗〈舊籍新刊與文化傳衍——以晚清官書局為中心的考察〉(《福建論壇（人文社會科學版)》，2015 年 2 期)

119. 曾國藩著・王澧華校點《曾國藩詩文集》卷 3 (上海古籍出版社，2015 年 1 月)

120. 張劍〈莫友芝人生及學術成就謅論——兼論《莫友芝全集》的編纂〉，(《中國政法大學學報》，2015 年第 2 期 (總第 46 期))

121. 張小龍〈張裕釗和黎庶昌交游考〉(《青年與社會：上》，2015 年第 7 期，青年與社會雜誌社)

122. 黃萬機、黃江玲《遵義沙灘文化史》(《黃萬機全集之三》中華巢經文化事業有限公司、2015 年 7 月)

123. 周愚文〈吳汝綸日本教育考察與對晚清學制建立影響程度的再探討〉(《師大學報：教育科學研究期刊》，第 60 卷第 3 期，臺灣師範大學，2015 年)

124. 朱良津〈從傳世作品看莫友芝書法〉(《文物天地》，2015 年 5 月，中國文物報社)

125. 朱良津〈大師頻出 黔書傳遠——清代貴州書法談之六〉(《貴陽文史》，2015 年第 5 期，貴陽市政協文史和學習委員會)

126. 吳鵬〈貴州省博物館藏莫友芝家書考釋〉，(《文獻》，2015 年第 6 期)

127. 北京保利拍賣會《中國近現代書畫北京保利十周年秋季拍賣會》(北京保利拍賣會，2015 年 12 月 8 日)

128. 白謙慎、德泉さち譯，〈清代晚期官僚の日常生活における書法〉(《美術研究》第 418 號，東京文化財研究所，2016 年 3 月)

129. 張紹銀、張靖鳴主編《張裕釗書法集》(張裕釗文化園，2016 年 8 月)

130. 陳啟壯《碑骨帖姿——張裕釗書道研究》(吉林文史出版社，2016 年 6 月)

131. 朱秀梅〈前言〉(吳汝綸著、朱秀梅校點《吳汝綸文集》，上海古籍出版社、2017 年 6 月)

132. 張靖鳴、黃彩萍、萬海訪〈張裕釗家族書法群體調查研究〉(《鄂州大學學報》第 24 卷第 6 期，2017 年 11 月)

133. 陳奕君〈胡林翼幕府における張裕釗書法の形成—咸豐年間の書簡を中心として—〉(《書學書道史研究》第 27 號，書學書道史學會，2017 年 11 月)

134. 朱東安《曾國藩幕府》(遼寧人民出版社，2018 年 1 月)

135. 田人編出版《重脩南宮縣學記》(吳橋金鼎古籍印刷廠，2018 年 1 月)

136. 袁昶著、孫之梅整理《袁昶日記(上)(下)》(鳳凰出版社，2018 年 6 月)

137. 張廉卿〈節東都賦・西京賦〉一～二十三，(《雪心》，刊行年不明)

138. 張靖鳴〈張裕釗文化園古墓區文史資料〉(內部資料，張靖鳴藏)

139. 張裕釗書法文化博物館 書法報社組編《荊楚墨象・張裕釗卷》(湖北省博物館藏，2018 年)

140. 《名人翰札墨蹟——張廉卿》(書法研究 雪心會、刊行年不明)

三、學位論文

1. 魚住和晃《張裕釗と宮島詠士》(東京教育大學大學院修士論文，1972 年 3 月)

2. 凌林煌《曾國藩幕府之研究》（文化大學史學研究所博士論文，1995 年）

3. 李志茗《晚清幕府研究──以陶、曾、李、袁幕府為例》（上海華東師範大學博士論文，2001 年 4 月）

4. 金曉東《衍芬草堂友朋書札及藏書研究》（復旦大學中國古代文學研究中心博士論文，中國古代文學研究中心中國古典文獻學，2010 年 4 月）

5. 李杰《張裕釗書法研究》（首都師範大學中國書法文化研究博士論文，2011 年 4 月）

6. 周聰敏《張裕釗書法藝術研究──以蓮池書院時期為主線》（河北大學藝術學碩士論文，2013 年 5 月）

7. 楊沛沛《張裕釗碑味行書研究》（中國藝術研究院美術學碩士論文，2013 年 5 月）

8. 陳奕君《張裕釗書法研究》（臺灣藝術大學美術學院 書畫藝術學系研究所碩士論文，2013 年 6 月）

9. 郭佳《南宮碑體──張裕釗書法的藝術特色與歷史影響》（山西大學美術學碩士論文，2014 年 6 月）

10. 劉雨婷《莫友芝書法藝術研究》（南京大學美術學碩士論文，2017 年 4 月）

11. 章國新《莫友芝隸書研究》（中國藝術研究院美術學碩士論文，2017 年 5 月）

12. 帥幸微《晚清貴州文人書家的儒學思想研究──以莫友芝為例》（西南大學美術學碩士論文，2018 年 3 月）

四、Web 情報

1. 〈清胡林翼致曾國藩五月十七日函〉（購書 890，國立故宮博物院藏）
   https://painting.npm.gov.tw/Painting_Page.aspx?dep=P&PaintingId=34921
   （2016 年 7 月 25 日閱覽）

2. 〈清胡林翼致曾國藩十二月初二日夜函〉（購書 897，國立故宮博物院藏）
   https://painting.npm.gov.tw/Painting_Page.aspx?dep=P&PaintingId=34906
   （2016 年 7 月 25 日閱覽）

3. 莫友芝〈楷書七言詩〉（2017 年 7 月 15 日閱覽）
   http://book.kongfz.com/75119/566652570/

4.「獨立蒼茫──湖南近代名人書法展」（長沙博物館，2015 年 12 月 28 日～2016 年 6 月 26 日）

陶澍〈行書七言聯〉（湖南省博物館藏）

http://www.csm.hn.cn/Views/Subject/Dlcm/CalligraphyDetail.aspx?PNo=DLCM&No=SFXSD&CNo=ZYFD&Guid=0c67592e-c070-45f1-95da-d5c853c9d747&rn=0.9190047659360536（2018 年 6 月 4 日閱覽）

胡達源〈行書七言聯〉（長沙博物館藏）

http://www.csm.hn.cn/Views/Subject/Dlcm/CalligraphyDetail.aspx?PNo=DLCM&No=SFXSD&CNo=ZYFD&Guid=6a104cd4-f495-4363-a1ca-7f7ca7ef55e3&rn=0.8073967332384067（2018 年 6 月 4 日閱覽）

胡林翼〈楷書八言聯〉（湖南省博物館藏）

http://www.csm.hn.cn/Views/Subject/Dlcm/CalligraphyDetail.aspx?PNo=DLCM&No=SFXSD&CNo=JBFY&Guid=da52cb09-d0c4-4f2f-b0c0-723b6612bd21&rn=0.5477065787649882（2018 年 6 月 4 日閱覽）

5.「張裕釗書道研究網─學古堂論壇」http://www.zhangyz.com/（2018 年 8 月閱覽）

6.「中央研究院歷史語言研究所／人名權威人物傳記資料庫」（2020 年 3 月 31 日閱覽）

https://newarchive.ihp.sinica.edu.tw/sncaccgi/sncacFtp?@@0.5317171909383909（2021 年 7 月 19 日閱覽）

7.「京都大學人文科學研究所所藏石刻拓本資料」

〈南北朝　梁太祖文皇帝（蕭順之）建陵東闕〉

http://kanji.zinbun.kyoto-u.ac.jp/db-machine/imgsrv/takuhon/type_b/html/nan0056a.html（2020 年 4 月 8 日閱覽）

〈南北朝　梁太祖文皇帝（蕭順之）建陵西闕〉

http://kanji.zinbun.kyoto-u.ac.jp/db-machine/imgsrv/takuhon/type_b/html/nan0056b.html（2020 年 4 月 8 日閱覽）

8.「中央研究院歷史語言研究所／清代職官資料庫」

https://newarchive.ihp.sinica.edu.tw/officerc/officerkm2?@@0.5909725081335535（2021 年 3 月 29 日閱覽）

9. 〈清張裕釗致桂卿函　冊頁〉國立故宮博物院藏，購書 934
   https://painting.npm.gov.tw/Painting_Page.aspx?dep=P&PaintingId=34926
   （2019 年 6 月 20 日閱覽）

謝　辭

　　關於本論文，從資料的收集，到架構的建立，從初稿的作成，到最終的改定，經過 6 年間的努力，最終本稿作成，受到日本、台灣、中國多方人士賜與的指導、支援與好意。此外，財團法人日本台灣交流協會 2 年間的獎學金援助，藉由這個場合，打從心裡感謝。

　　關於本論文的資料收集，對於日本書象會、中國張裕釗書法研究會、中國張裕釗文化園、張裕釗的後人對於相關的學者及友人，於此致上最深的謝意。

　　身為本論文的副查，經過有助益的討論以及賜與意見的筑波大學大學院的尾川明穗教授、神戶大學的魚住和晃名譽教授，對於本論文的精讀，由衷表示感謝之意。

　　筑波大學大學院的菅野智明教授，身為指導教員給與指導，身為副查精讀本論文。若沒有老師的嚴厲指導，我想就沒有今日的我。

　　筑波大學大學院的高橋佑太準教授身為主查，精讀本論文，提供了寶貴的意見。

　　菅野研究室的各前輩、所屬的學生們，以各種不同形式的照顧，於此表示感謝之意。此外，總是溫暖地守護與勉勵我的家人、親戚、友人們也表示感謝。

　　最後，特別感謝國立臺中教育大學劉瑩教授的引薦，讓我的論文得以出版，也要謝謝花木蘭文化事業有限公司同仁們的辛勞，於此摯上本人最高的敬意。

　　此論文當作新的出發，希望可以對張裕釗的研究多少有一些貢獻，今後我將會更精進，向各位報答恩情。

2023 年 6 月　陳奕君